AF322929

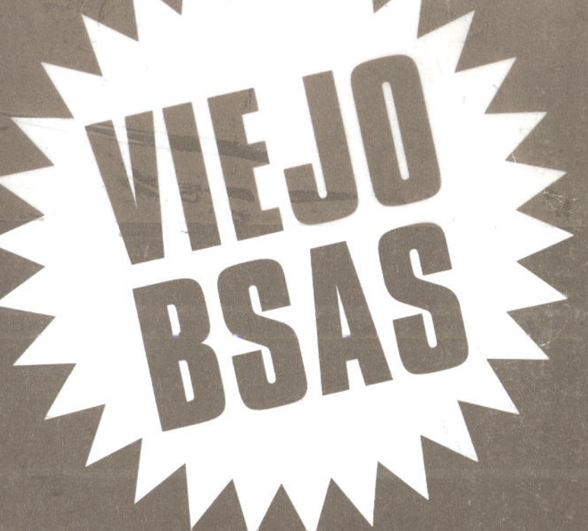

VIEJO
BSAS

Kogan, Gabriela
    Viejo Buenos Aires - 1a ed. - Buenos Aires : Del Nuevo Extremo, 2005.
    240 p. ; 15x11 cm.

    ISBN 987-1068-71-9

    1. Fotografías Antiguas-Buenos Aires I. Título
    CDD 779.982 14

director editorial **Miguel Lambré**

idea y producción **Gabriela Kogan** / libros@estudioka.com.ar

producción **Romina Juejati**

imagen editorial **Marta Cánovas**

coordinación de edición **Tomás Lambré**

corrección **Mónica Ploese**

primera edición **octubre 2005**

ISBN: **987-1068-71-9**

Todas las fotos pertenecen al Archivo General de la Nación.
Agradecemos muy especialmente a Castro por habernos abierto las puertas a las fotos del viejo Buenos Aires.

DERECHOS EXCLUSIVOS DE PUBLICACIÓN Y DISTRIBUCIÓN
Editorial Del Nuevo Extremo S.A. Juncal 4651 C1425BAE Buenos Aires, Argentina
Tel / Fax: (54-11) 4773-3228 e-mail: editorial@delnuevoextremo.com / www.delnuevoextremo.com

GABRIELA KOGAN

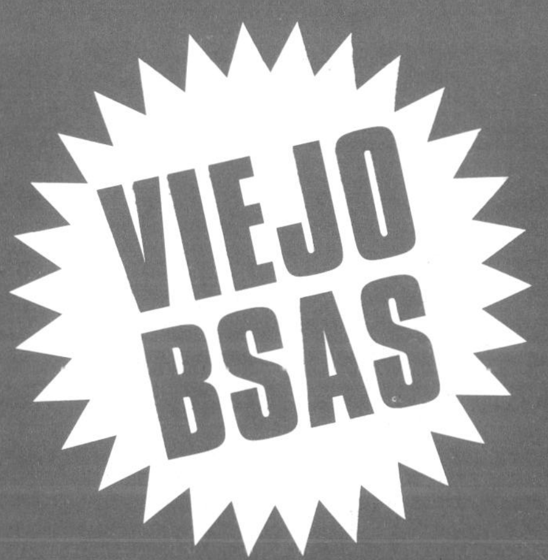

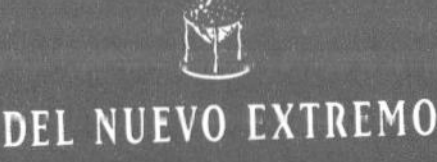

DEL NUEVO EXTREMO

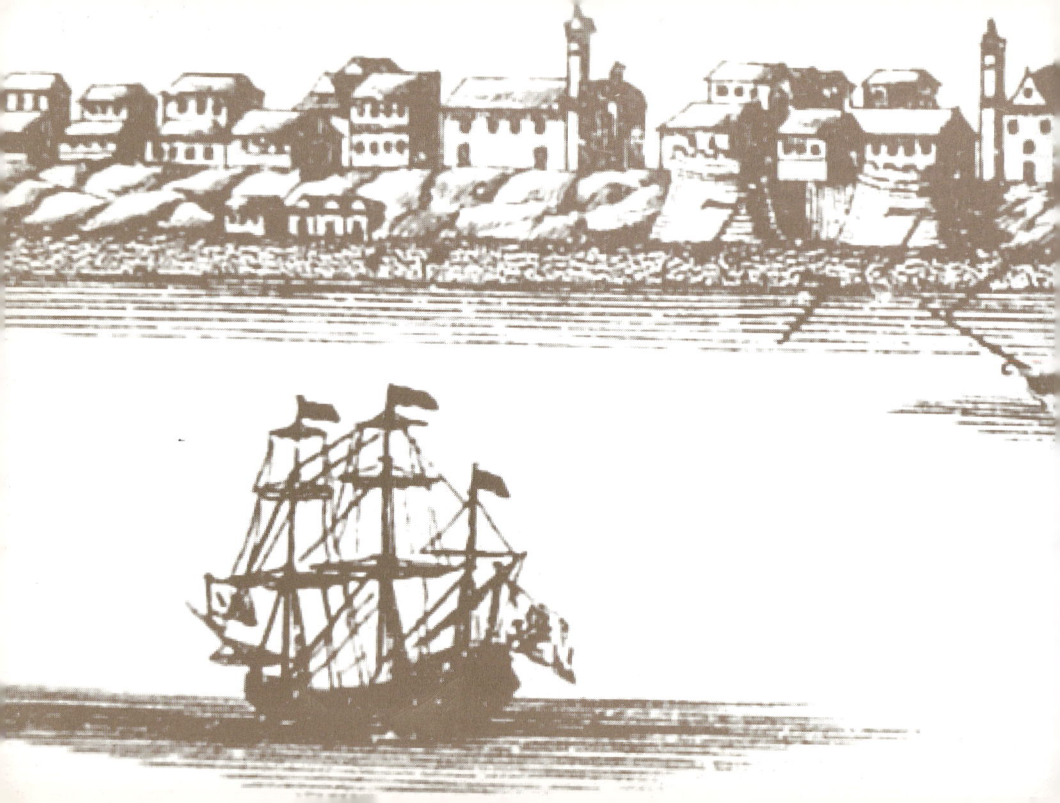

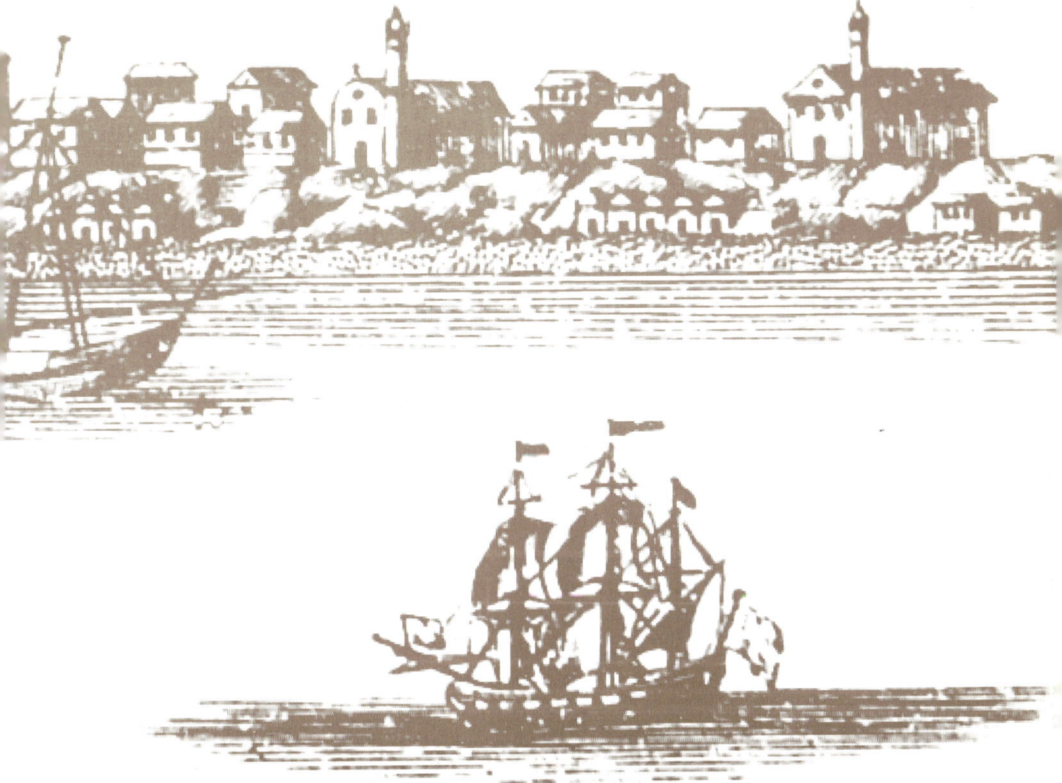

INTRODUCCIÓN

La ciudad de Buenos Aires tuvo un principio curioso: se fundó dos veces a orillas del mismo río. Tal vez sea desde entonces que los porteños tenemos la costumbre del eterno reinicio, la perseverante manía de volverlo a intentar.

A falta de ruinas que nos muestren un pasado espectacular y glorioso, Buenos Aires tiene sus calles y su gente, llegada de todas partes del mundo con sus sueños puestos en el futuro y las costumbres, en las raíces. La ciudad les abrió sus puertas y creció entonces velozmente, como una Torre de Babel que florecía. Caos que con el tiempo se transformó en una identidad propia, que hoy es casi una marca registrada. Buenos Aires no tuvo un plan, pero sí un sentido: llegar a este puerto, guardar los dolores, comenzar nuevamente y encontrar un destino.

Las fotos viejas de las ciudades nos dan la posibilidad de trasladarnos en el tiempo y de vivir, aunque sea por un momento, en una cotidianidad imaginaria de lugares familiares.
En este libro, 162 fotografías nos cuentan cómo era esa ciudad abierta a sus nuevos habitantes y eternamente refundada. Y, de paso, nos hablan un poco de nosotros. En ciertos gestos podemos intuir lo que tenemos en común con aquellos

porteños que usaban corbata para vender verdura, esperaban su turno para bañarse en la Costanera Sur y obedecían al policía que, solemne, dirigía el tránsito desde una garita.

Casi todas son fotos cotidianas. Imágenes simples a las que el tiempo se encargó de darles importancia. Como una tarde en las carreras de caballos o las lavanderas en el Río de la Plata.

Vemos que el patrimonio arquitectónico de la ciudad es inmenso desde entonces. Muchas de las construcciones que aparecen en este libro todavía permanecen, aunque semiocultas entre los grandes y modernos edificios, o aparentemente distintas porque ha cambiado su entorno. Observando las fotos, desde la ciudad colonial hasta la París de Sudamérica, se advierte un sentido de continuidad y un espíritu estético surgido un poco del desorden, pero bastante definido.

Hay lugares de Buenos Aires que en el pasado tuvieron un rol vital y cuyo espíritu aguarda en silencio el instante de ser redescubiertos. Como la Plaza de Toros y el Campo de Marte en la Plaza San Martín o la vía serpenteante del Ferrocarril al Oeste en el pasaje Santos Discépolo, entre Corrientes y Callao.

Queremos remarcar la importancia que tiene el Archivo General de la Nación en la custodia de los recuerdos de la Argentina. Recuerdos que están disponibles para todos. Por eso también vemos la urgencia de que entre en vigencia la nueva Ley de Archivos, ya que a partir de los años '70 hay un vacío que sólo se podrá llenar con archivos privados, con las limitaciones de acceso que esto significa.

Invitamos, entonces, a dar vuelta las páginas. Tenemos un tesoro entre las manos, mejor dicho, a la vuelta de la esquina. Sólo hay que tomarse el tiempo para mirarlo. Tal vez para esto sirva también este libro. Y decimos también porque cada uno sabe lo que le producen estas fotos. Ojalá no se las mire con los ojos de la melancolía, sino con la alegría que da descubrir ciertos secretos que embellecen nuestra vida cotidiana.

Buenos Aires no era, hasta que llegó la gente a fundarla en todos los sentidos. Este libro es en su homenaje. Para los que eligieron a Buenos Aires y la soñaron grande. Y para los que amamos esta ciudad, y queremos que se cumpla su destino.

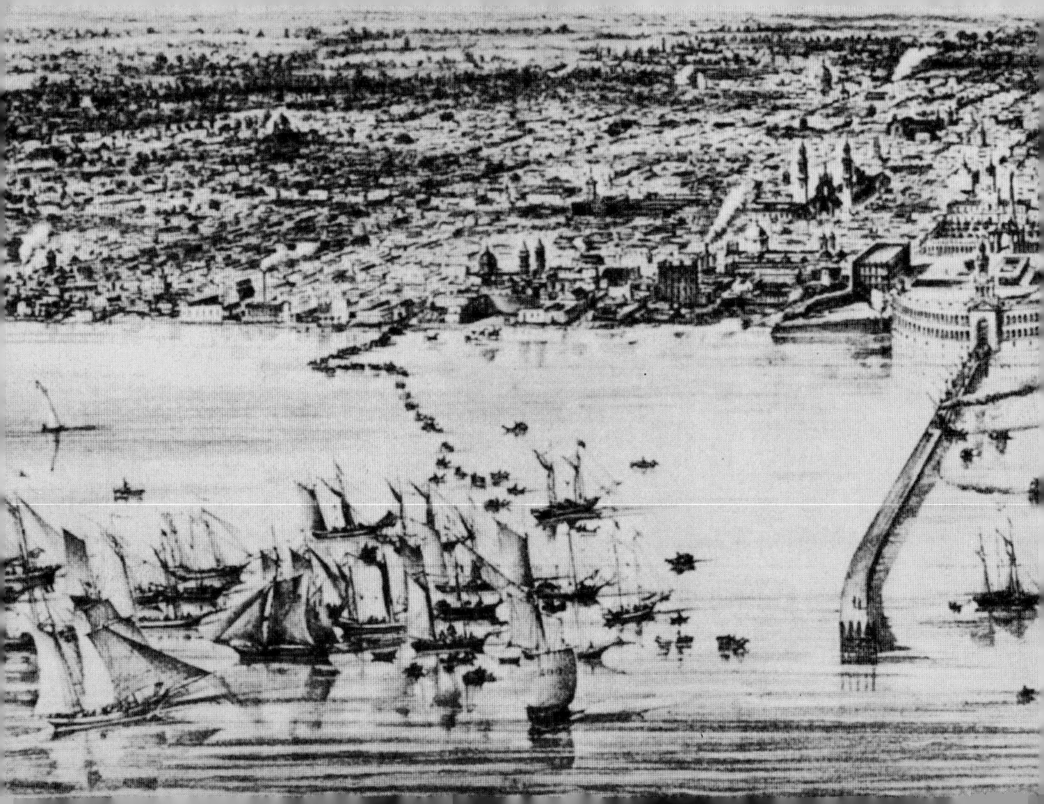

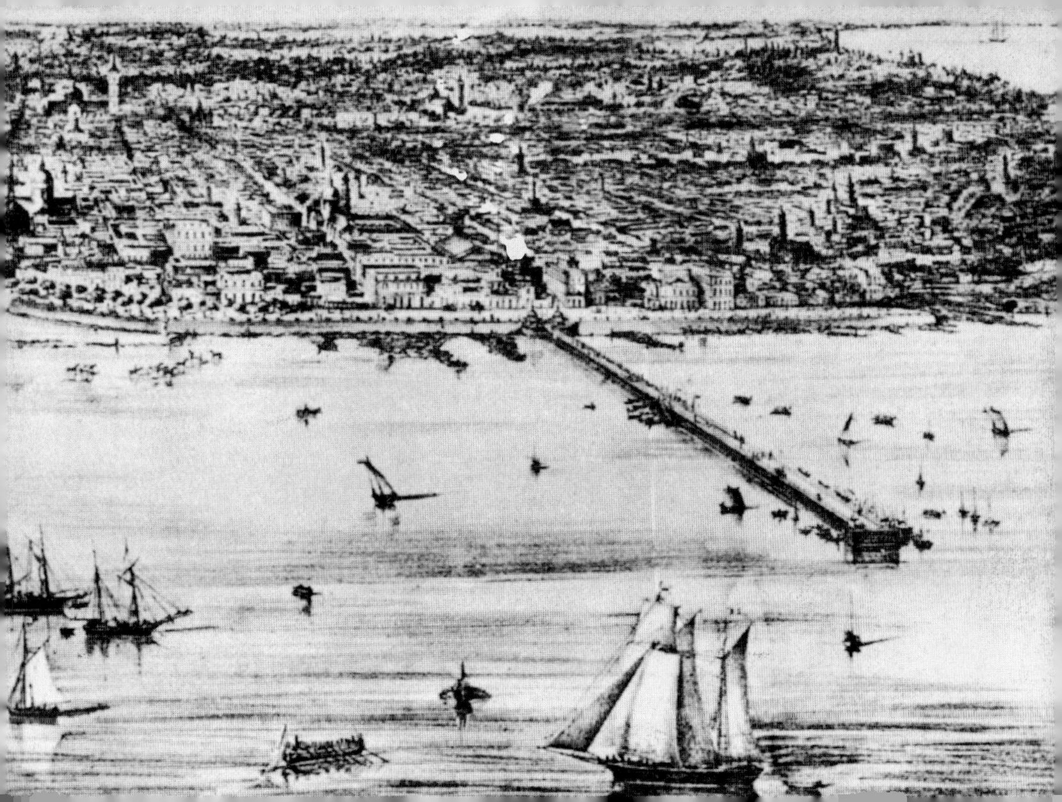

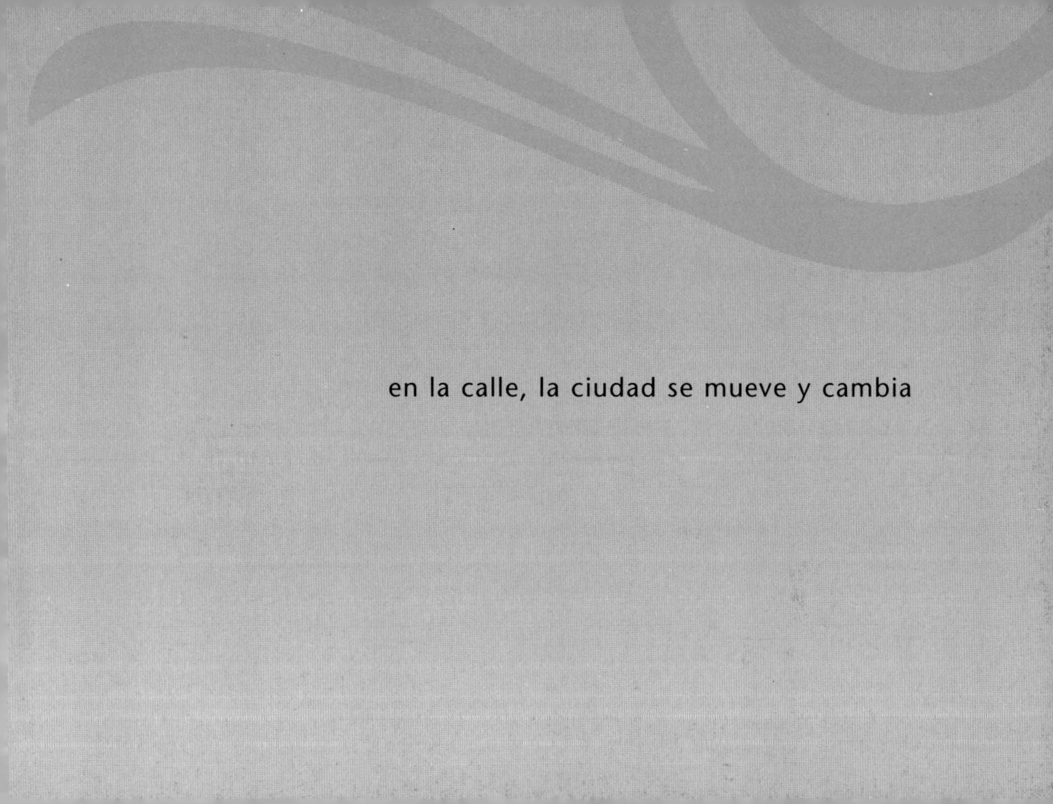

en la calle, la ciudad se mueve y cambia

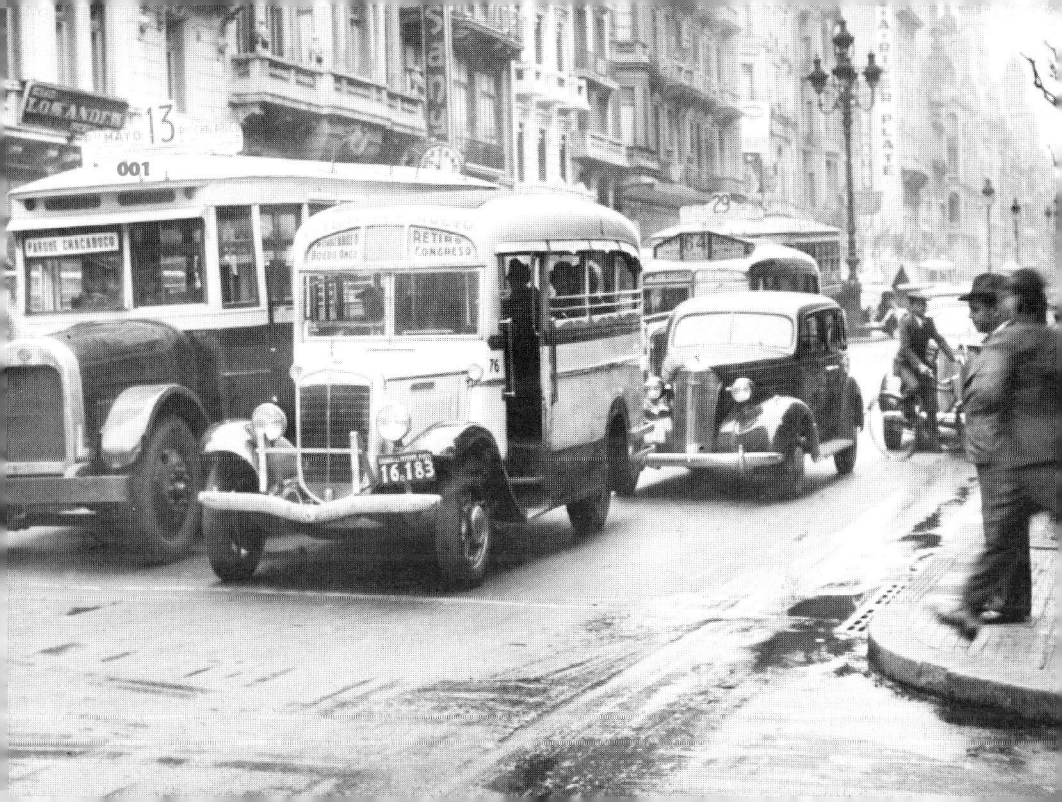

LOS ANDES
13
001
PARQUE CHACABUCO
RETIRO
CONGRESO
76
16.183
29
64

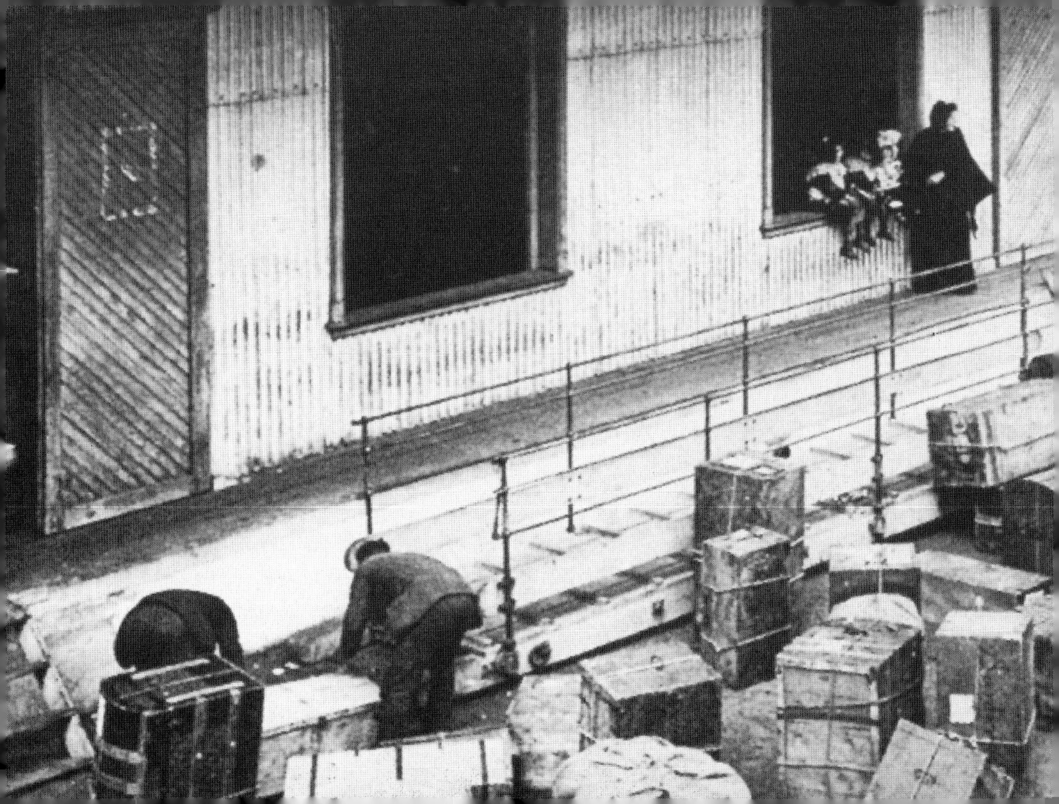

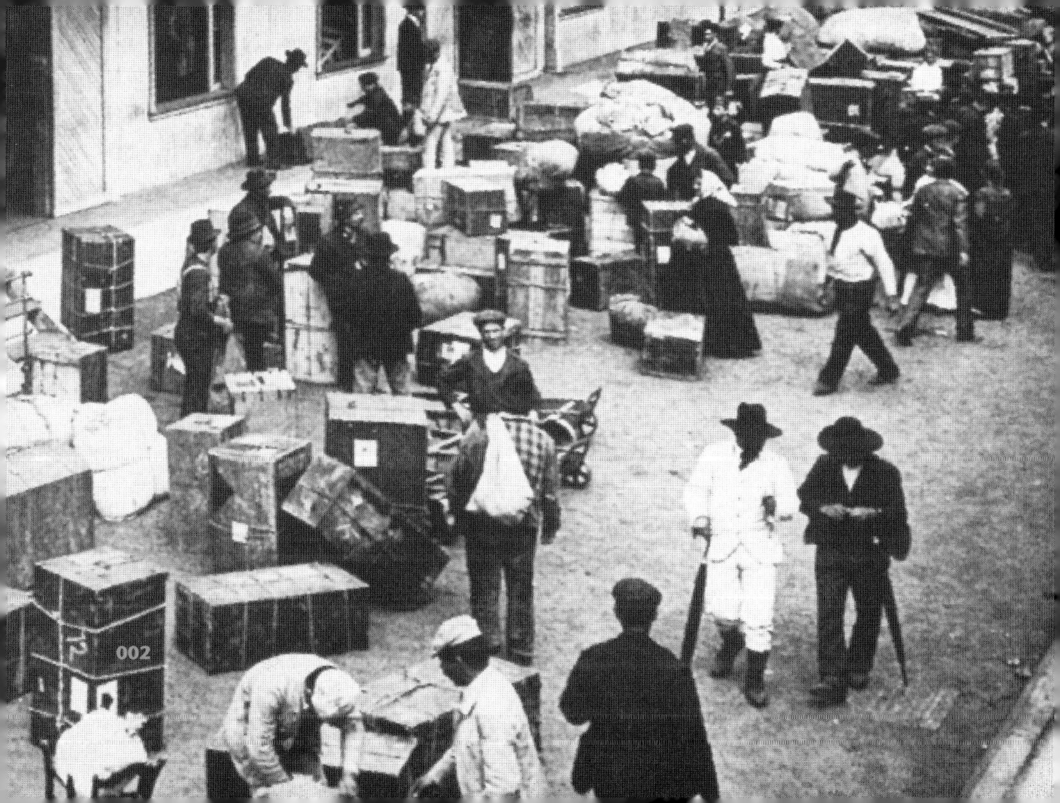
002

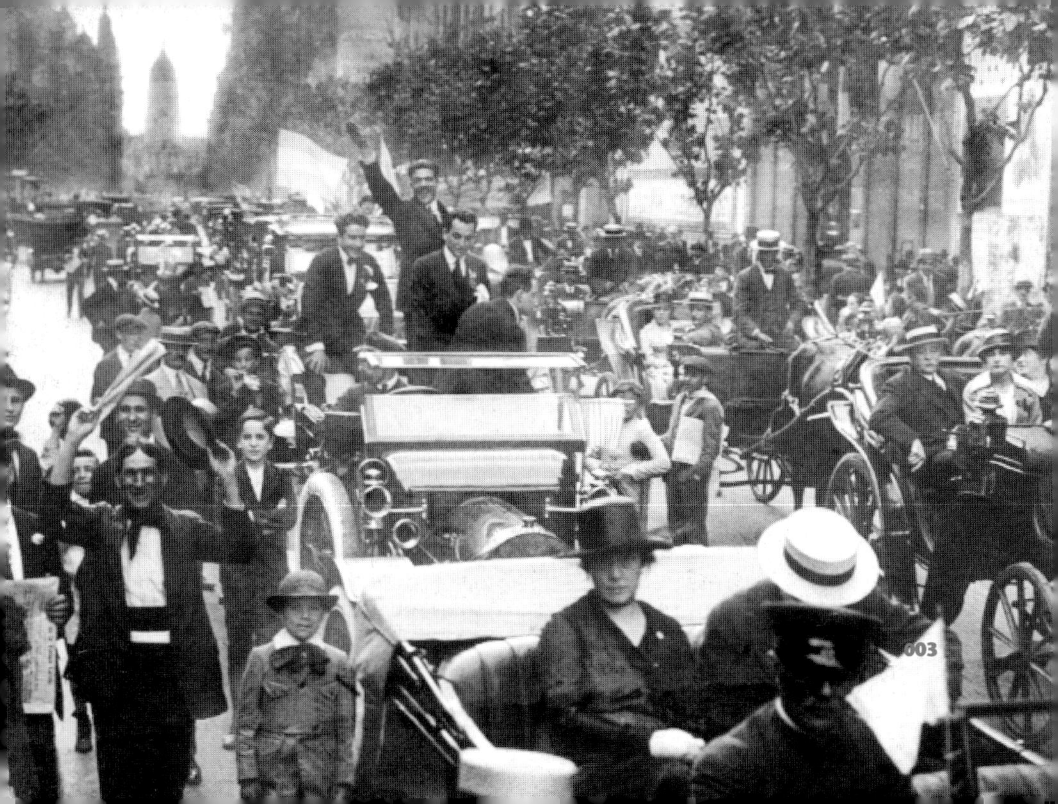

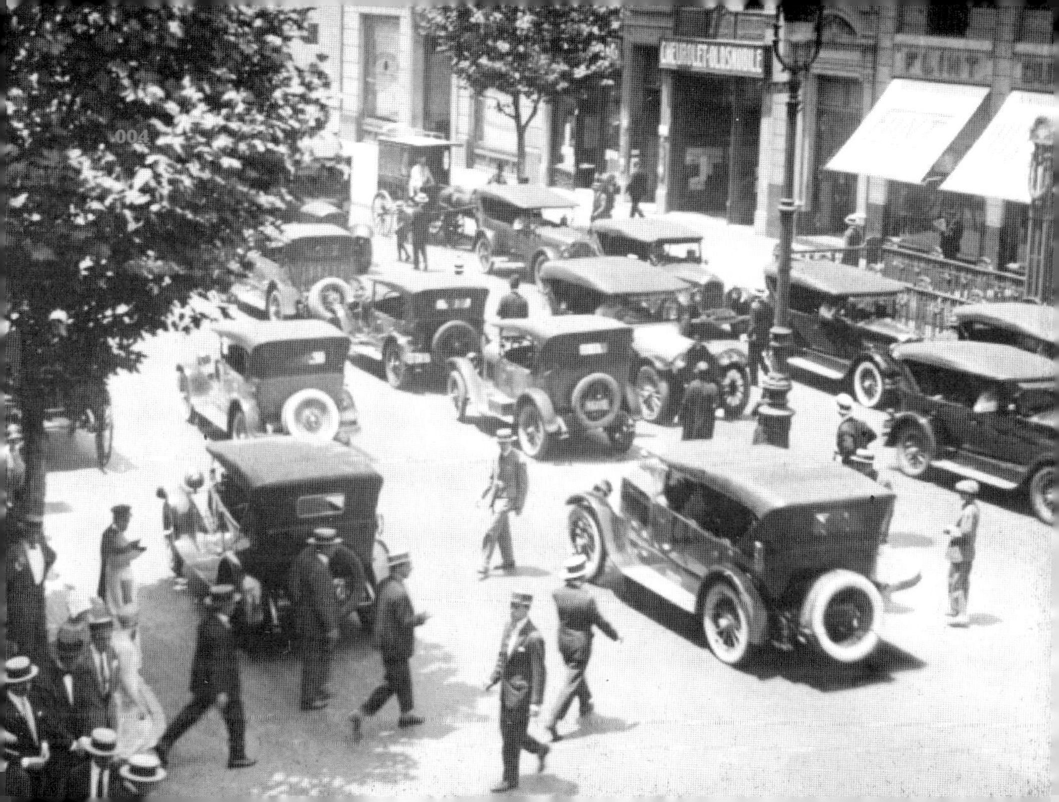

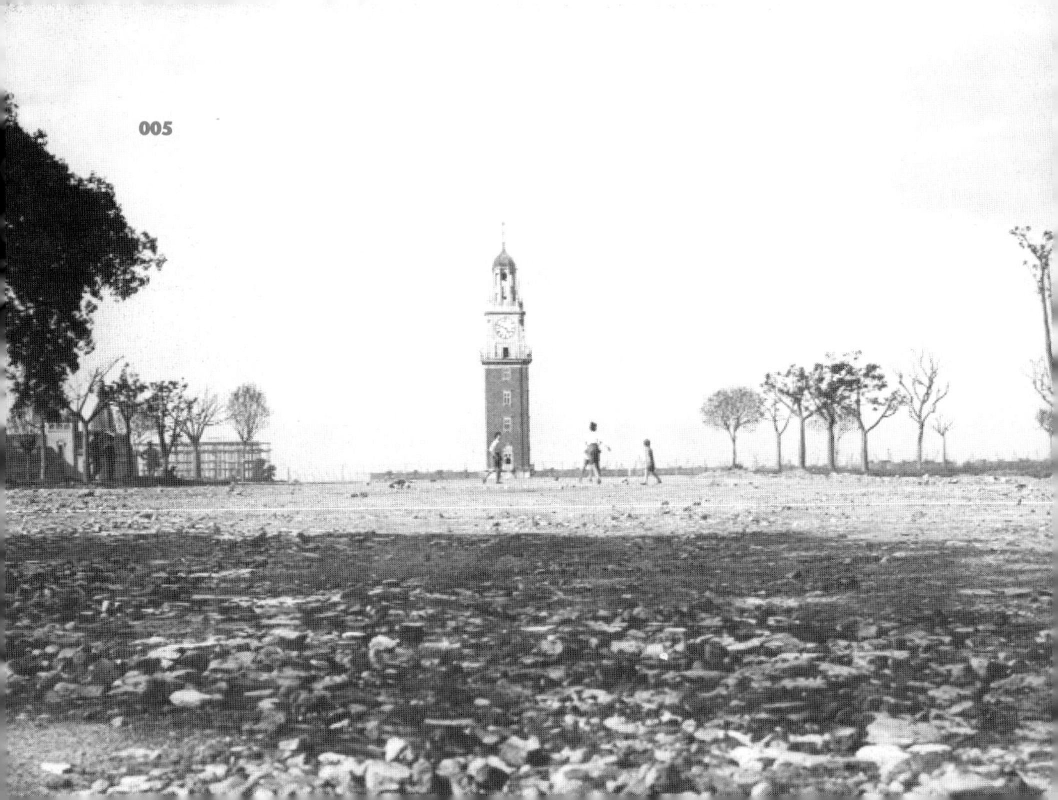
005

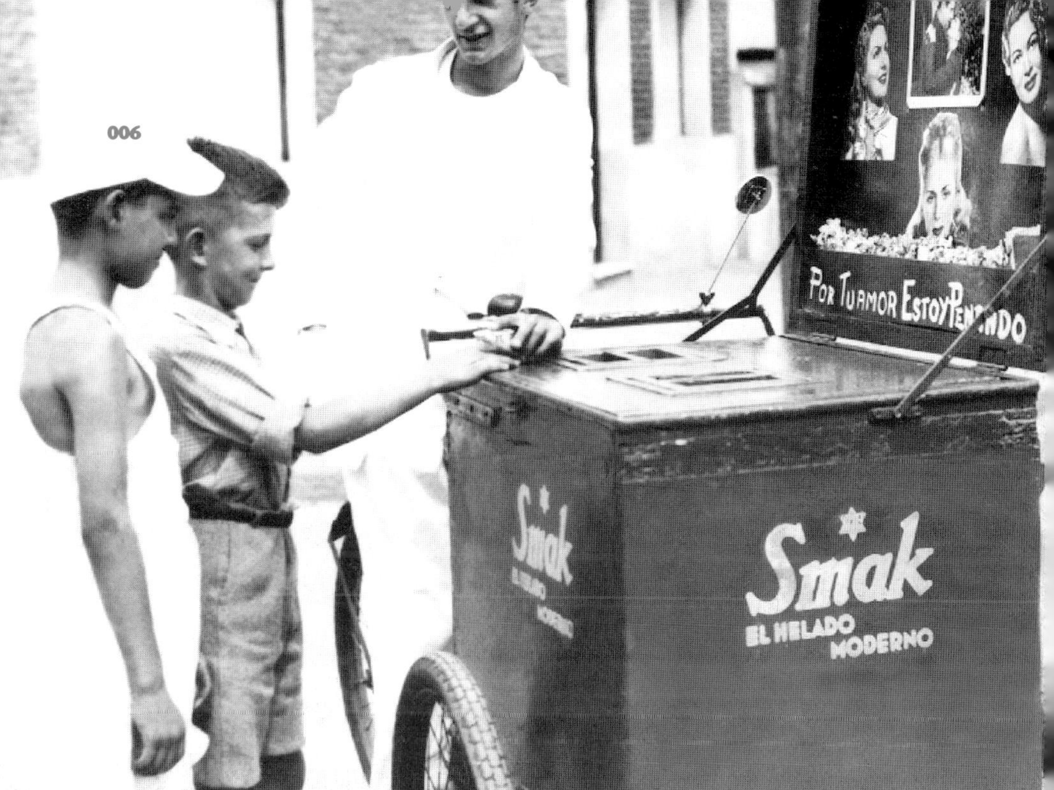

006
Por Tu Amor Estoy Penando
Smak
EL HELADO MODERNO

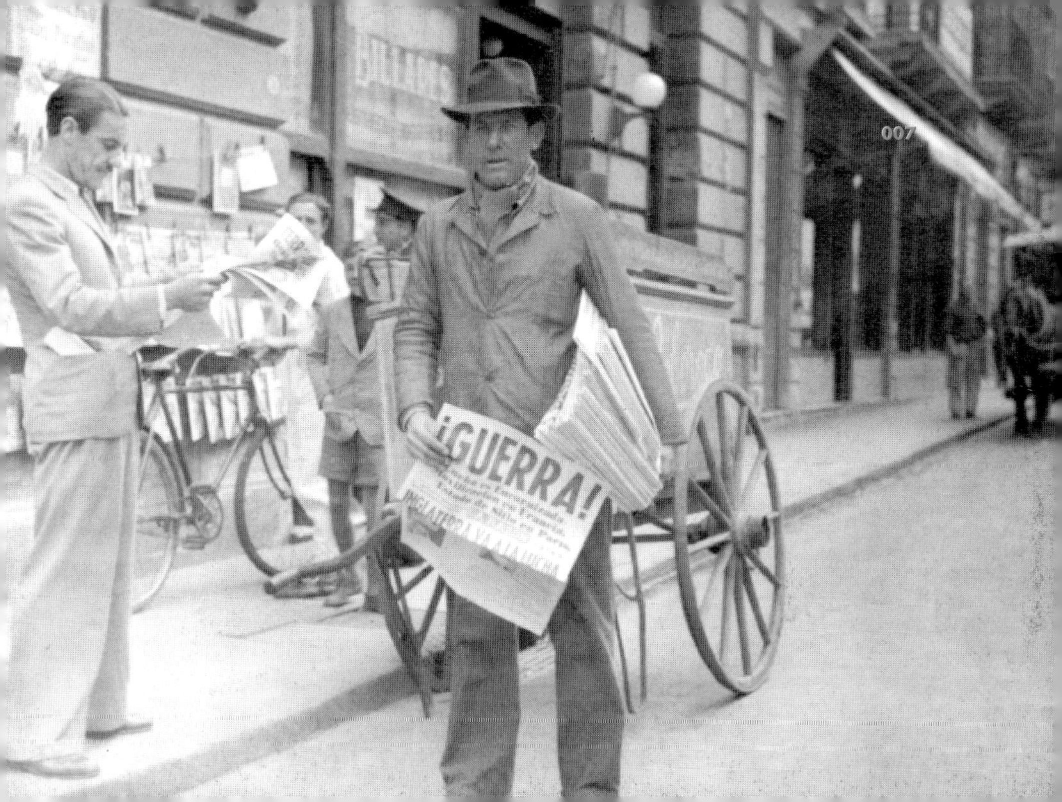
¡GUERRA!

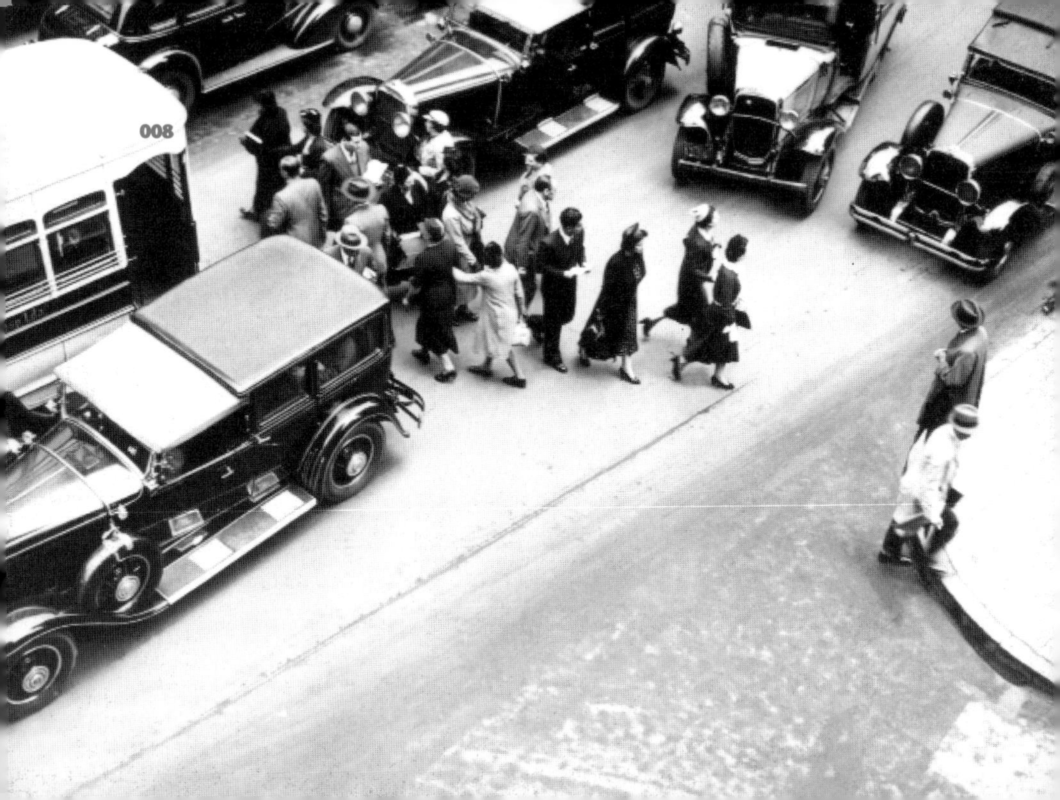
008

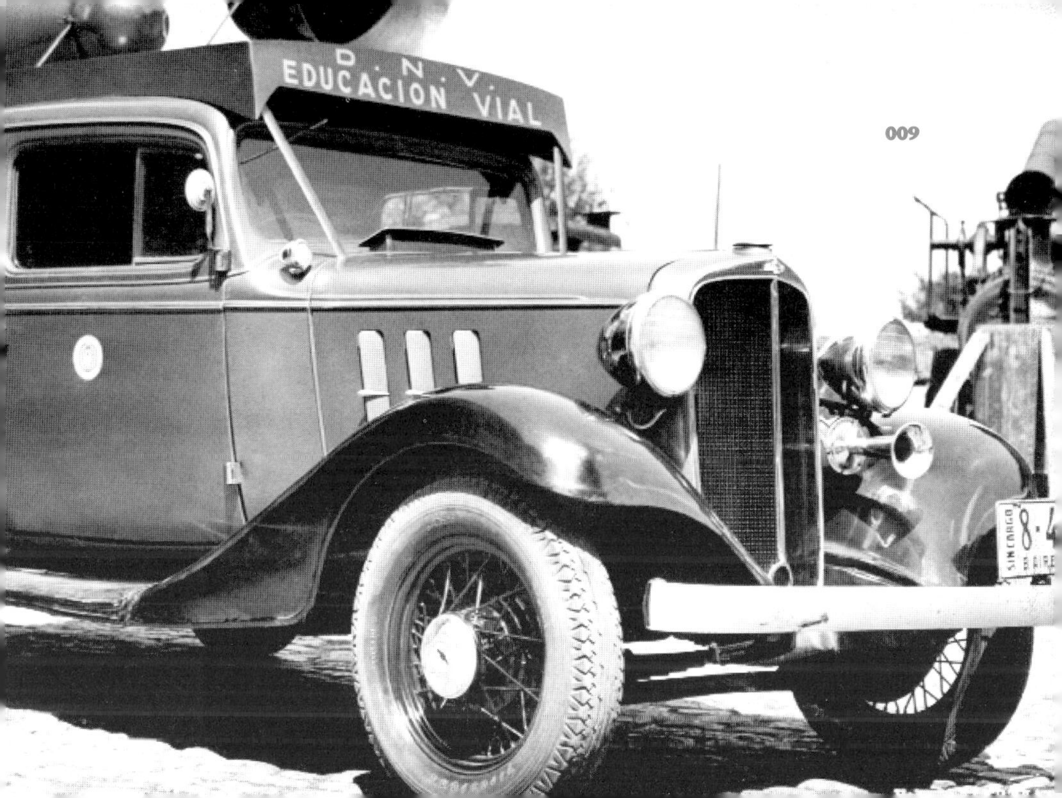
D. N. V.
EDUCACION VIAL
009

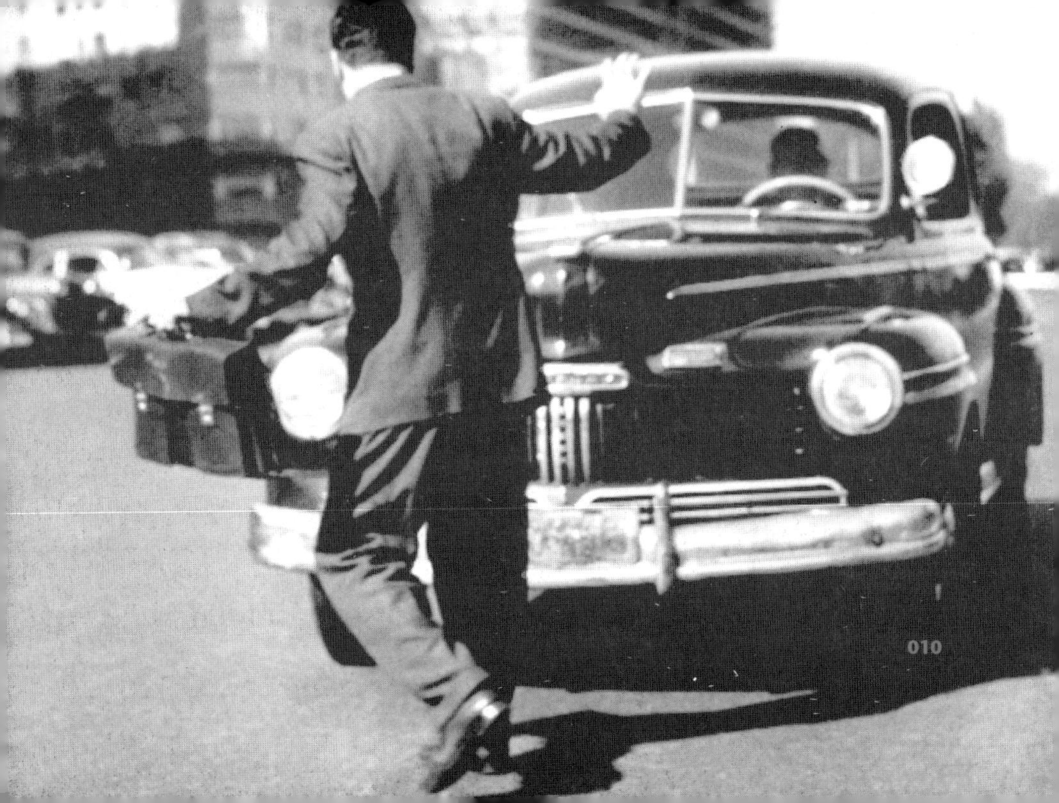
010

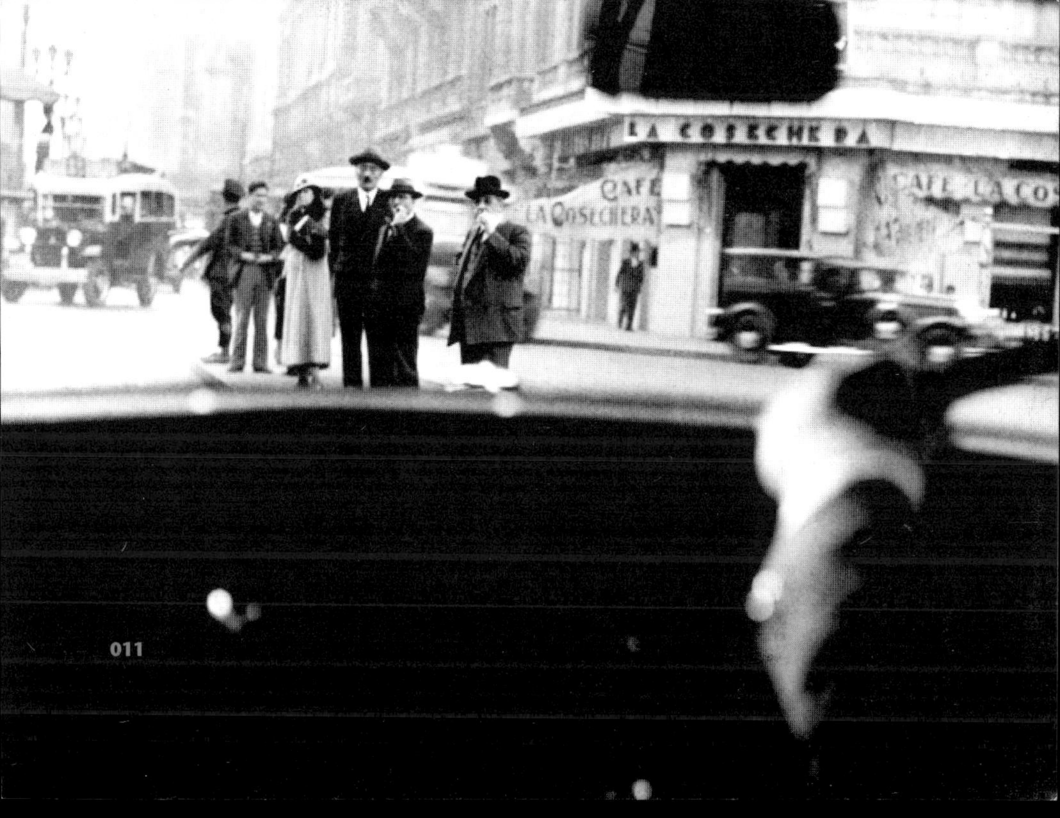

LA COSECHERA
CAFE
LA COSECHERA
CAFE LA COS

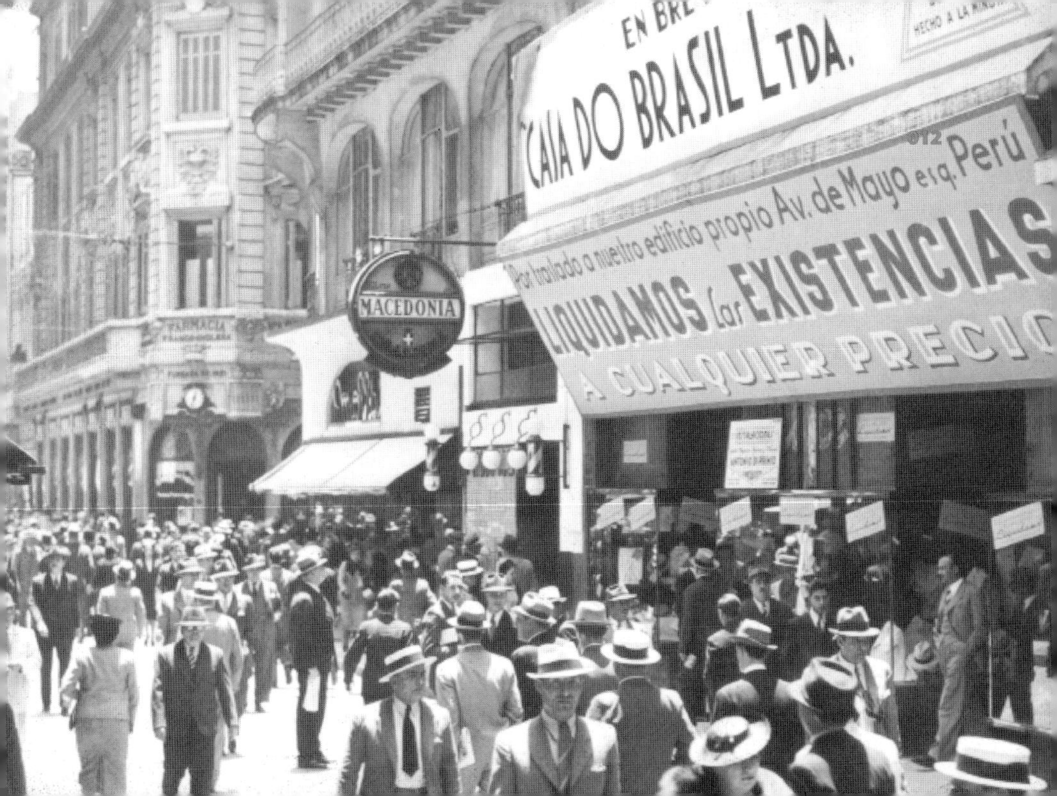

EN BRE
CAIA DO BRASIL LTDA.
Por trasladado a nuestro edificio propio Av. de Mayo eiq. Perú
LIQUIDAMOS Las EXISTENCIAS
A CUALQUIER PRECIO
MACEDONIA
FARMACIA

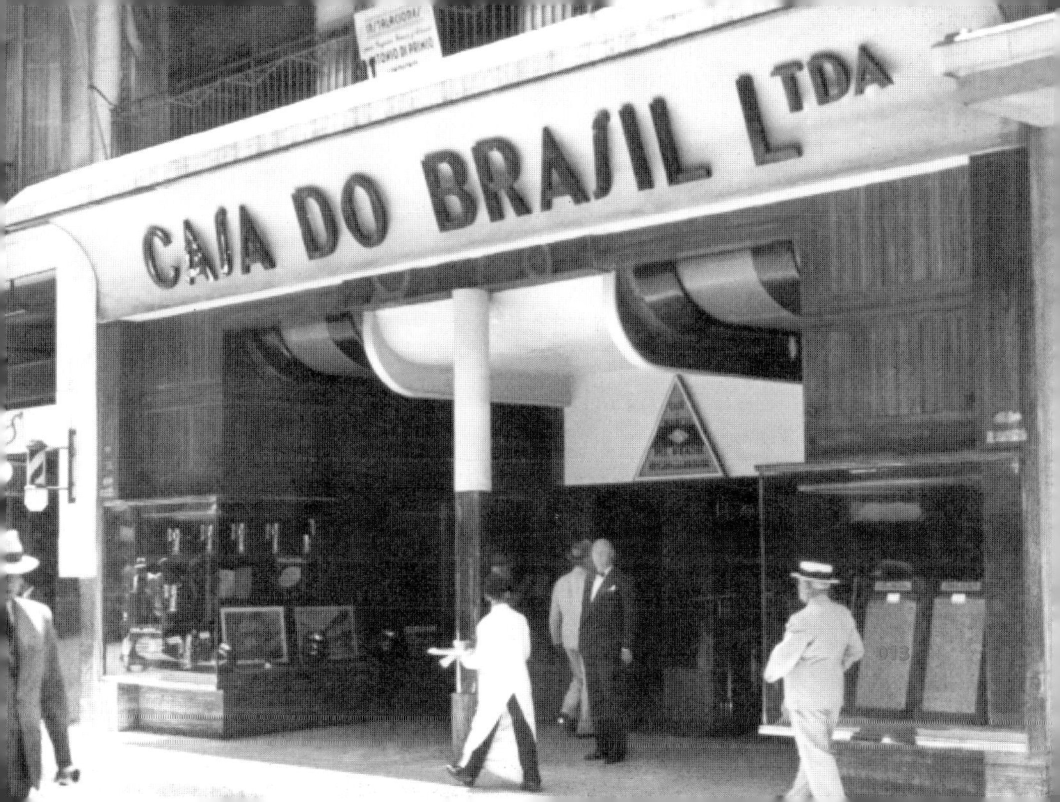

CASA DO BRASIL LTDA

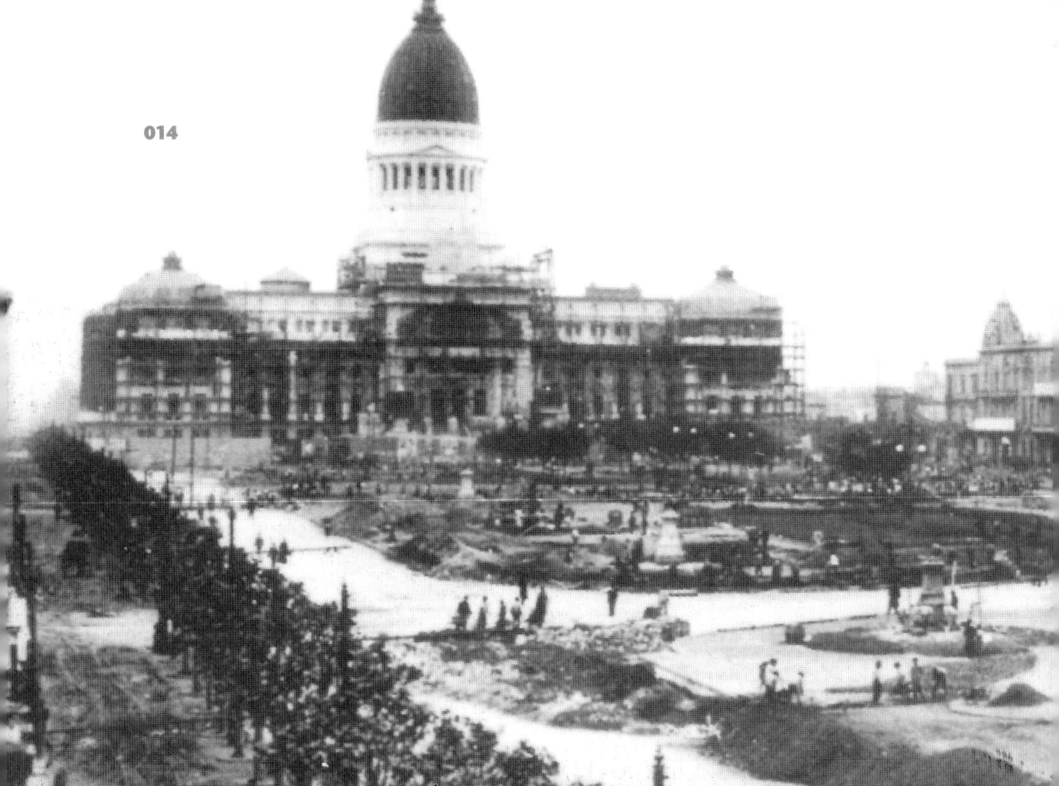
014

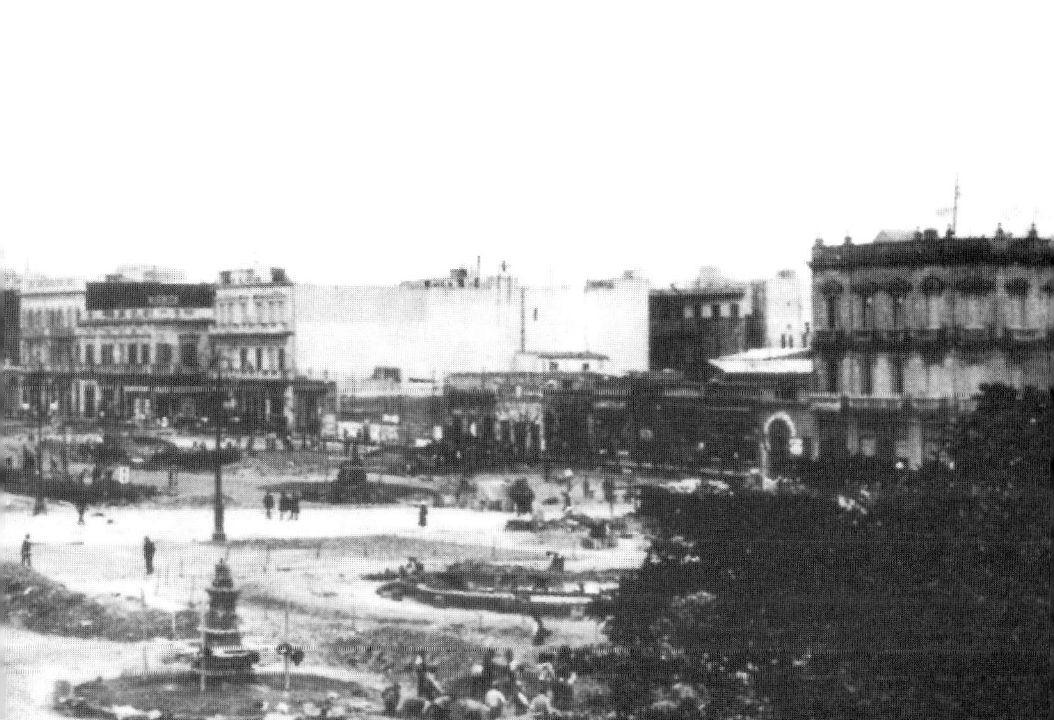

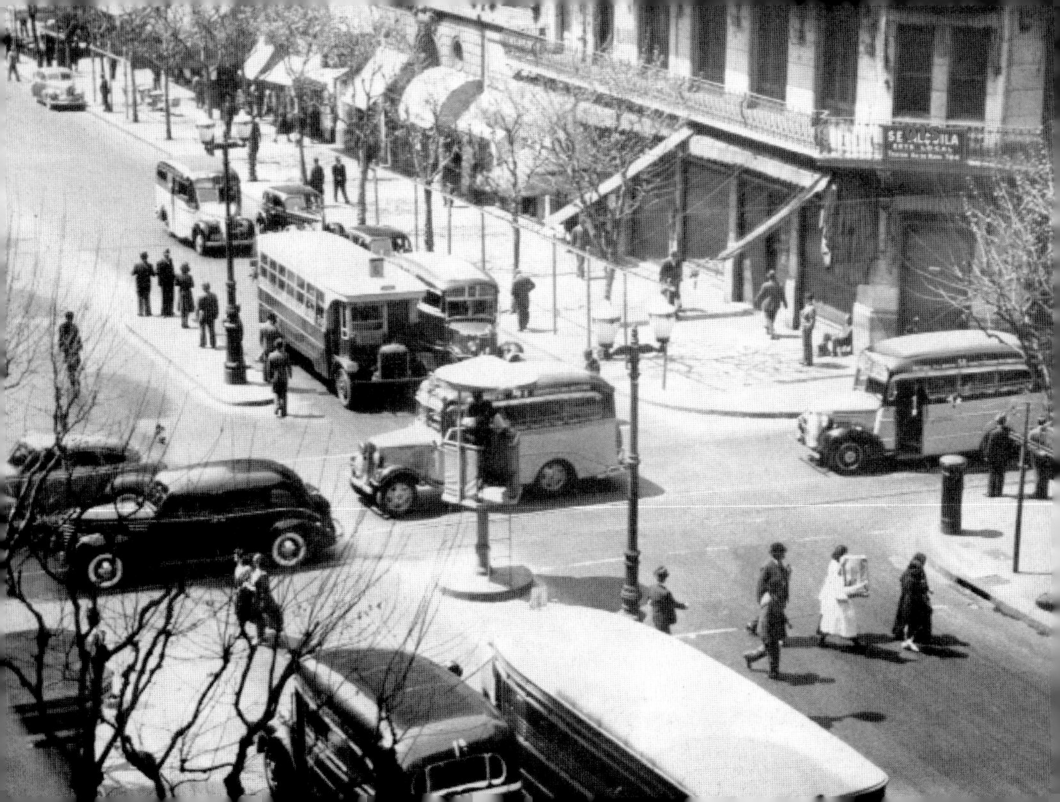
SE ALQUILA

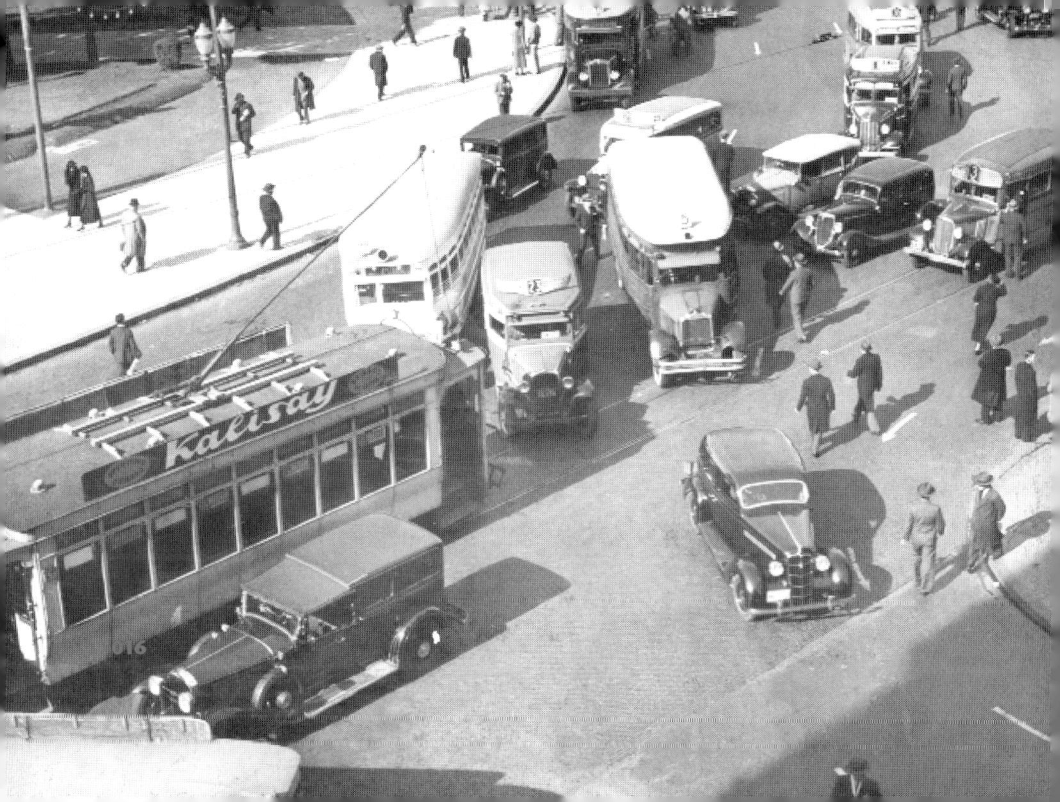

Kaiser
016

SENSACIONAL EXHIBICION DE INDIOS CHAMACO
solamente 70 individuos

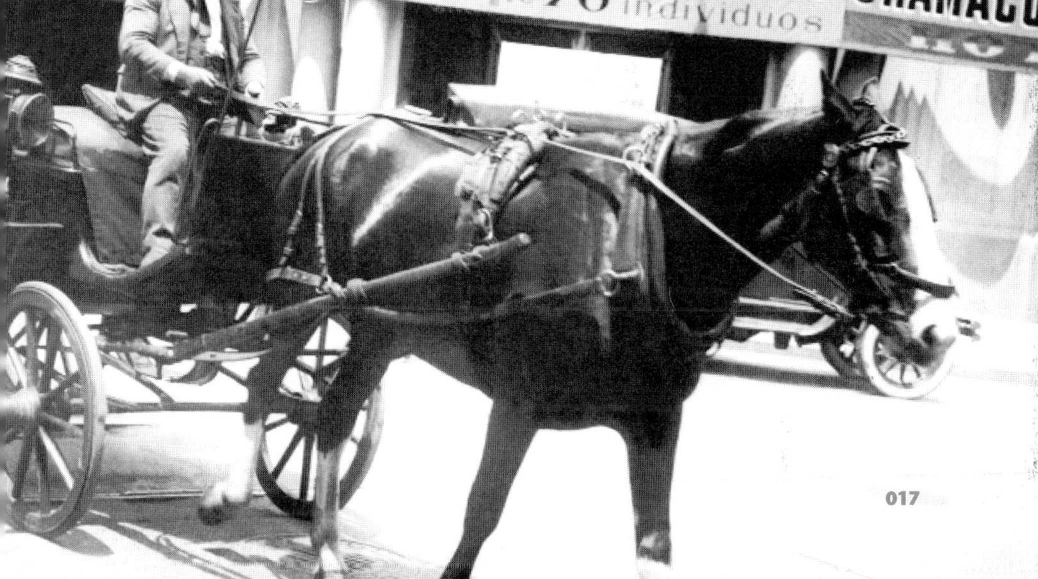

017

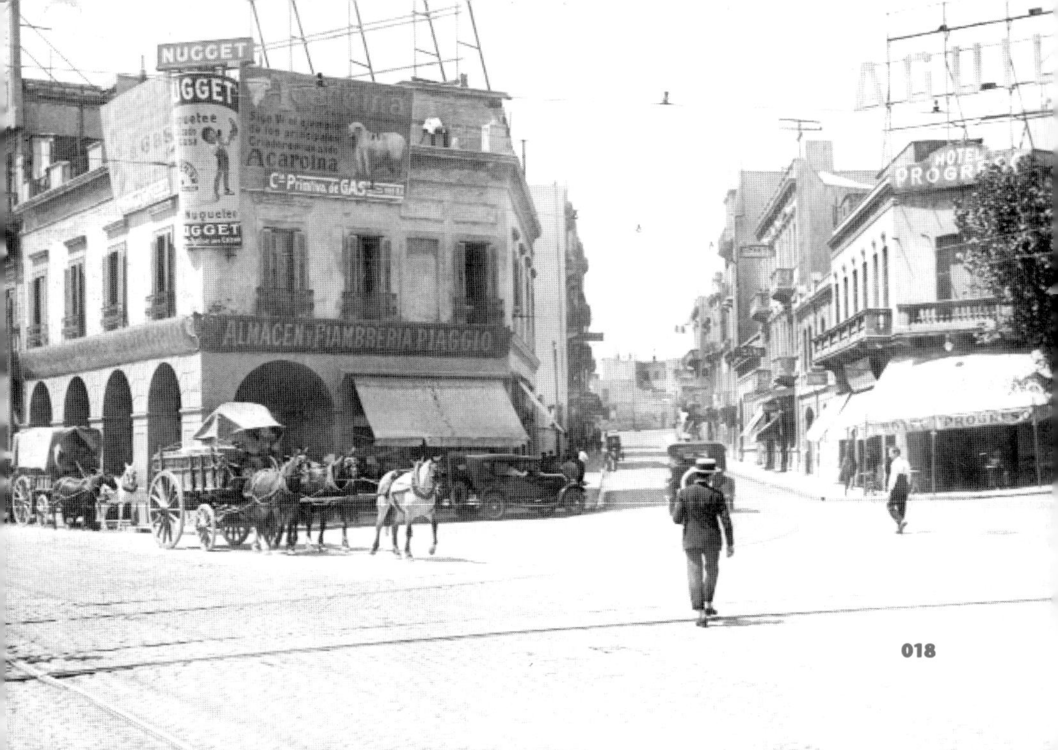

NUGGET
NUGGET
NUGGET
Acaroina
ALMACEN Y FIAMBRERIA PIAGGIO
HOTEL PROGRESO
PROGRESO
018

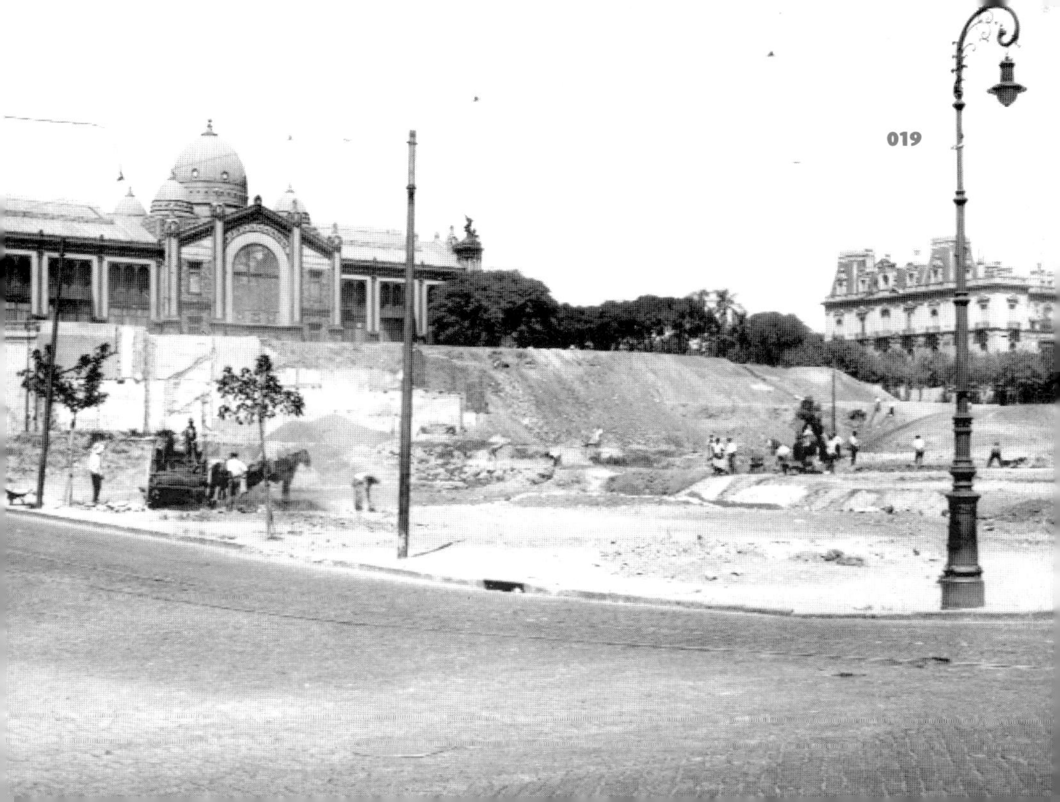
019

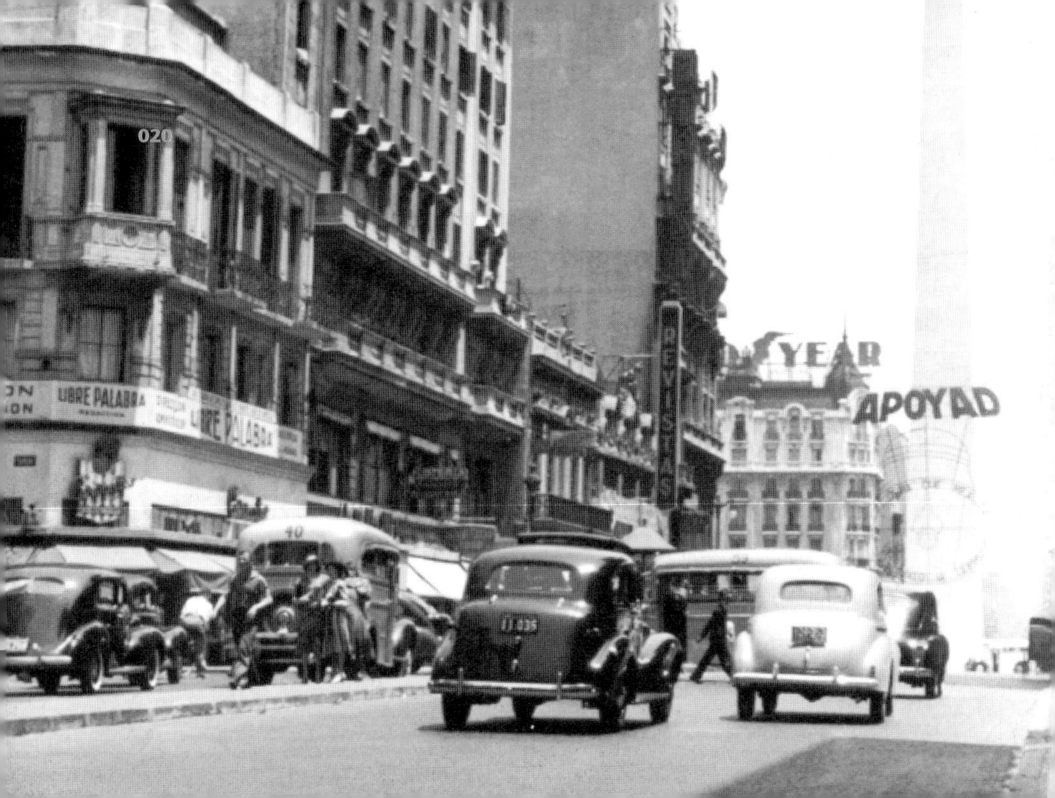

LIBRE PALABRA
YEAR
APOYAD

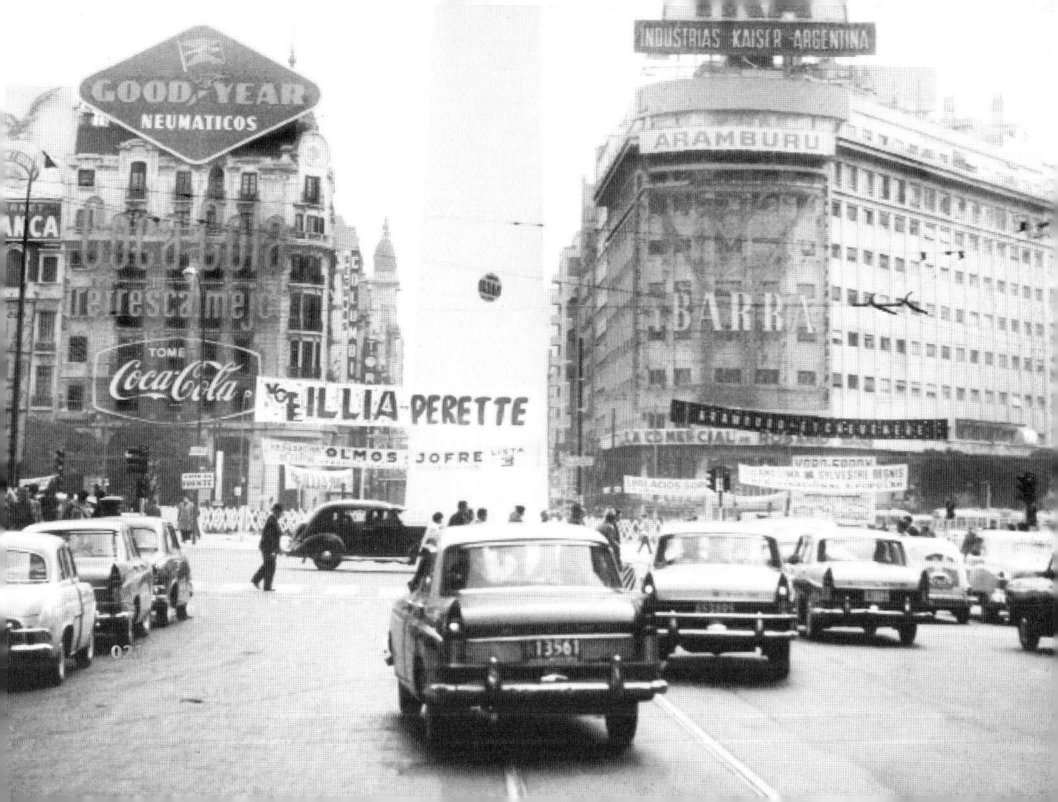

GOOD YEAR
NEUMATICOS
INDUSTRIAS KAISER ARGENTINA
ARAMBURU
BARRA
TOME
Coca-Cola
Vo ILLIA-PERETTE
OLMOS JOFRE
LA COMERCIAL

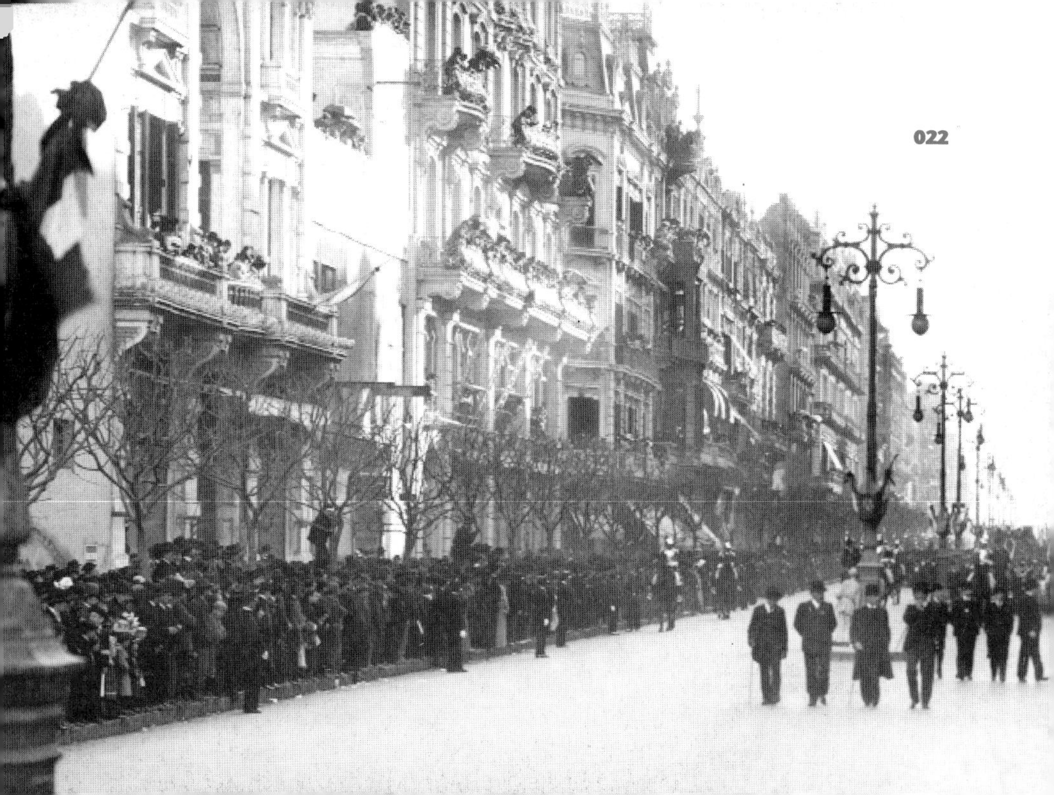
022

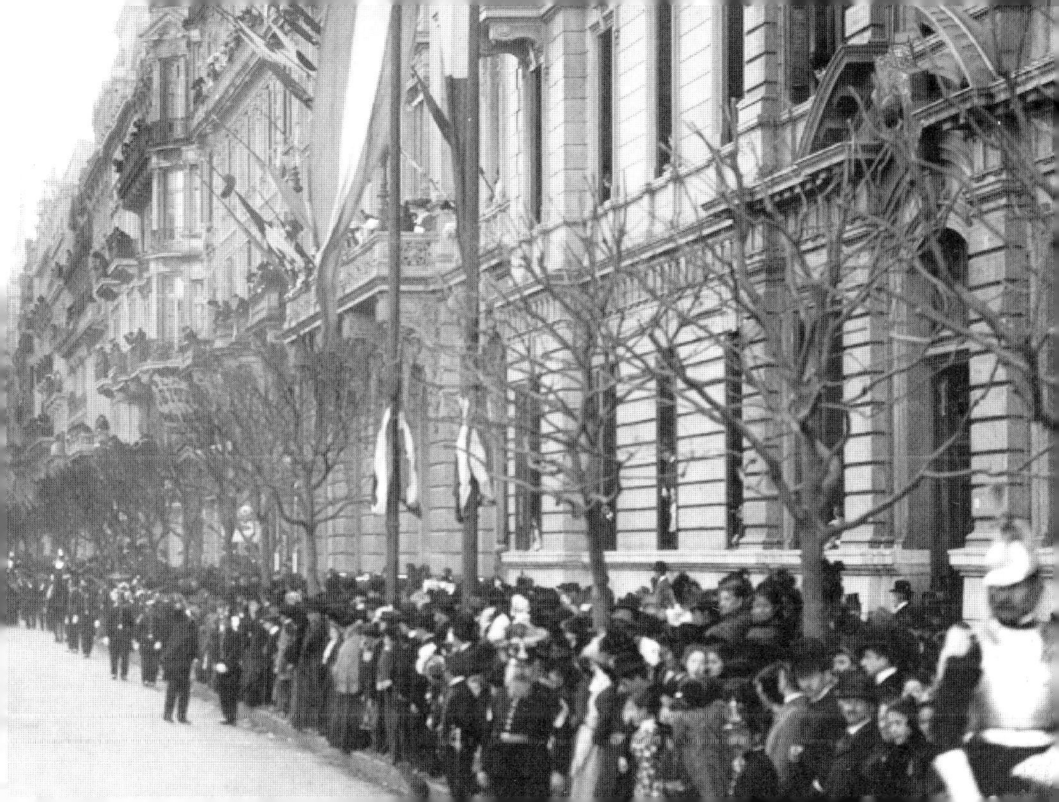

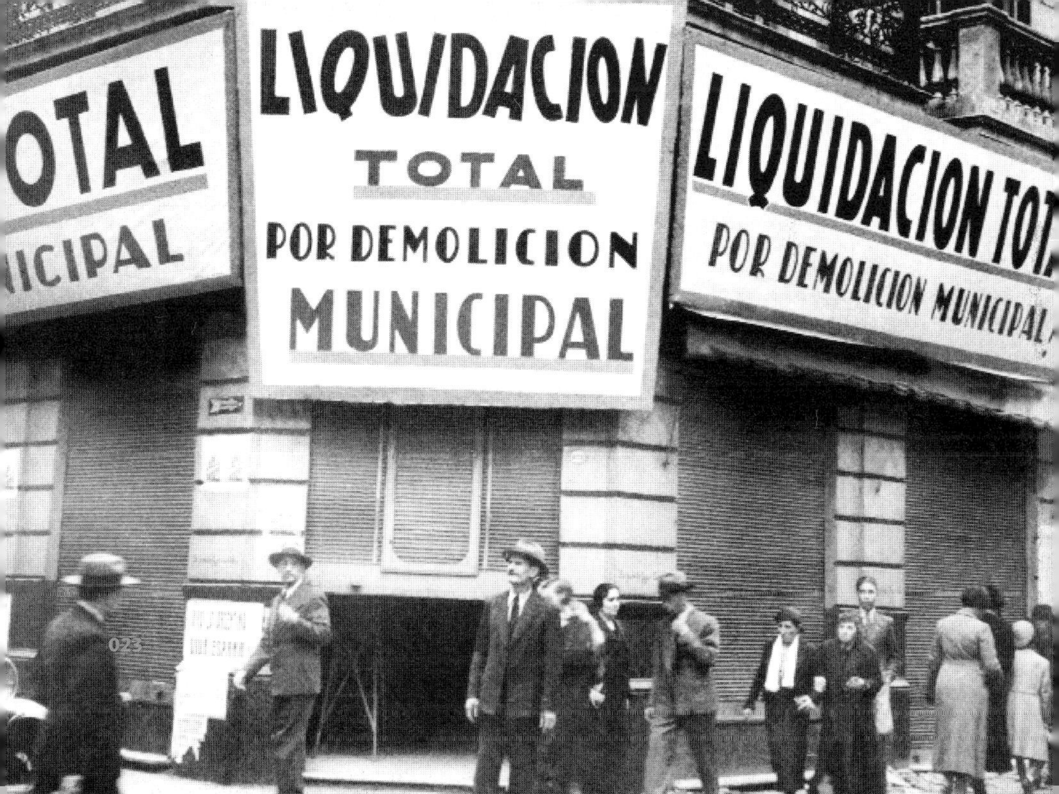

TOTAL
MUNICIPAL
LIQUIDACION
TOTAL
POR DEMOLICION
MUNICIPAL
LIQUIDACION TOT
POR DEMOLICION MUNICIPAL

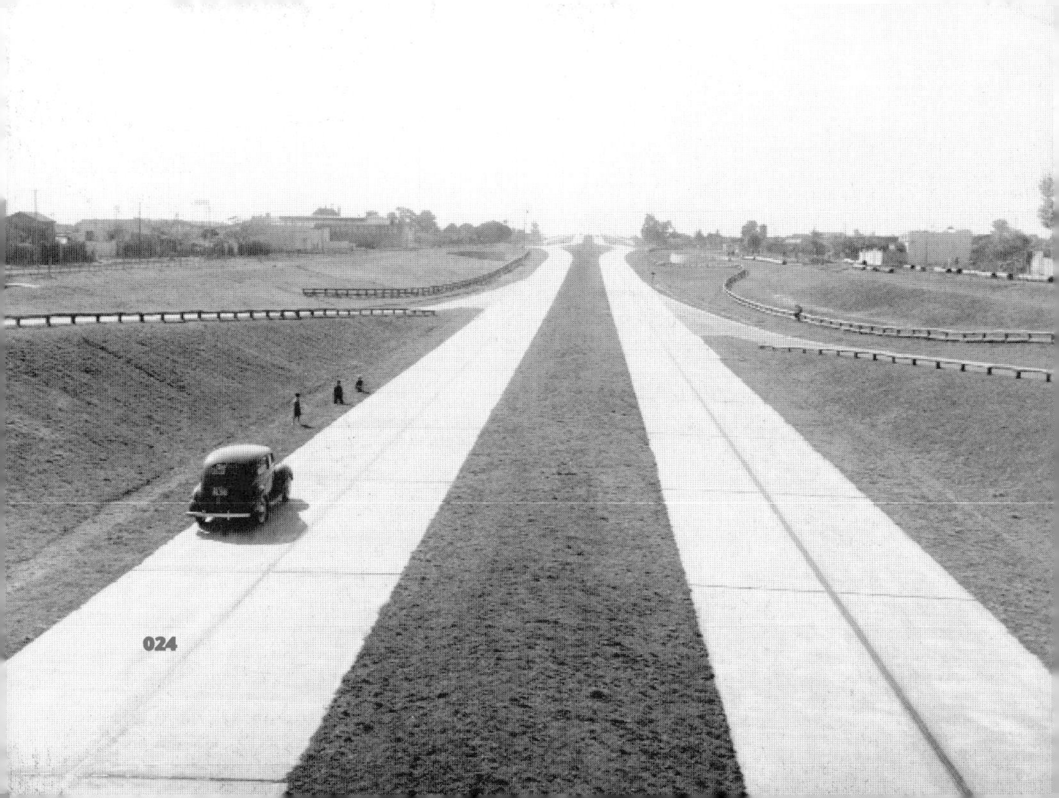
024

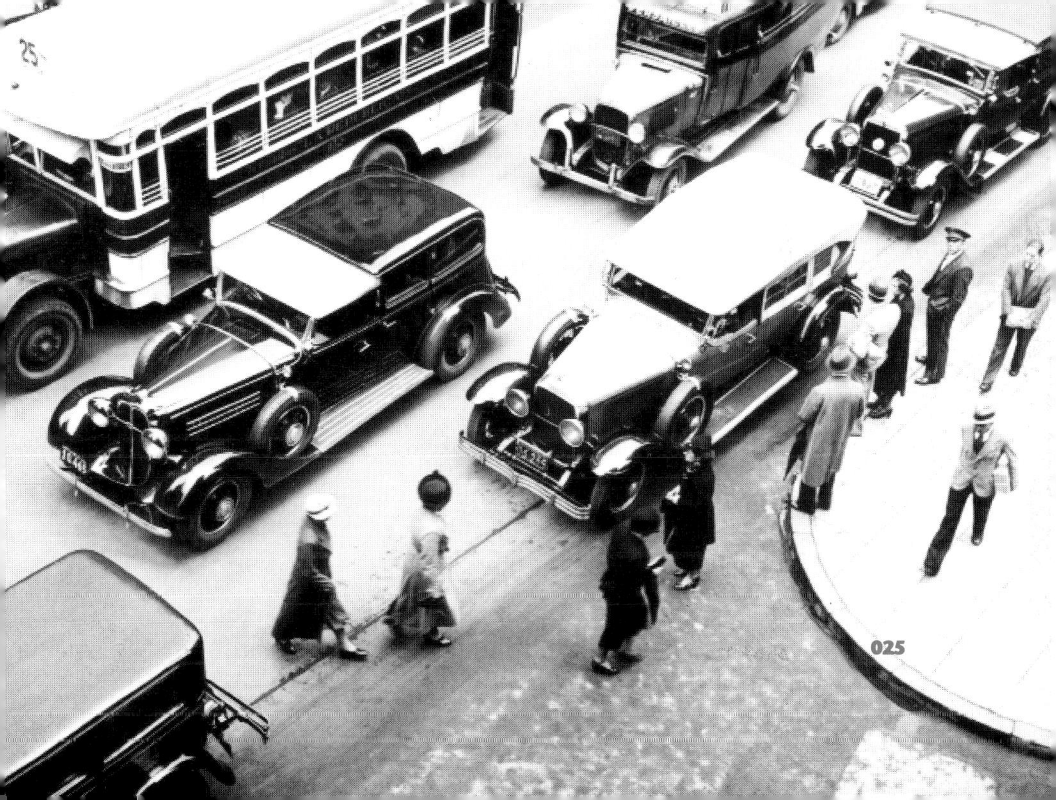

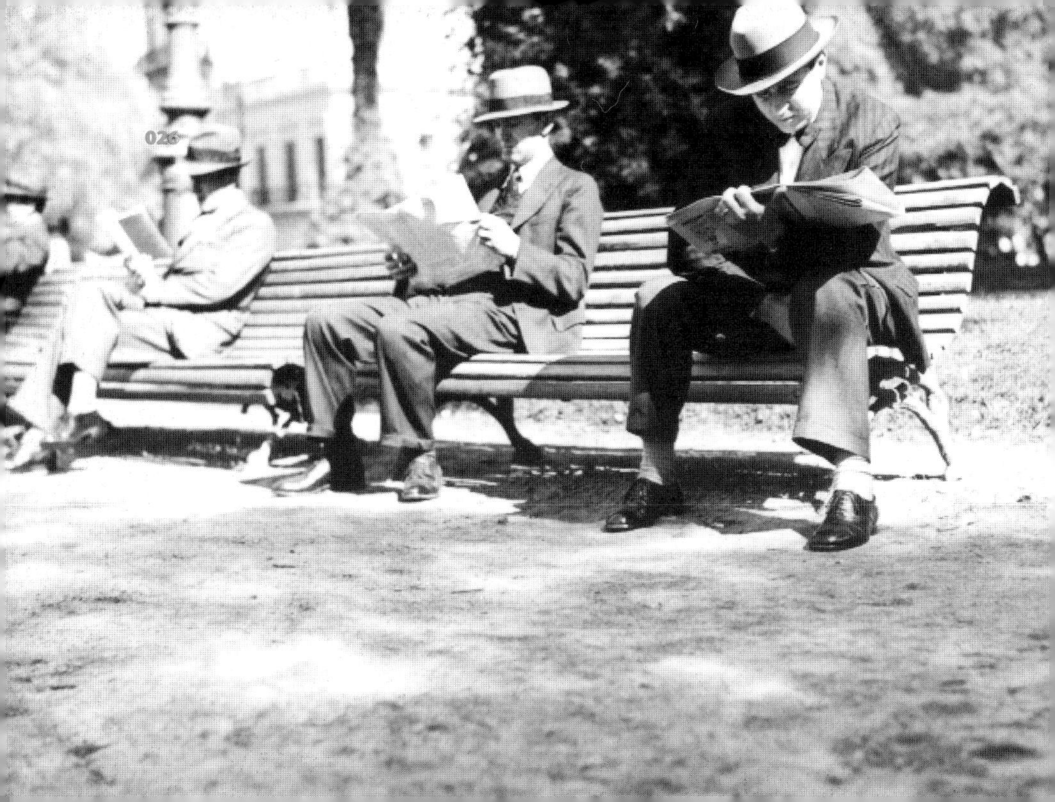
026

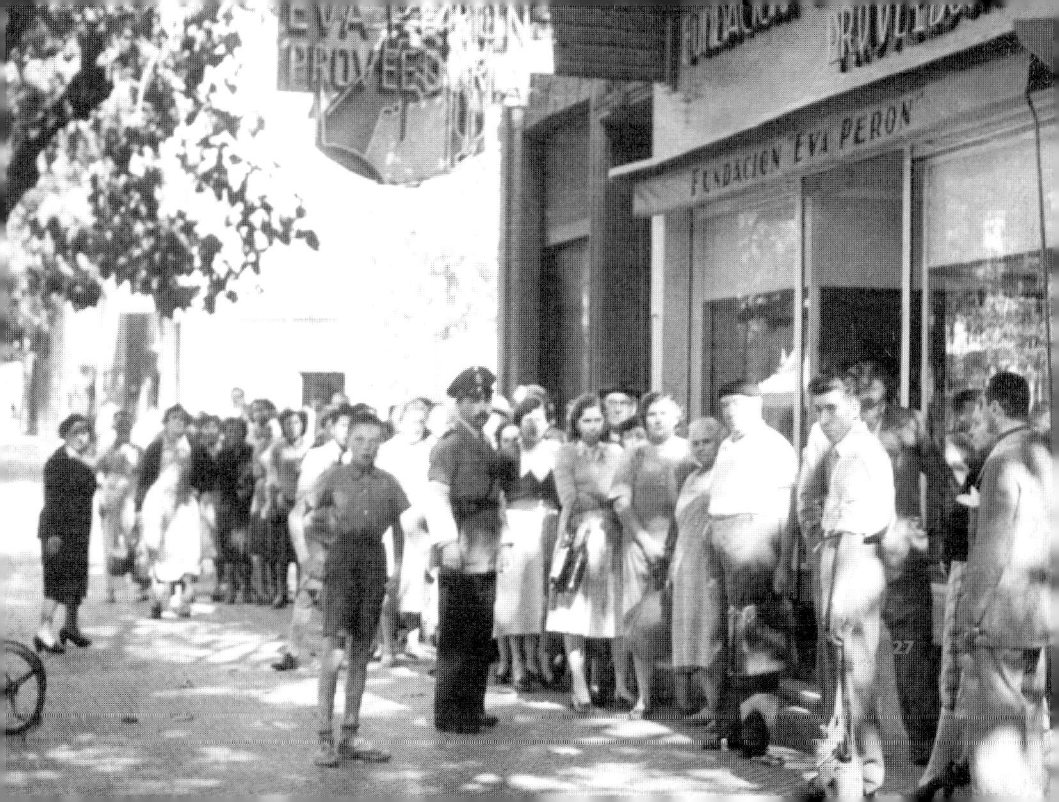

EVA PERONE
PROVEE
FUNDACION EVA PERON

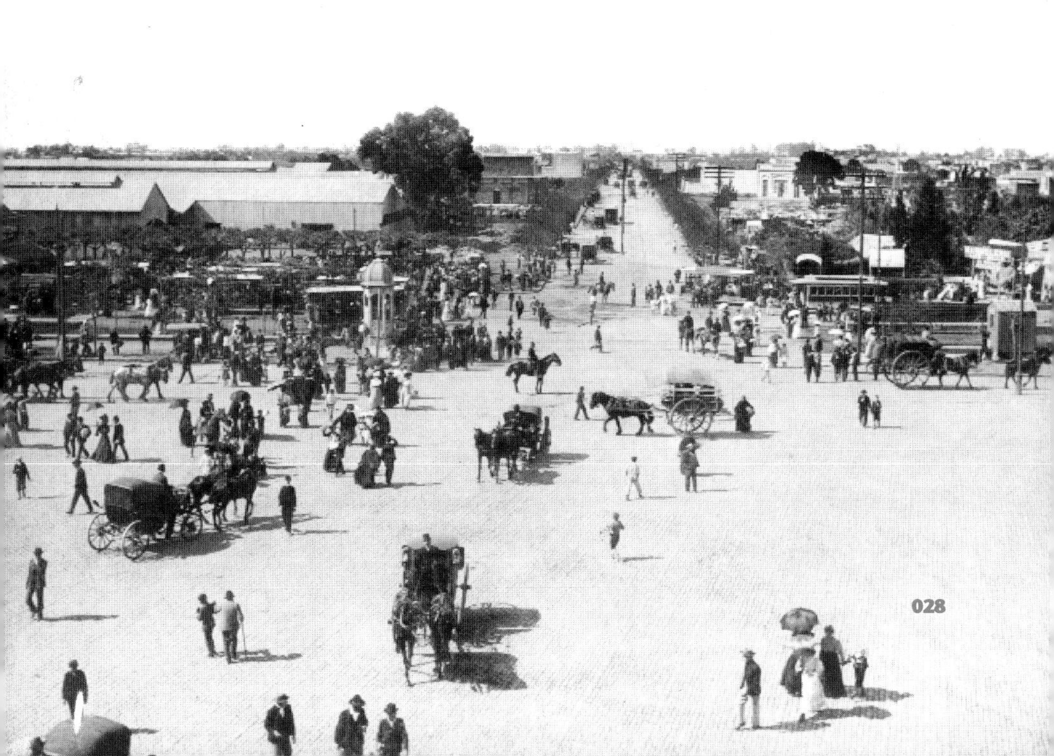
028

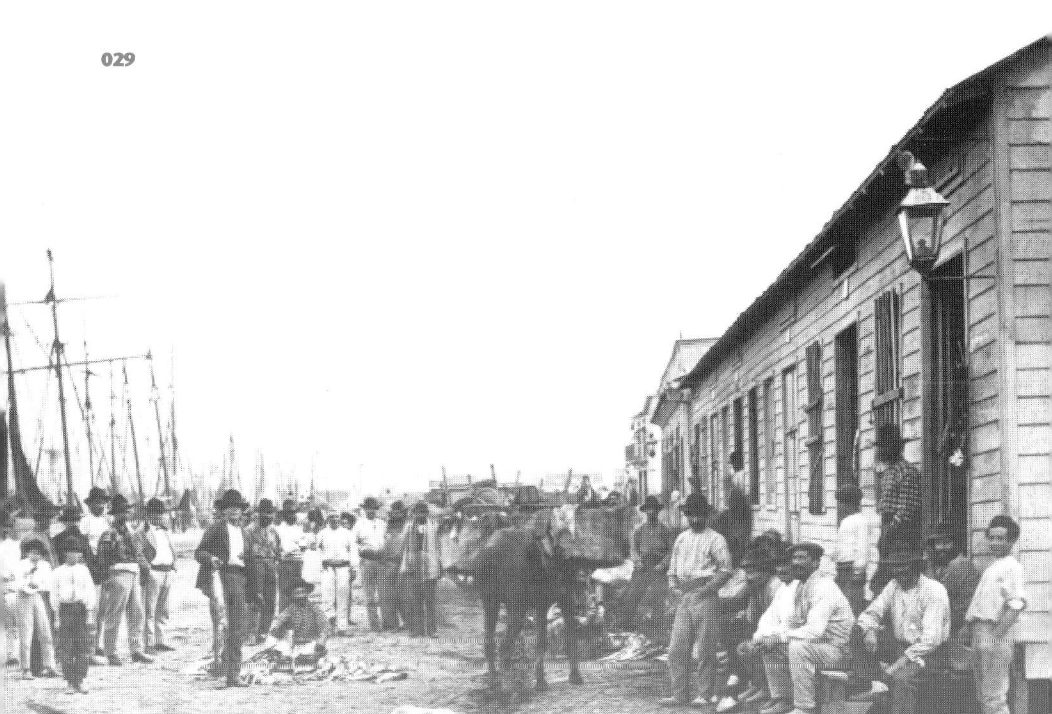

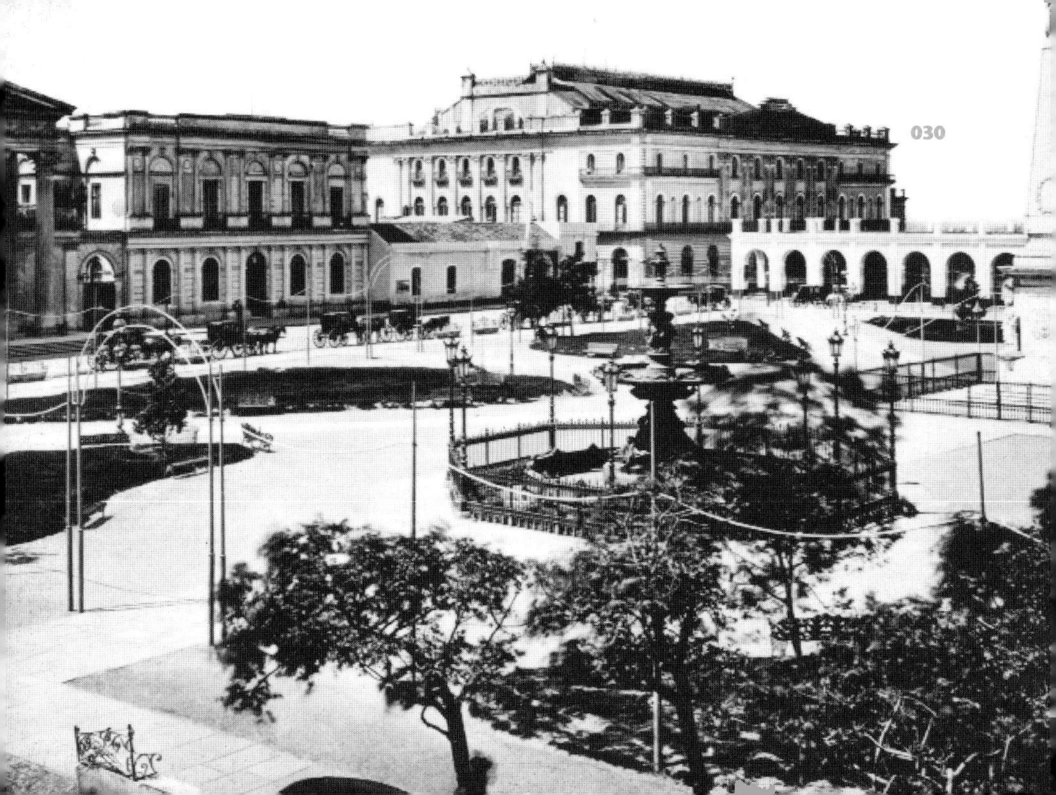
030

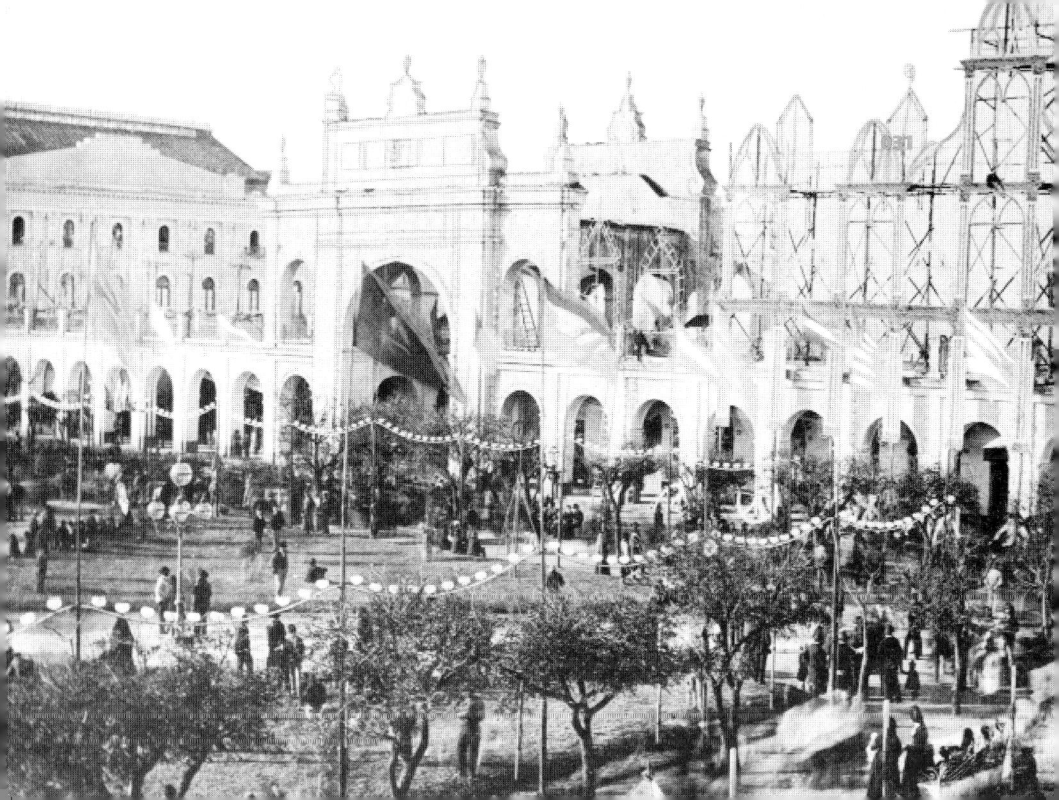

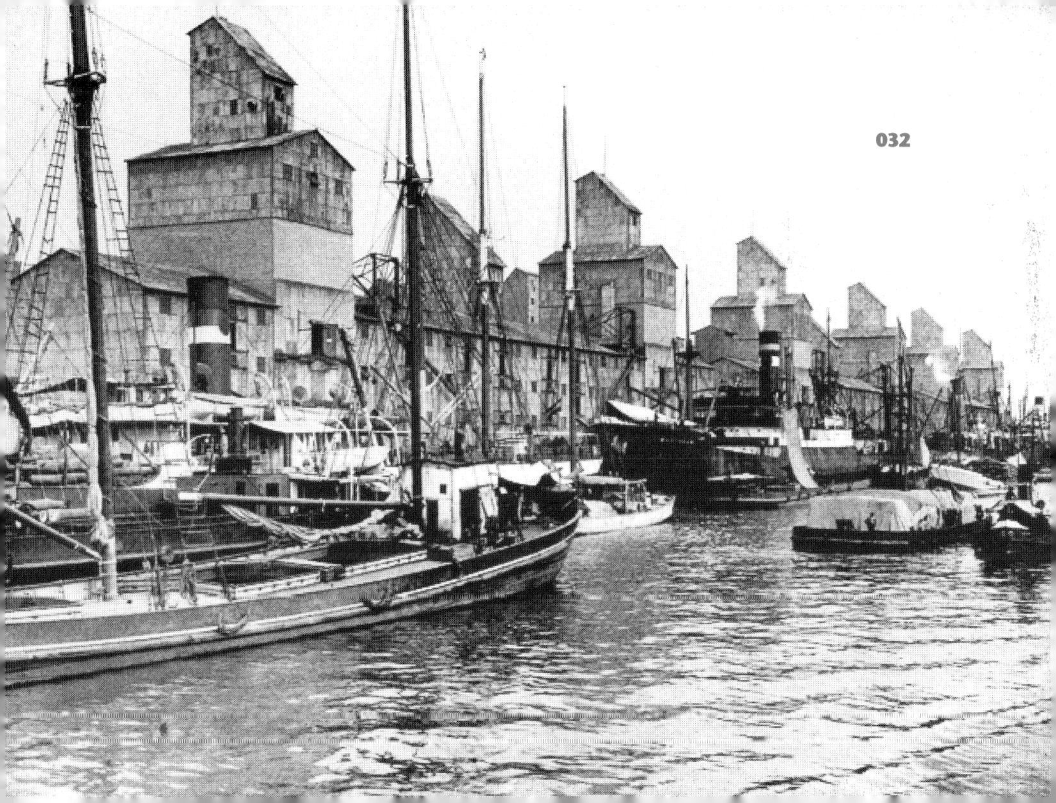
032

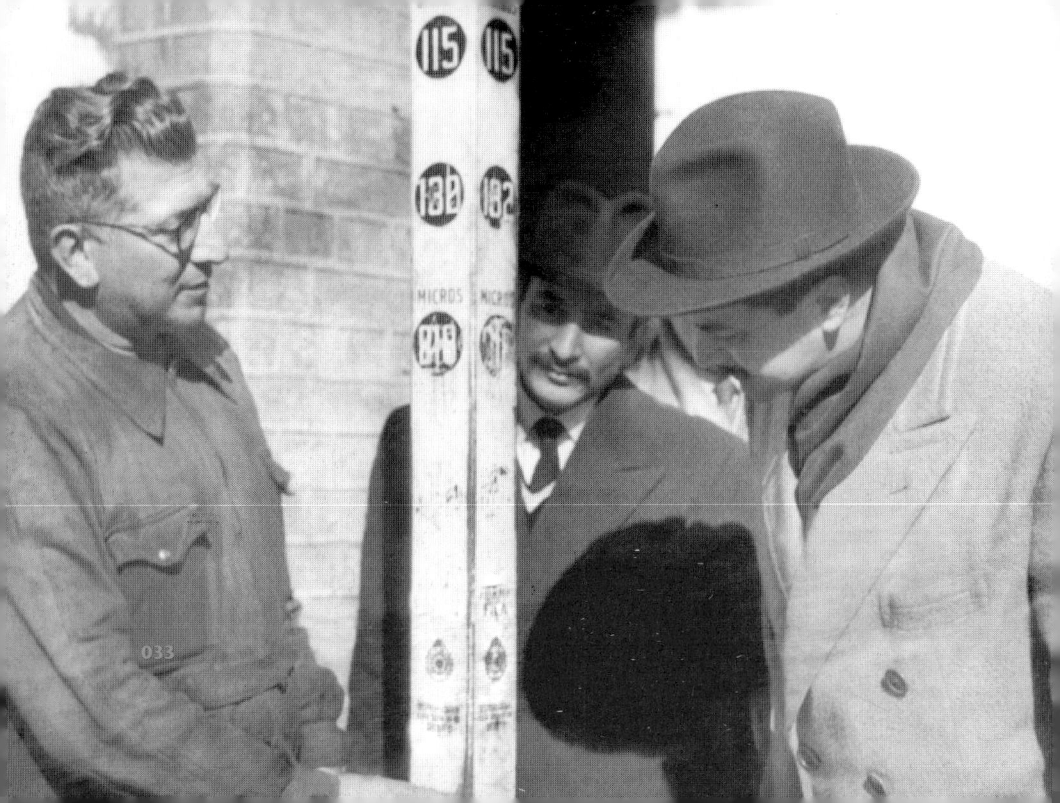
115
115
180
182
MICROS
MICROS
033

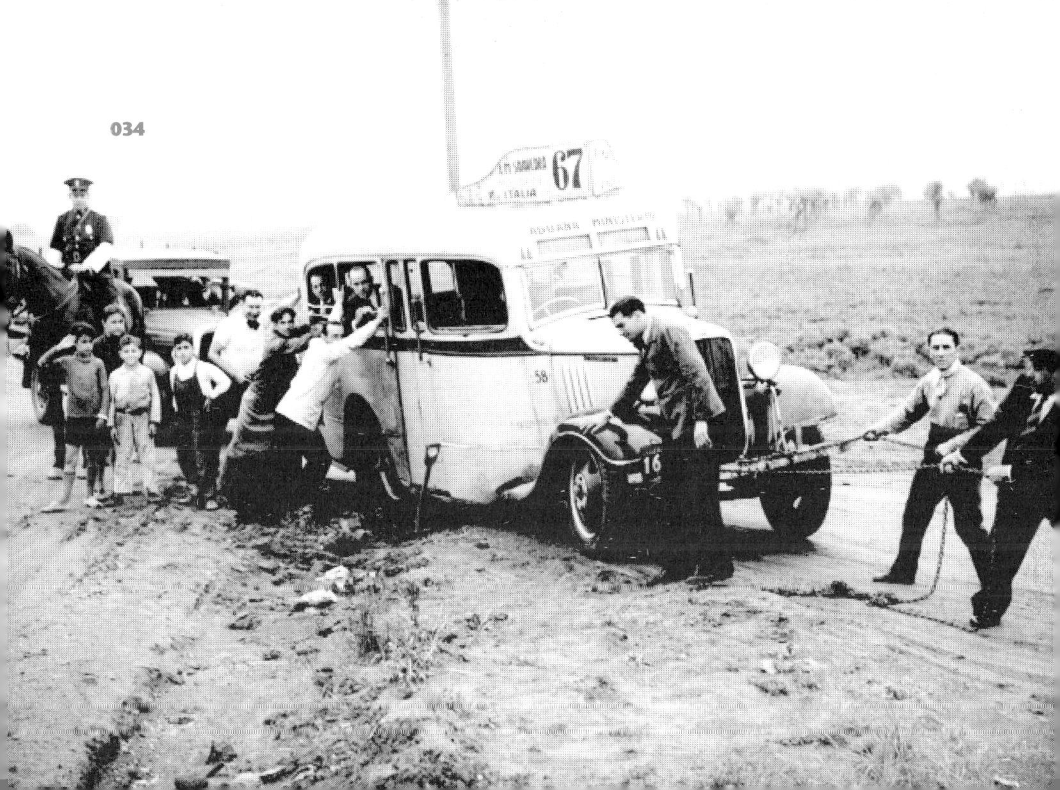
67
ITALIA
034

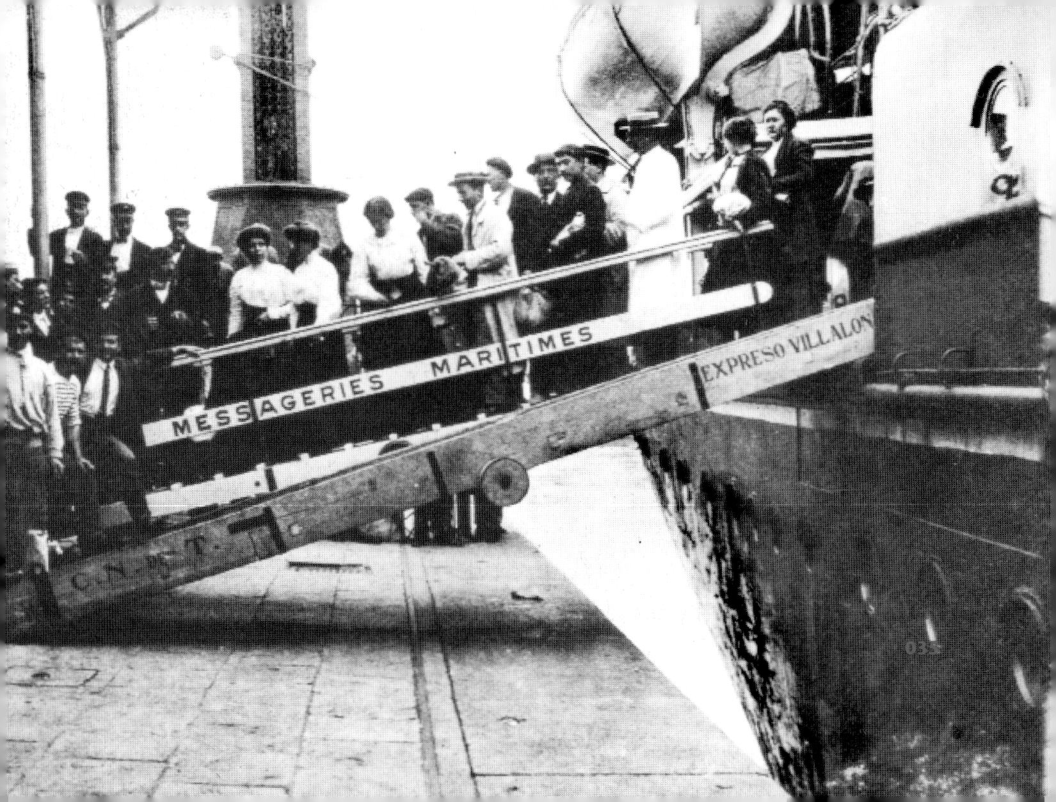

MESSAGERIES   MARITIMES
EXPRESO VILLALON

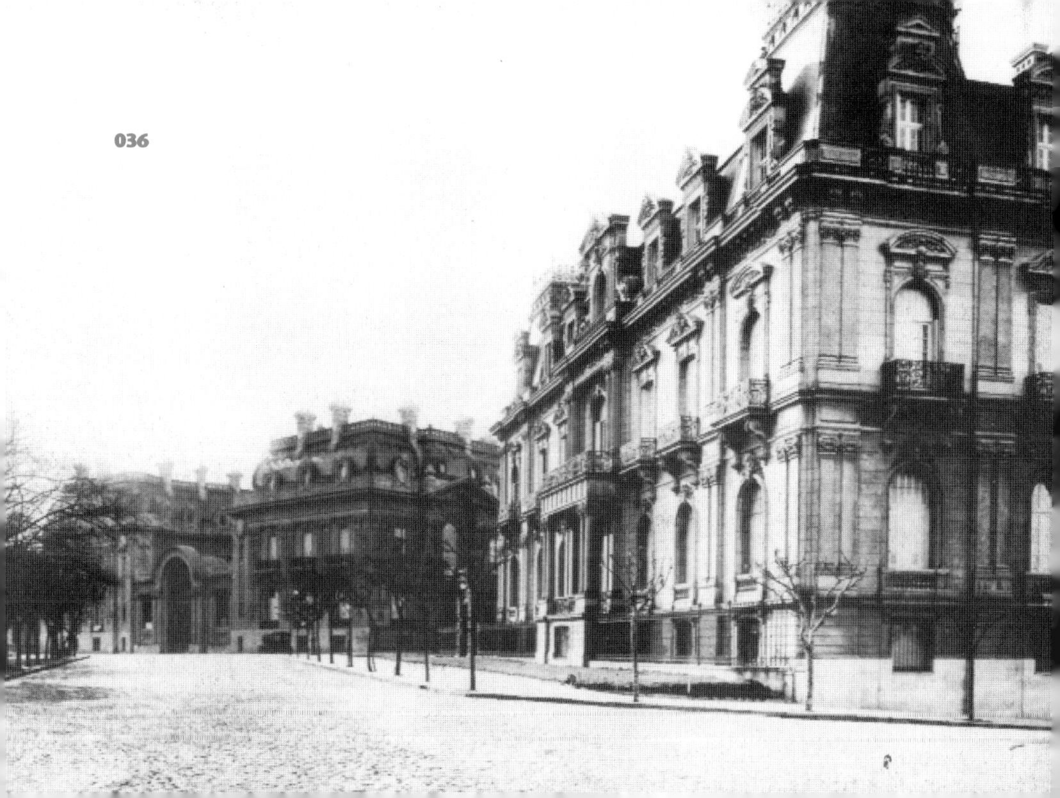
036

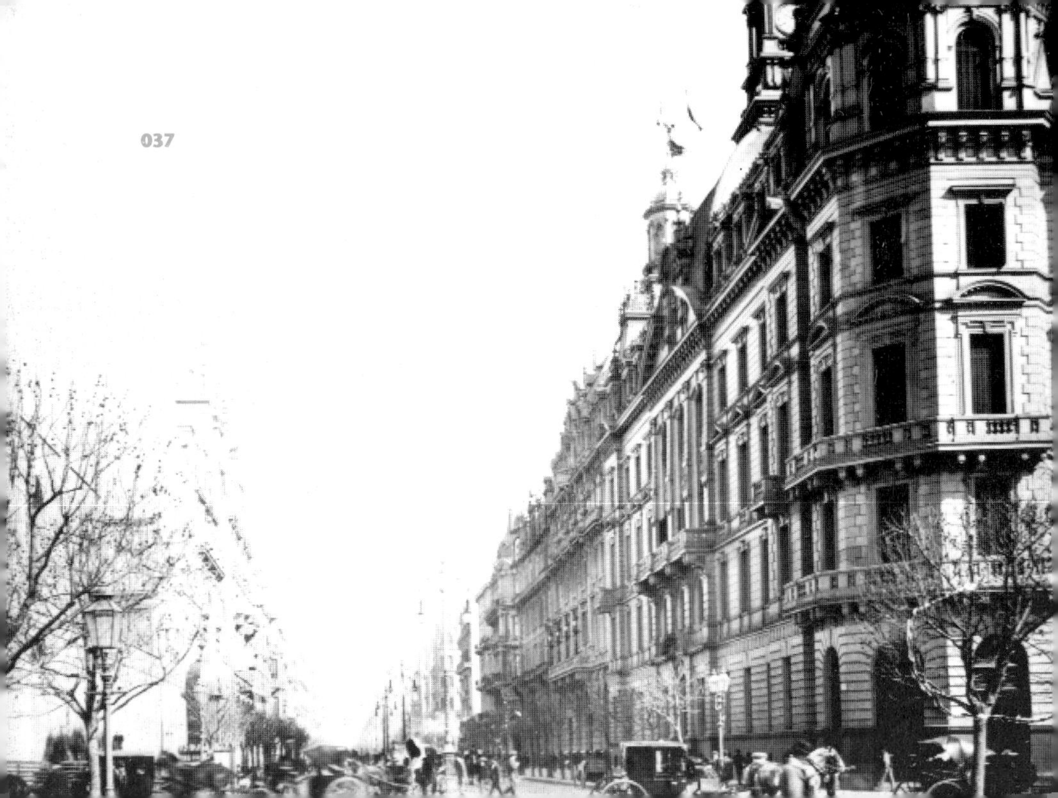
037

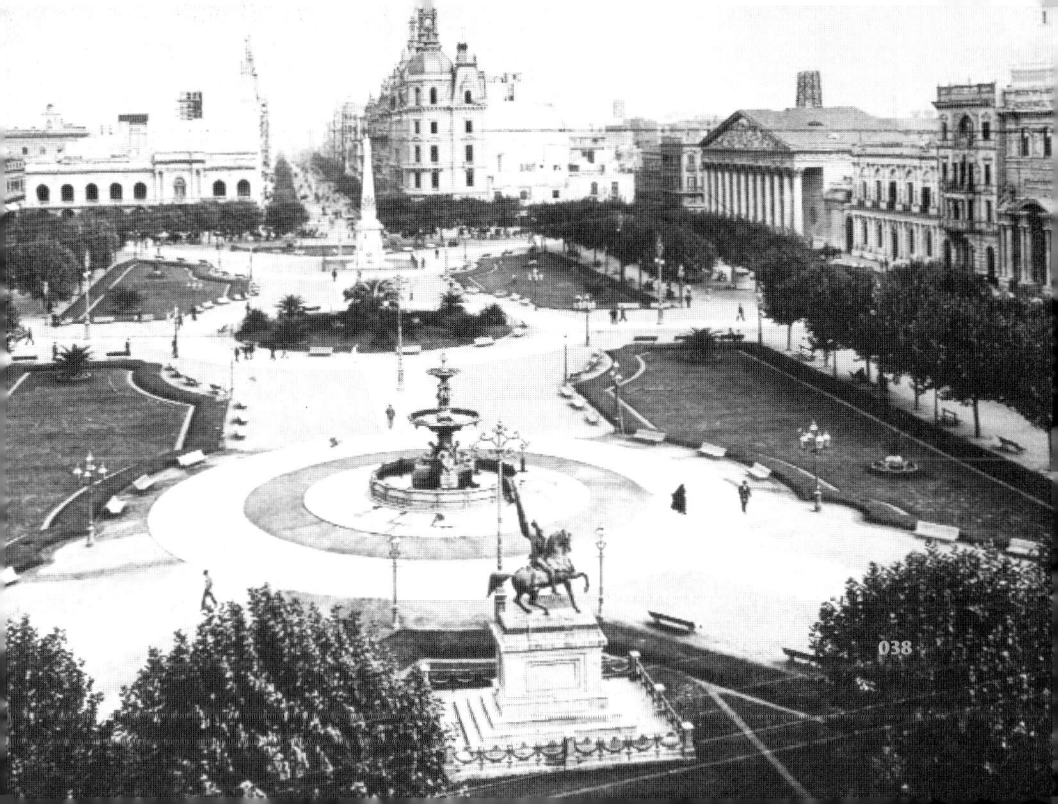
038

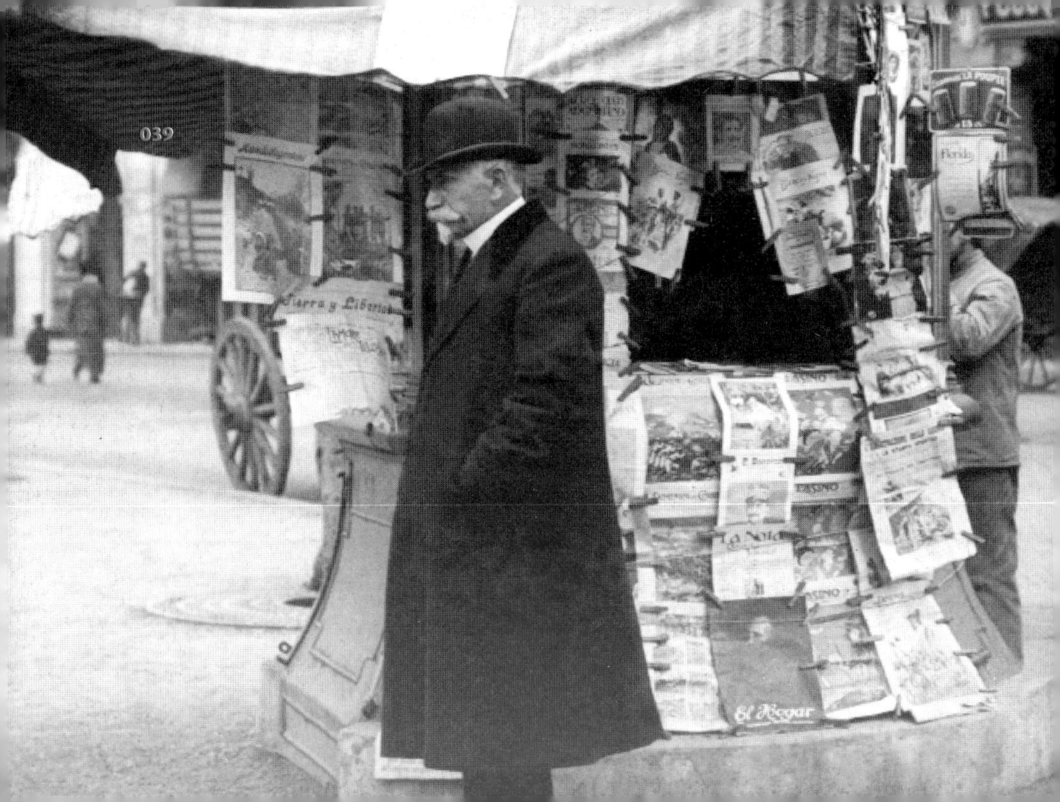
039
Tierra y Libertad
La Nota
El Hogar

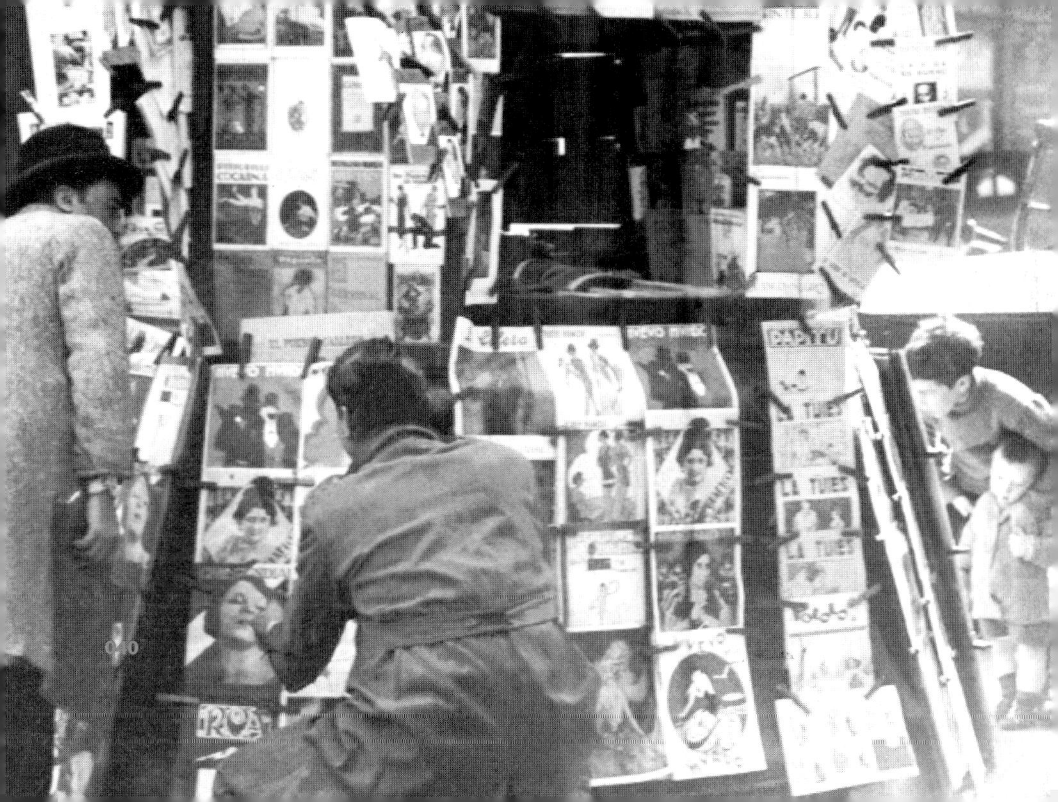

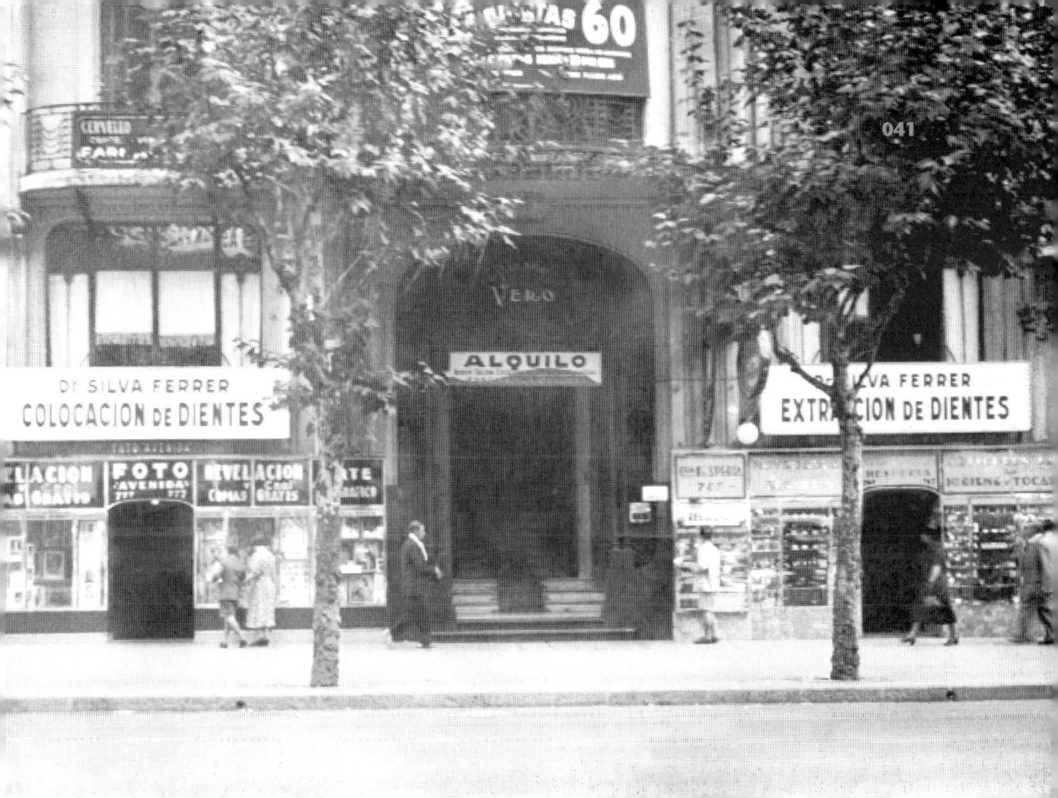
60
041
CERVEZA
ALQUILO
Dr SILVA FERRER
COLOCACION de DIENTES
FOTO
AVENIDA
REVELACION
y COPIAS
GRATIS
Dr SILVA FERRER
EXTRACCION DE DIENTES

001 Colectivos en la Avenida de Mayo, año 1938. Durante ese año circulaban por las calles de la ciudad 1500 coches pertenecientes a alrededor de 30 empresas. El conductor todavía se sentaba a la derecha, y los modelos no estaban estandarizados.

002 Equipaje de inmigrantes en el puerto de Buenos Aires. Desde mediados del siglo XIX, hasta el fin de la Segunda Guerra Mundial se establecieron distintas políticas inmigratorias que hicieron de la Argentina una tierra muy atractiva, especialmente para los europeos. Llegaban al puerto de Buenos Aires y se alojaban en el Hotel de Inmigrantes hasta que el gobierno los destinase a alguna provincia, o consiguiesen un trabajo. En el año 1910 el 50 % de la población era extranjera. Por las calles de Buenos Aires, en la década del '30, se podían escuchar varios idiomas, lo que hacía de la ciudad casi una Torre de Babel.

003 Avenida de Mayo. Se inauguró en 1894, durante la administración del primer intendente de la ciudad, Torcuato de Alvear. El objetivo fue unir la Plaza de Mayo con la Plaza de los Dos Congresos, para lo que hubo que derribar parte del viejo Cabildo y expropiar gran cantidad de viviendas. Pero fue el comienzo de la nueva imagen de Buenos Aires, que se pondría a la cabeza de las grandes ciudades del mundo. En la foto vemos una manifestación popular en lo que parece un día patrio. Se observan banderas argentinas y el diario en toda la imagen.

004 Avenida de Mayo y Perú, año 1924. Vemos que todavía convivían en las calles los coches tirados por caballos, con los modernos automóviles. Sobre la derecha, la boca del subterráneo, primera línea en la Argentina y Sudamérica. Fue inaugurado en 1913.

005 Torre de los Ingleses desde la Plaza San Martín, todavía en construcción. Fue donada por los residentes británicos para los festejos del Centenario de la Revolución de Mayo.

006 Vendedor de helados. Fotografía tomada el 7 de febrero de 1960. El heladero se vestía de blanco y vendía "Smak, el helado moderno".

007 Vendedor de diarios durante la Segunda Guerra Mundial. El diario *La Razón* titulaba: "¡Guerra! La Lucha es Encarnizada. Movilización en Francia. Estado de Sitio en París. Inglaterra va a la Lucha". El quiosco se construía con sogas y revistas sostenidas con los broches de la ropa.

008 Gente cruzando la calle. Parece que en la ciudad de Buenos Aires siempre fue difícil respetar la prioridad del peatón y las normas para un tránsito seguro.

009 Automóvil de la Dirección Nacional de Vialidad. La educación vial se impartía por altoparlantes.

010 Tratando de cruzar la Avenida 9 de Julio. Esta foto pertenece a una campaña de educación vial.

011 Esperando para cruzar la calle. El tránsito se dirigía desde una garita ubicada en el medio de la calle. Esta foto también pertenece a una campaña de educación vial.

012 Calle Florida. Esta calle nació con el primer trazado de la ciudad, hecho por Juan de Garay, en 1580. Hacia 1810 se llamaba Unquera. En el Nº 271 vivió Mariquita Sánchez de Thompson, que era la anfitriona de las tertulias más exclusivas del tiempo de la colonia. En su salón, en 1811, se cantó por primera vez el Himno Nacional Argentino. En 1821, pasa a llamarse Florida. Fue una de las primeras calles empedradas. Durante la época del gobierno de Rosas, se la denominó Representantes, y por ese tiempo era la arteria comercial más importante de la ciudad, con los negocios más refinados y las mejores tiendas a la moda de Europa. En 1971 se transformó definitivamente en peatonal durante las 24 horas. En la esquina se puede ver la perfumería más importante de Buenos Aires, la Franco-Inglesa, que cerró sus puertas hace muy poco tiempó.

013 Casa do Brasil. Tienda de café en la calle Florida. Los hombres usaban sombrero, y ya era usual ver a los mozos llevando pedidos a las oficinas cercanas.

014 Plaza de los Dos Congresos. Se llama así por el monumento en honor a los Congresos de 1813 y 1816. Se inauguró el 20 de mayo de 1910, en los festejos del Centenario de la Revolución de Mayo. Aquí está el mojón que marca el kilómetro 0 de la República Argentina.

015 Avenida de Mayo. Como se ve en la fotografía, era doble mano y estaba dividida por un descanso para peatones. También se puede observar la garita desde donde el policía dirigía el tránsito. Sobre la derecha, el clásico buzón donde se depositaban las cartas.

016 Avenida de Mayo y Bolívar. Típico caos en el tránsito porteño.

017 Sensacional exhibición de indios chamacocos. No hay palabras para esta foto, más que decir con la vergüenza y el asombro que da la mirada actual que se exhibían 70 individuos traídos desde el Paraguay.

018 Esquina de la Avenida Alem y Falucho. La calle Falucho era una diagonal que pasaba por la parte baja de la Plaza San Martín sobre la Avenida del Libertador.

019 Ampliación de la Plaza San Martín. Éste es un solar con mucha historia. En la parte sur de la plaza (sobre la actual Avenida Santa Fe) estaba, hasta el año 1772, la South Sea Company, empresa que comerciaba con esclavos. En 1801 se inauguró la Plaza de Toros, donde, en 1806, durante la Primera Invasión Inglesa se atrincheraron los soldados británicos y se los combatió el 11 de agosto, por lo que, a partir de entonces, se la conoció como Campo de la Gloria. En 1819 la Plaza de Toros fue demolida y allí se estableció el primer lugar de práctica del Regimiento de Granaderos a Caballo de San Martín, y tomó el nombre de Campo de Marte. A fines del siglo XIX, durante la intendencia de Torcuato de Alvear, se transforma en la Plaza San Martín. El diseño paisajístico quedó a cargo de Carlos Thays. A principios del siglo XX se trae desarmado desde París el Pabellón Argentino (que vemos en la foto), que había servido como sede argentina en la Exposición Universal de 1889. Fue demolido en 1933. Sobre la barranca todavía puede apreciarse el palacio Ortiz Basualdo (fiel representante de lo que era Buenos Aires a principios del siglo XX) donde hoy se encuentra el edificio de American Express.

020 Avenida Corrientes y el Obelisco. No siempre fue avenida, y no siempre se llamó Corrientes. Calle del Sol, con el trazado original de la colonia; San Nicolás, cuando la iglesia del mismo nombre se levantaba en el lugar donde hoy está el Obelisco; Triunvirato y, después sí, Corrientes. El ensanche para transformarla en avenida se realizó en 1936. De todas maneras, todavía se la llama "calle". El Obelisco se inauguró el 23 de mayo del mismo año y aunque levantó gran cantidad de quejas y contó con muchos detractores, como la torre Eiffel en París, al poco tiempo se convirtió en el monumento símbolo de la ciudad.

021 Avenida Corrientes y Avenida 9 de Julio. El primer tramo de la Avenida 9 de Julio se inauguró en 1937. Para construirla se necesitaron demoler dos manzanas, desde la Avenida del Libertador hasta Constitución. Pero semejante esfuerzo transformó el centro de Buenos Aires. En la foto vemos las propagandas políticas de las elecciones presidenciales del año 1963.

022 Avenida de Mayo, año 1900. Desfile en homenaje al rey de Italia Humberto I, asesinado por un anarquista.

023 Cerrito y Bartolomé Mitre, año 1936. Demolición municipal para la abertura de la Avenida 9 de Julio.

024 Avenida General Paz. Desde 1887 marca los límites de la ciudad junto con el Riachuelo. Sus obras con dos carriles se inauguraron en 1941. Fue la primera autopista que se construyó en la Argentina.

025 Tránsito en las calles de Buenos Aires. Los modelos de los automóviles todavía se parecían a los carros tirados por caballos.

026 Hombres leyendo en una plaza.

027 Proveeduría de la Fundación Eva Perón. En el año 1948 se constituye la Fundación Eva Perón, presidida por la misma. Se encargaba de dar soluciones a los problemas de los más necesitados, especialmente de los niños. El origen de los fondos siempre fue objeto de una fuerte polémica basada en la sospecha de que gran parte de sus donaciones eran "forzosas". Sin embargo, muchos son los argentinos que todavía recuerdan y agradecen la intervención de la Fundación en su vida.

028 Chacarita. Estación y alrededores. Juan de Garay dividió las inmediaciones de Buenos Aires en "suertes de chácaras" (palabra proveniente del quechua, *chajrá*: finca fuera de la ciudad). Una pequeña chácara les fue otorgada a los jesuitas. Más adelante, al promediar el siglo XIX, los estudiantes pupilos del Real Colegio de San Carlos pasaban allí sus días de descanso. Por eso se la llamaba la "Chacarita de los Colegiales". Cerca de 1870, una epidemia de cólera generó un cementerio provisorio en lo que hoy es el Parque Los Andes. En 1871, se desató en la ciudad una grave epidemia de fiebre amarilla. El Cementerio de la Recoleta pronto quedó chico para las 14.000 víctimas de la peste, por lo que se habilitaron las viejas tierras de los jesuitas, contiguas al cementerio utilizado para las víctimas del cólera.

029 La Boca/Riachuelo. Tuvo varios nombres: Pequeño Río, Río de Buenos Aires, Río de la Trinidad y Riachuelo de los Navíos. Muchos aseguran que fue aquí el lugar en que don Pedro de Mendoza fundó la ciudad de Santa María de los Buenos Aires, en el recodo que hoy conocemos como Vuelta de Rocha. Fue la primera zona portuaria y el barrio donde se asentaron la mayoría de los inmigrantes genoveses que arribaron a Buenos Aires durante las décadas de 1830 y 1840.

030 Plaza de Mayo/Viejo Teatro Colón. Fue aquí donde Juan de Garay realizó la segunda fundación de la ciudad, el 11 de junio de 1580, bajo el nombre de La Trinidad (todavía la ciudad conserva legalmente ese nombre) y desde aquí comenzó a trazar el ejido que marcaría la división de los solares. En torno a la plaza se ubicaron los edificios más importantes, como en todas las ciudades que fundaban los españoles: el Cabildo, la Iglesia Mayor, la casa de los gobernantes, etc. A principios del 1800 la plaza estaba dividida en dos por una construcción llamada Recova: la Plaza Mayor (enfrente del Cabildo), y la Plaza del Fuerte (frente a lo que hoy es la Casa de Gobierno). Luego de las Invasiones Inglesas se llamó Plaza de la Victoria y después de la Revolución de Mayo, Plaza de Mayo. Aquí se levantó el primer monumento de la ciudad, la Pirámide de Mayo, para celebrar el primer aniversario de la Revolución. En la foto vemos el primer Teatro Colón, donde hoy se encuentra el Banco de la Nación Argentina.

031 La Recova, año 1870. Servía de mercado y fue, tal vez, la primera galería de compras. El primer intendente de Buenos Aires ordenó su demolición, y la plaza se transformó en la que hoy conocemos. Desde el comienzo éste fue el centro de las manifestaciones cívicas de la República. En la foto vemos las primeras iluminaciones con lámparas a gas.

032 Viejo Puerto Madero. Aunque parezca mentira, durante mucho tiempo Buenos Aires fue una "ciudad puerto" sin puerto. Los barcos debían quedarse bien alejados de la costa o entrar más al sur, por la parte de Ensenada, ya que el calado casi no existía. El proyecto del ingeniero Eduardo Madero se inauguró en enero de 1889. Pronto quedó chico, y en la década del '20 se reemplazó por el Puerto Nuevo, construido bajo otra concepción, llevada adelante por el ingeniero Huergo.

033 Parada de colectivo. Al avanzar el siglo XX, la ciudad tuvo que ordenarse y modernizarse. Vemos aquí las nuevas paradas de colectivos que marcaban el lugar de detención de varias líneas.

034 Viejo colectivo. Era muy común que, después de las lluvias, los colectivos "se empantanasen", y es una tradición de los porteños ayudar cuando un automóvil tiene un problema mecánico. Vemos que el coche policial todavía era de "tracción a sangre".

035 Desembarco de inmigrantes. Llegaban de todas partes de Europa con la esperanza de encontrar lo que en el Viejo Continente se les negaba. Hay quienes dicen que el origen de la Argentina "son los barcos".

036 Palacio Ortiz Basualdo y Palacio Anchorena. Con la peste de fiebre amarilla del año 1871, las familias adineradas huyeron hacia el norte. Y Retiro, en ese entonces, "era el norte". En la foto vemos el Palacio Ortiz Basualdo (donde hoy está el edificio de American Express) y el Palacio Anchorena, hoy sede de la Cancillería. Estas construcciones muestran que las familias de clase alta porteña vivían a imagen y semejanza de París. En la actualidad, el barrio de Retiro/Recoleta sigue manteniendo este estilo y conforma una de las zonas más lindas de la ciudad. Es una pena que desde los diferentes gobiernos municipales no se hayan impuesto leyes para preservar estas construcciones existentes en toda la ciudad de Buenos Aires.

037 Avenida de Mayo. Vista desde la plaza. En primer plano se observa el Palacio Municipal. En 1819 este solar fue donado al general San Martín, que nunca le dio un uso, y en 1825 fue comprada por el señor Riglos que construyó su casa de dos pisos por lo que se la conoció como los altos de Riglos. El 3 de abril de 1853 se creó la Municipalidad y comenzó a funcionar en los altos del Cuartel de Policía (contiguos a los de Riglos). En forma oficial el primer intendente fue nombrado varias décadas después. El 23 de abril de 1883, Torcuato de Alvear asume como tal y comienza una intensa modernización de la ciudad al estilo de las grandes metrópolis europeas. La construcción del edificio se inició en 1891. En 1899 se expropiaron los altos de Riglos para ampliar el edificio. La esquina del primer piso, que vemos en la foto, es el despacho del intendente, ahora Jefe de Gobierno.

038 Plaza de Mayo a fines del siglo XIX. El Palacio Municipal sólo tenía un cuerpo y al Cabildo se le había cortado parte del ala derecha al abrirse la Avenida de Mayo. La Pirámide de Mayo todavía no estaba ubicada en el centro de la plaza.

039 Quiosco de diarios en la Avenida de Mayo, a comienzos del siglo XX. Se puede ver que el estilo francés imperaba hasta en los quioscos de revistas. Y, a su vez, es llamativa la cantidad de publicaciones que había por esos días.

040 Quiosco de revistas. Las novedades interesaban a grandes y chicos.

041 Avenida de Mayo. La doctora Ferrer publicitaba la extracción y colocación de dientes, mientras en los locales que daban a la calle, el revelado de fotos venía con copias gratis, y los productos de higiene y tocador estaban al alcance de los transeúntes.

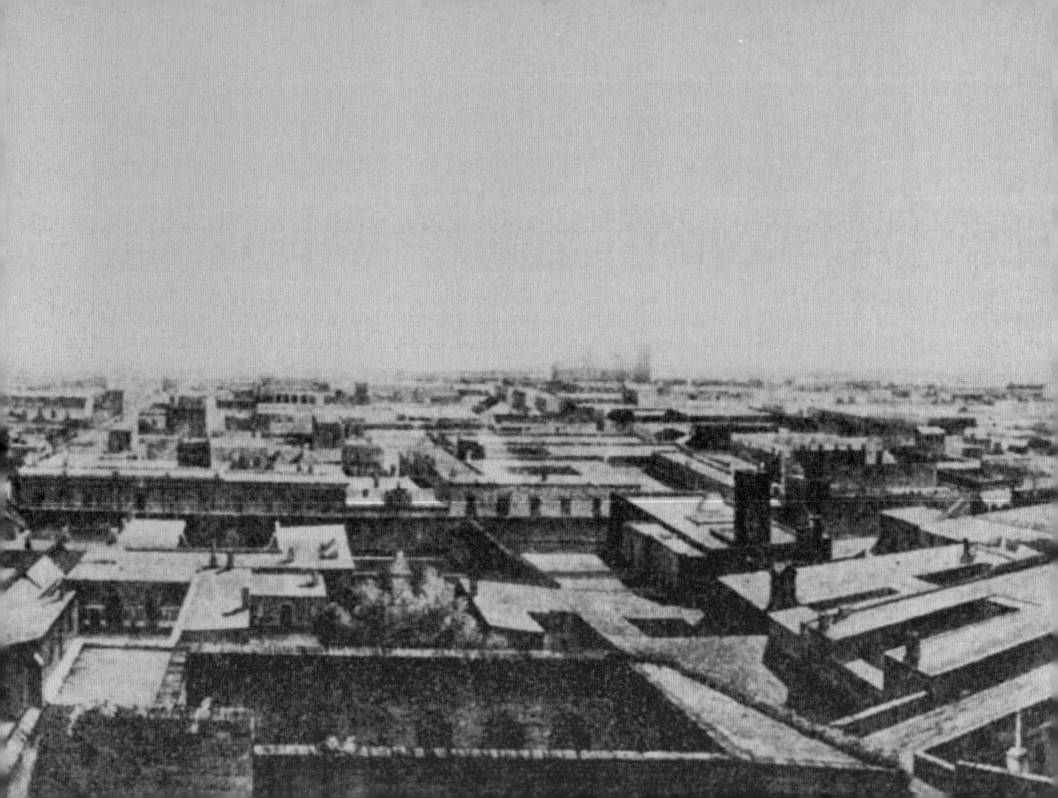

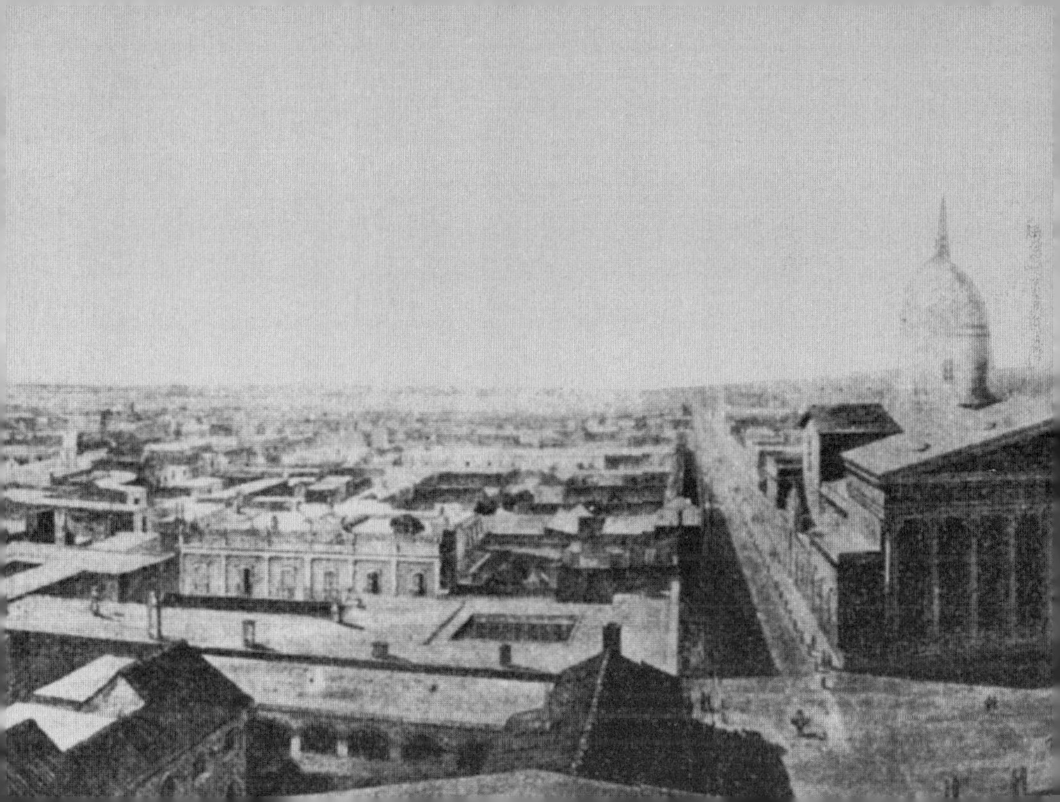

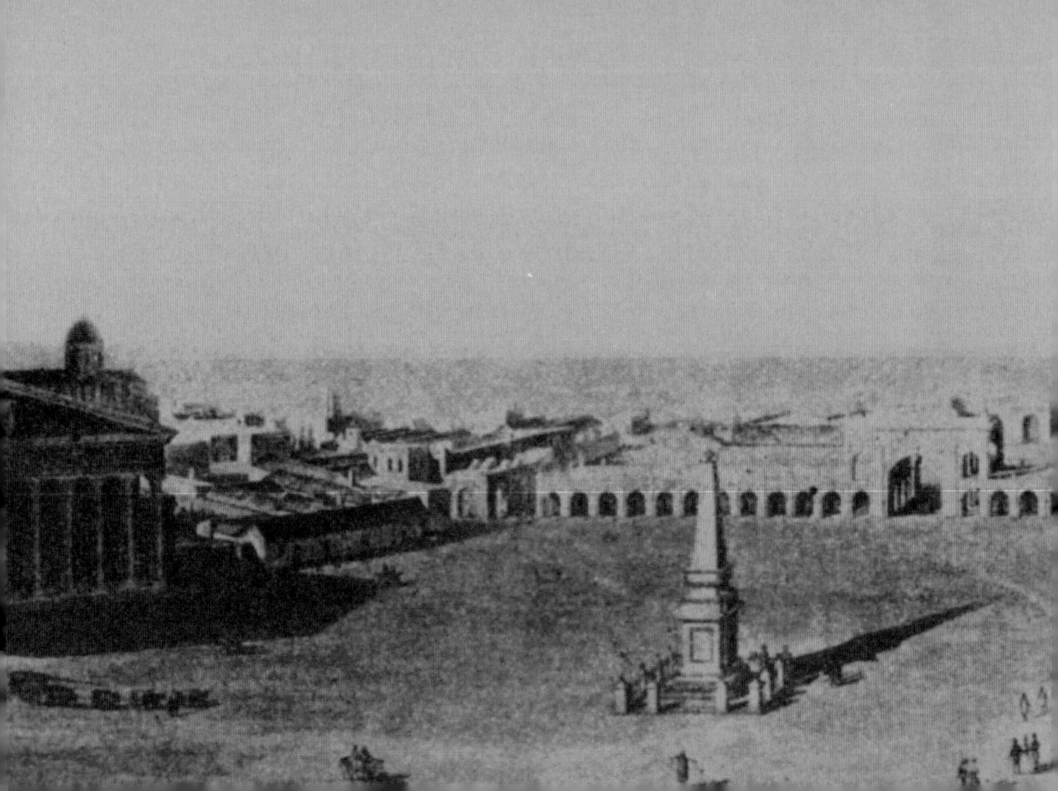

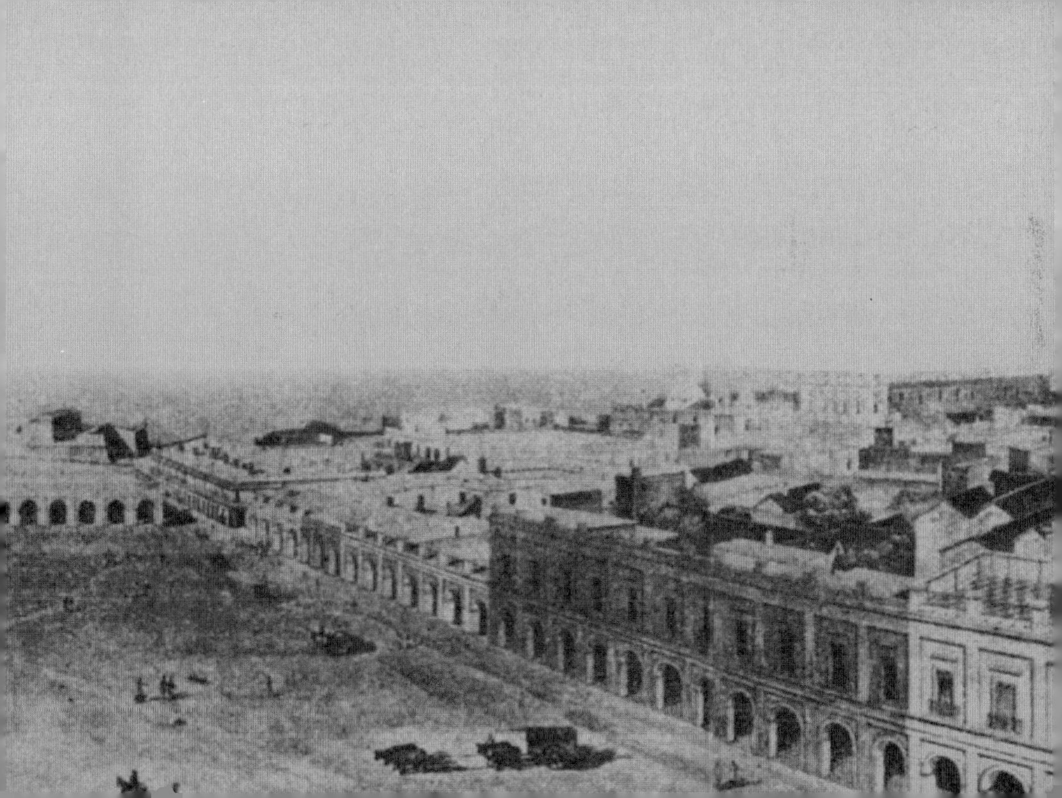

de todas partes del mundo llegaron a Buenos Aires

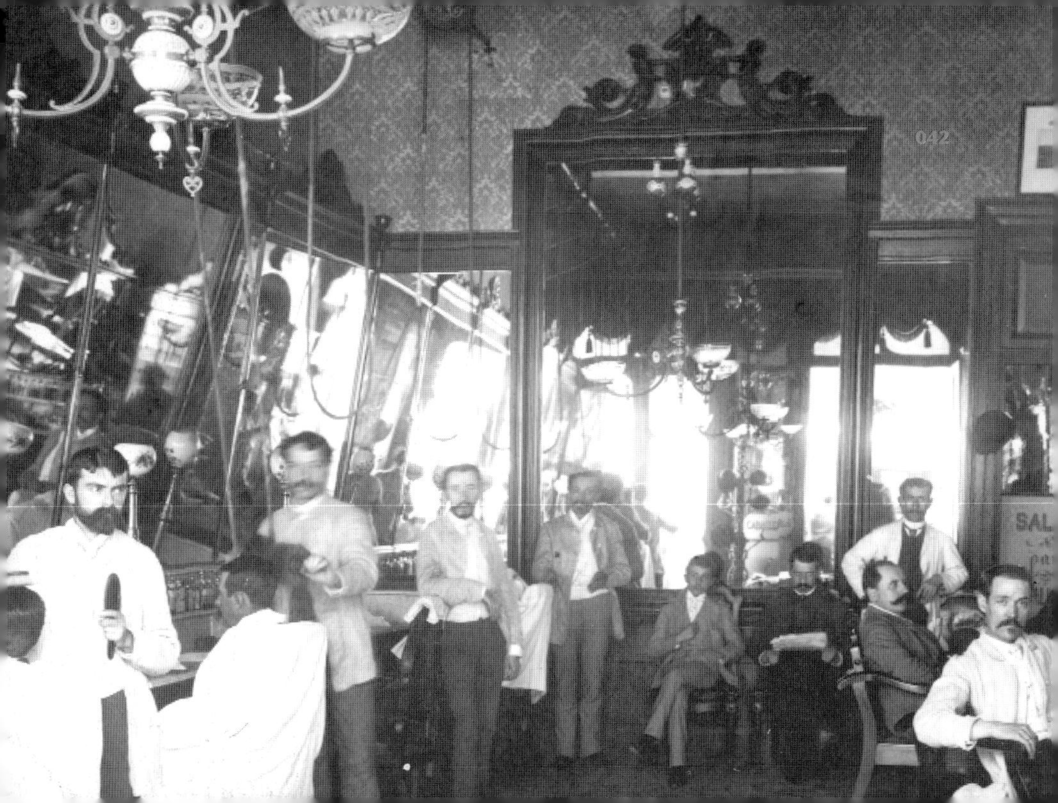

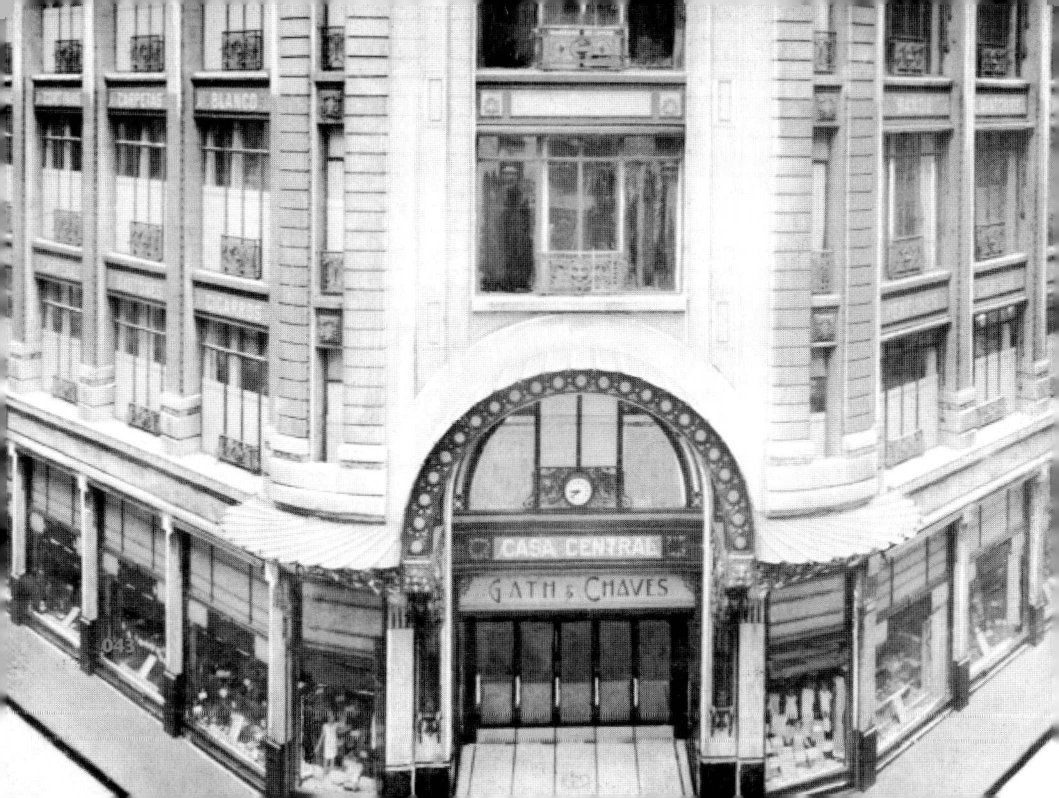
CASA CENTRAL
GATH & CHAVES
043

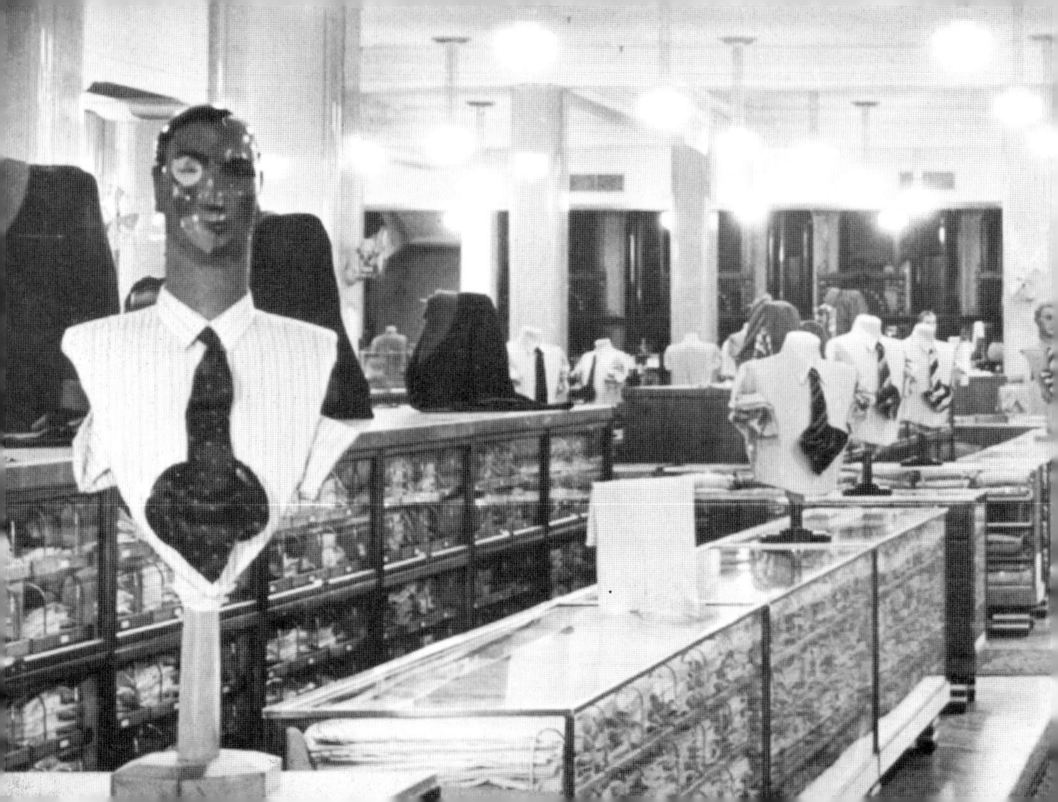

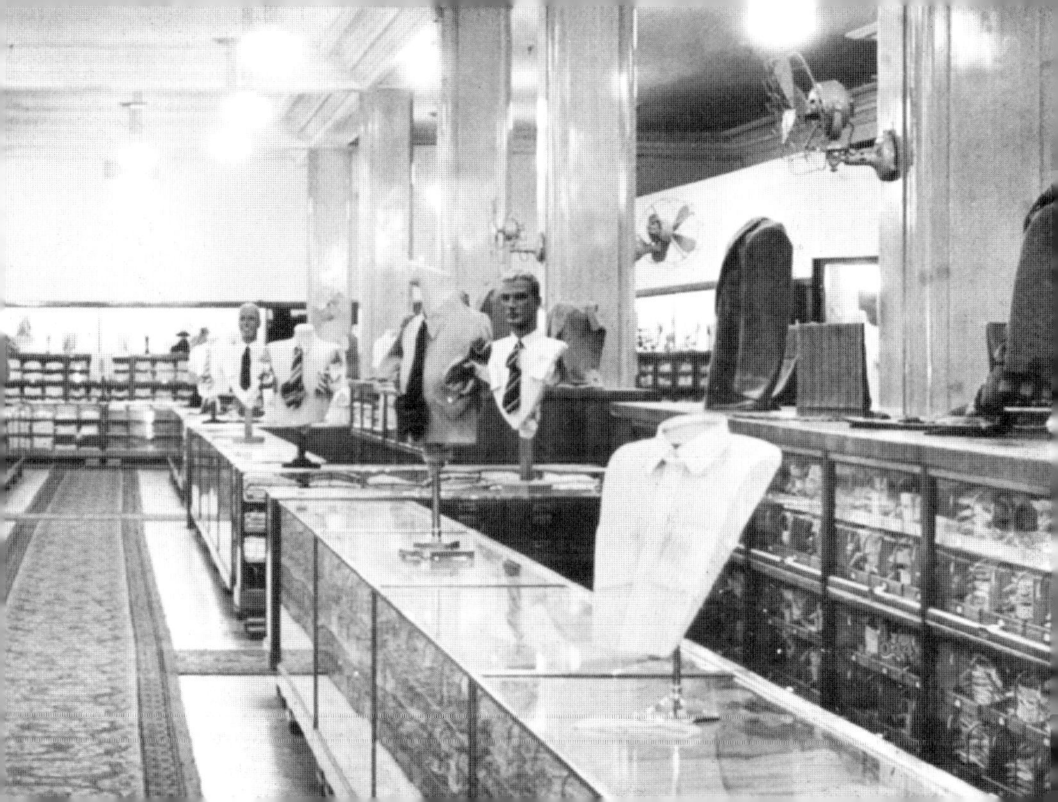

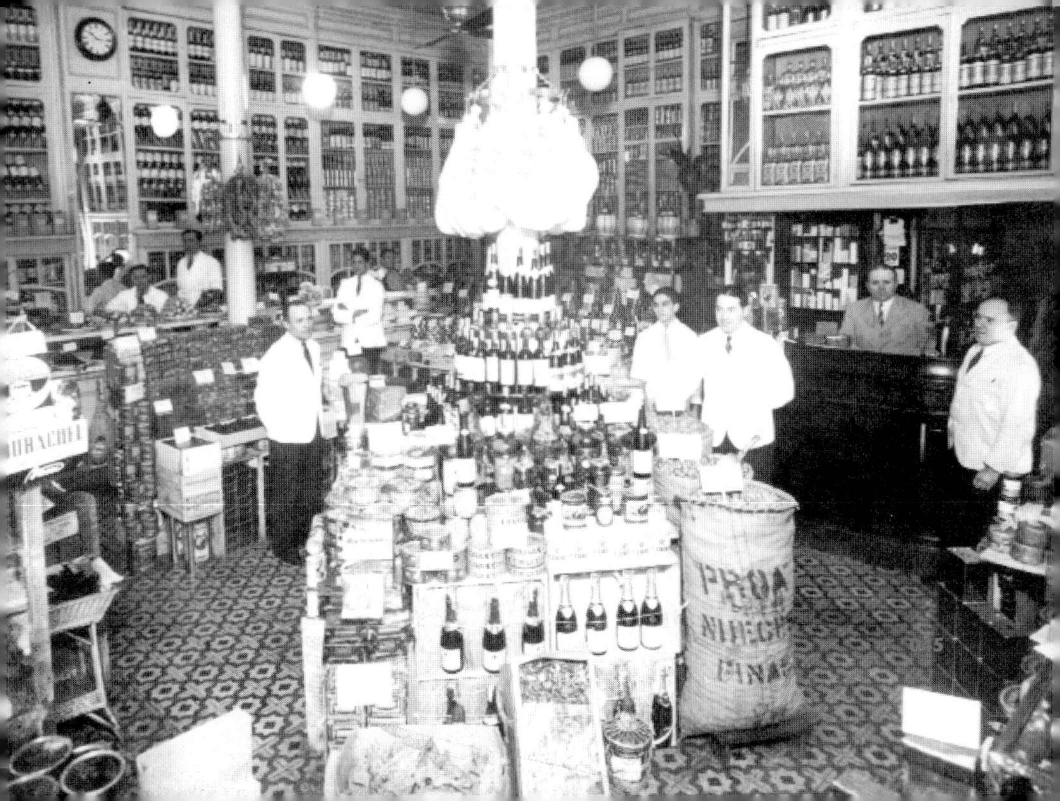
PROA
NUECES
FINA

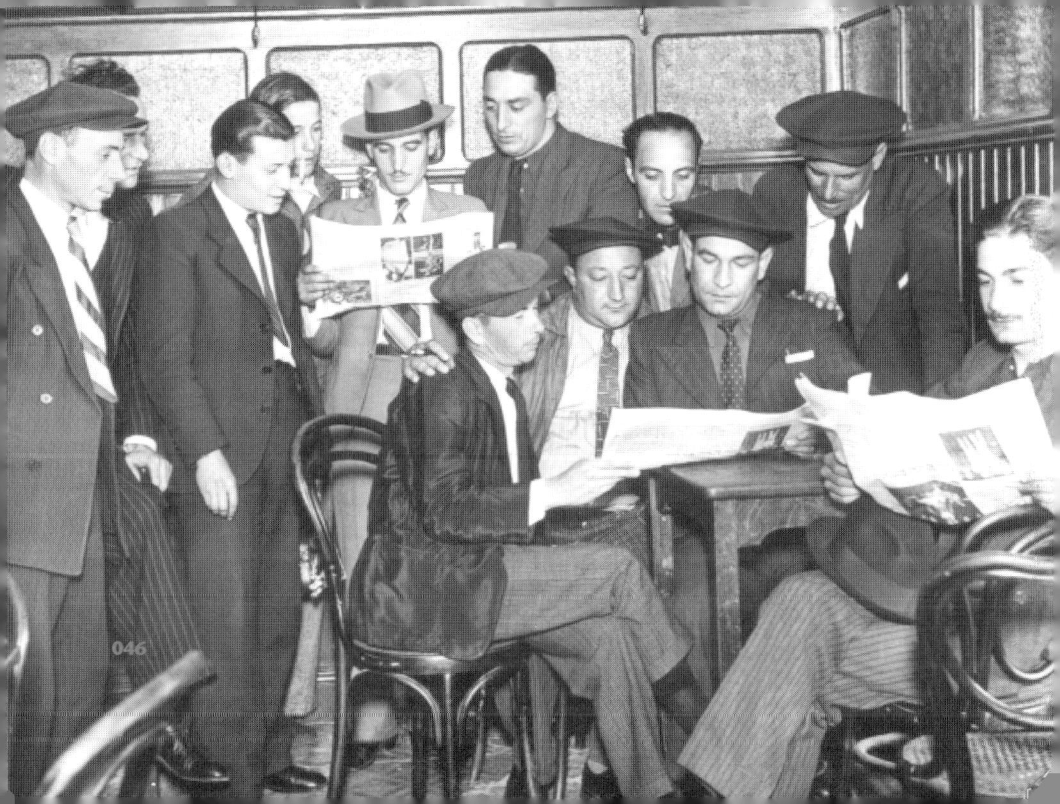
046

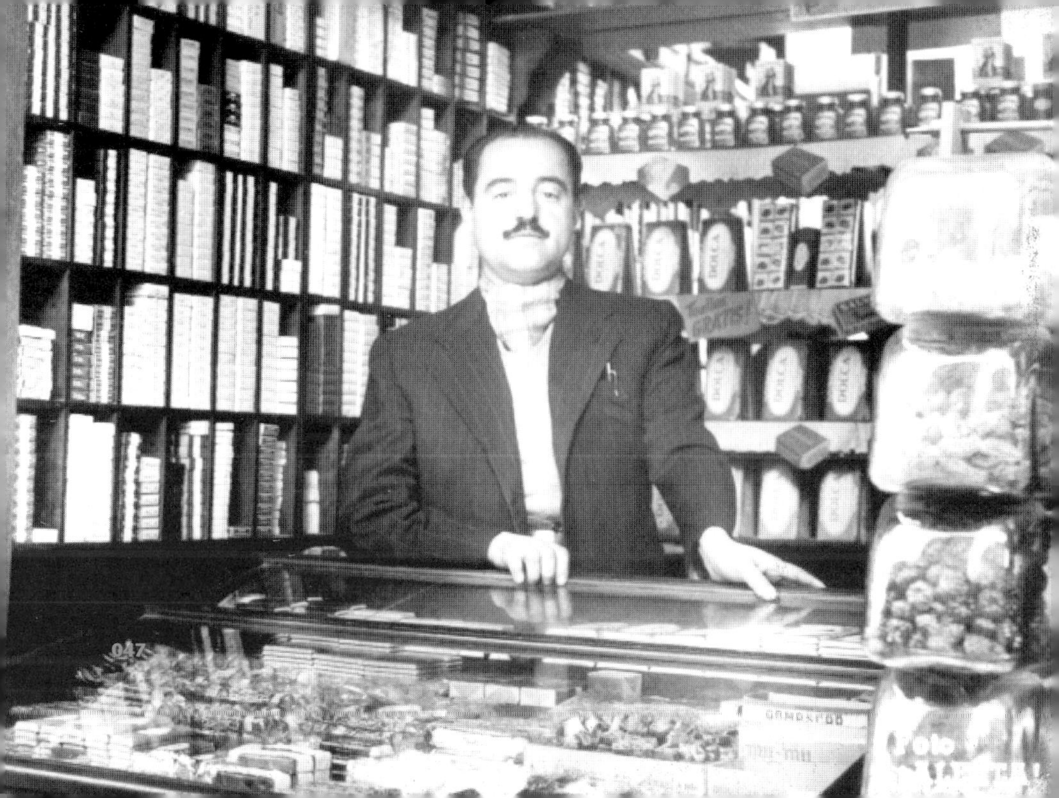

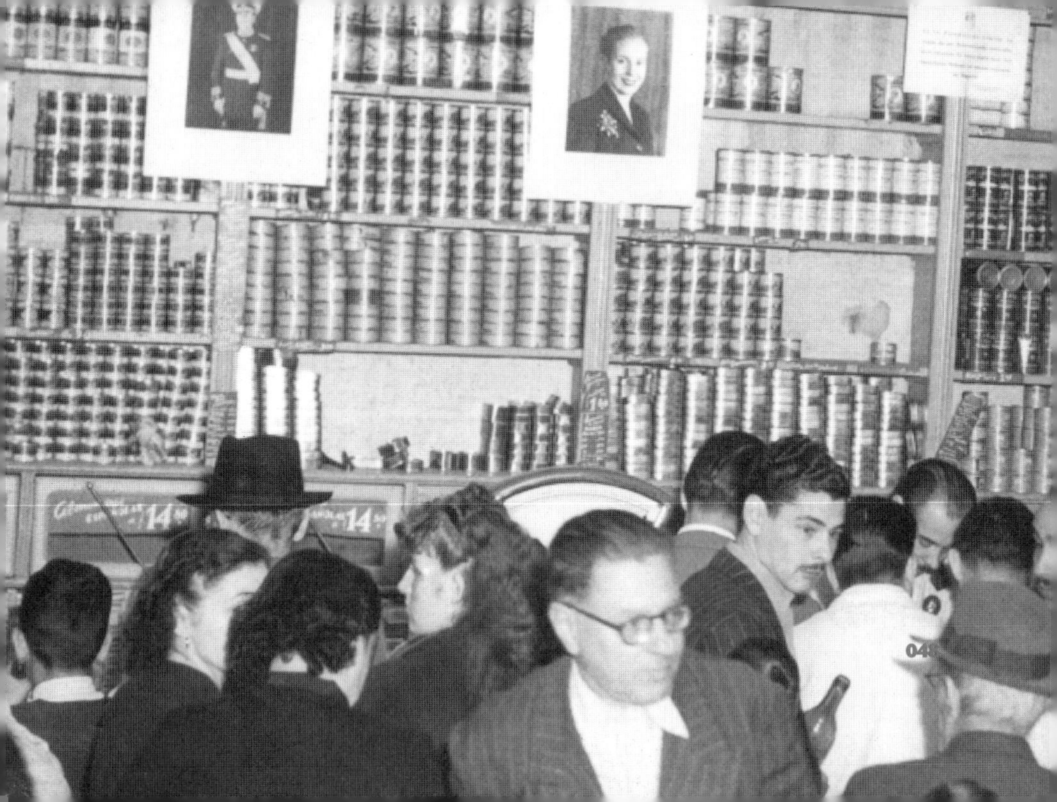
14
14
04

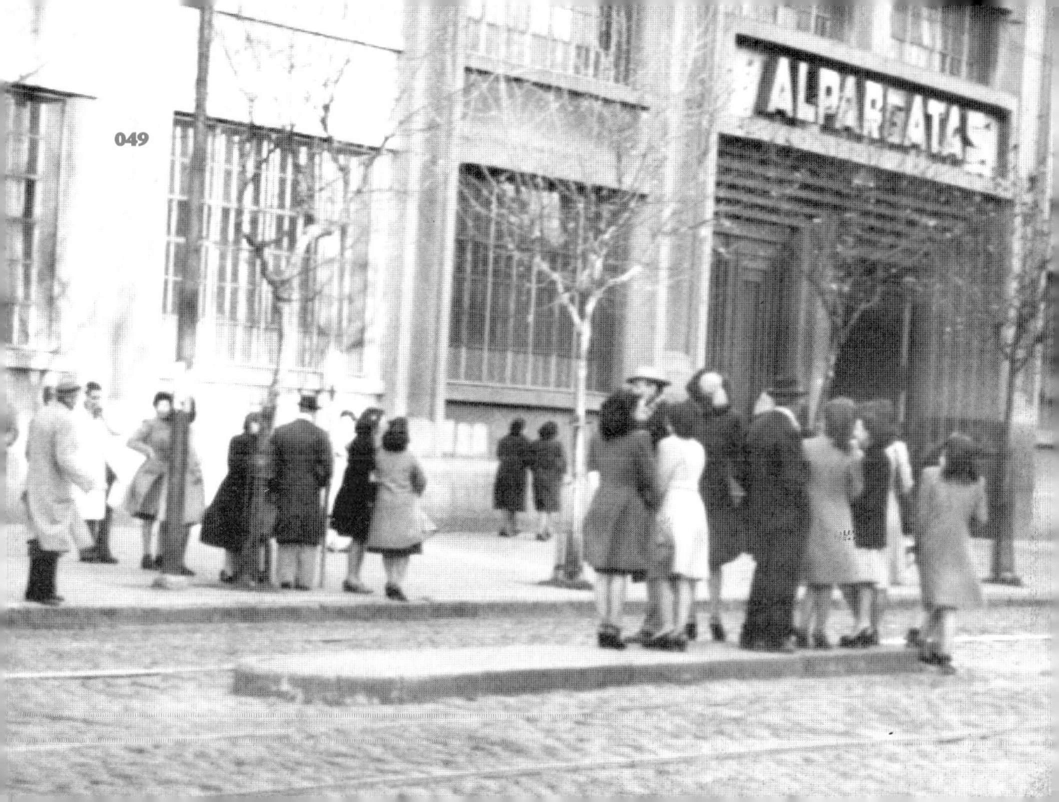
049
ALPARGATAS

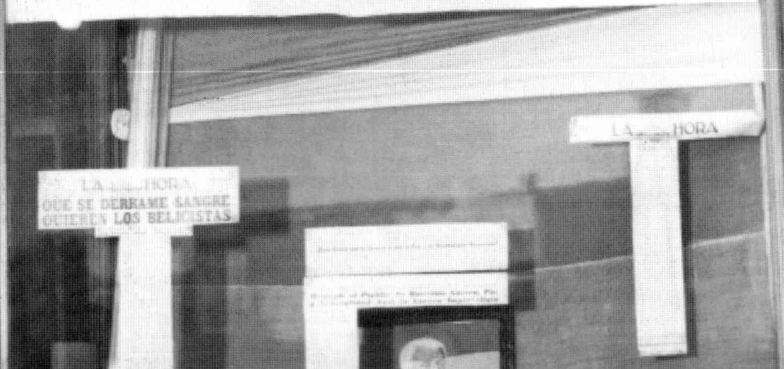

FARMACIA
"DEVINCENZI"
1810-25 de MAYO-1940
MUERAN las GUERRAS
IMPERIALISTAS
PAZ y
TRABAJO
VIVA la
LIBERTAD
LA HORA
QUE SE DERRAME SANGRE
QUIEREN LOS BELICISTAS
LA HORA

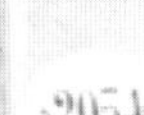

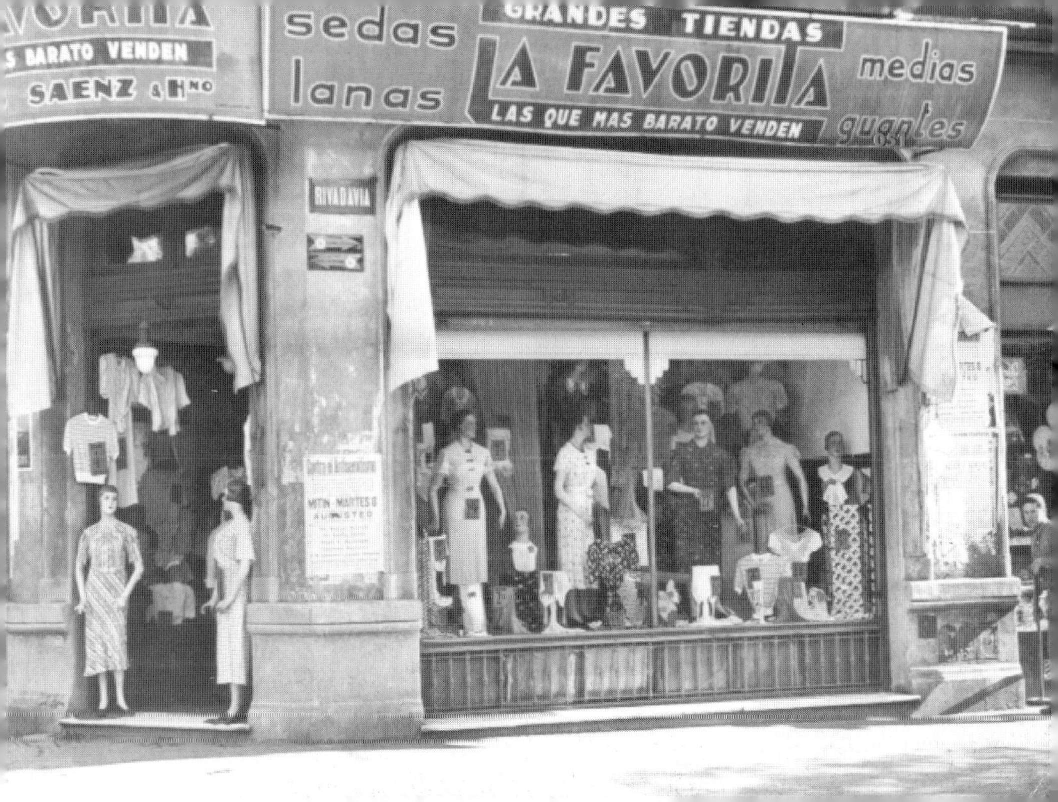

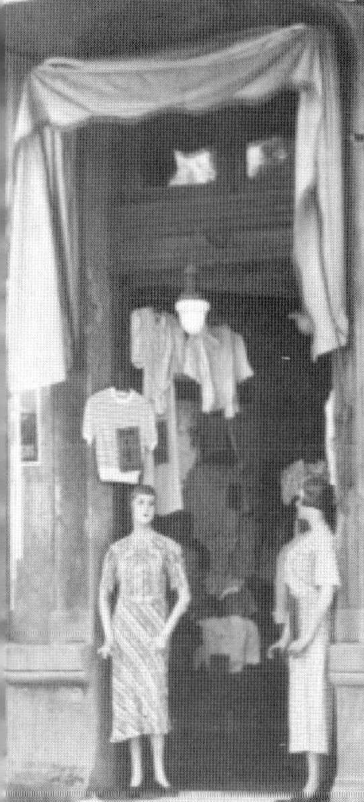
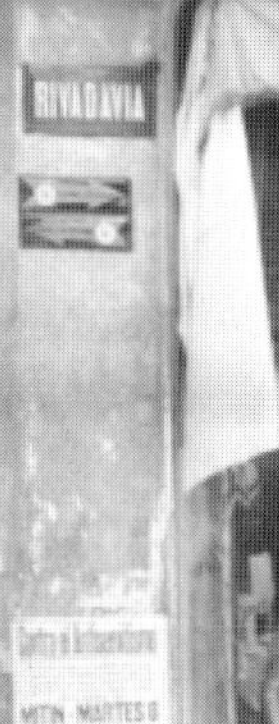

GRANDES TIENDAS
Sedas
lanas
LA FAVORITA
medias
LAS QUE MAS BARATO VENDEN
guantes
051
VORITA
S BARATO VENDEN
SAENZ & Hno
RIVADAVIA

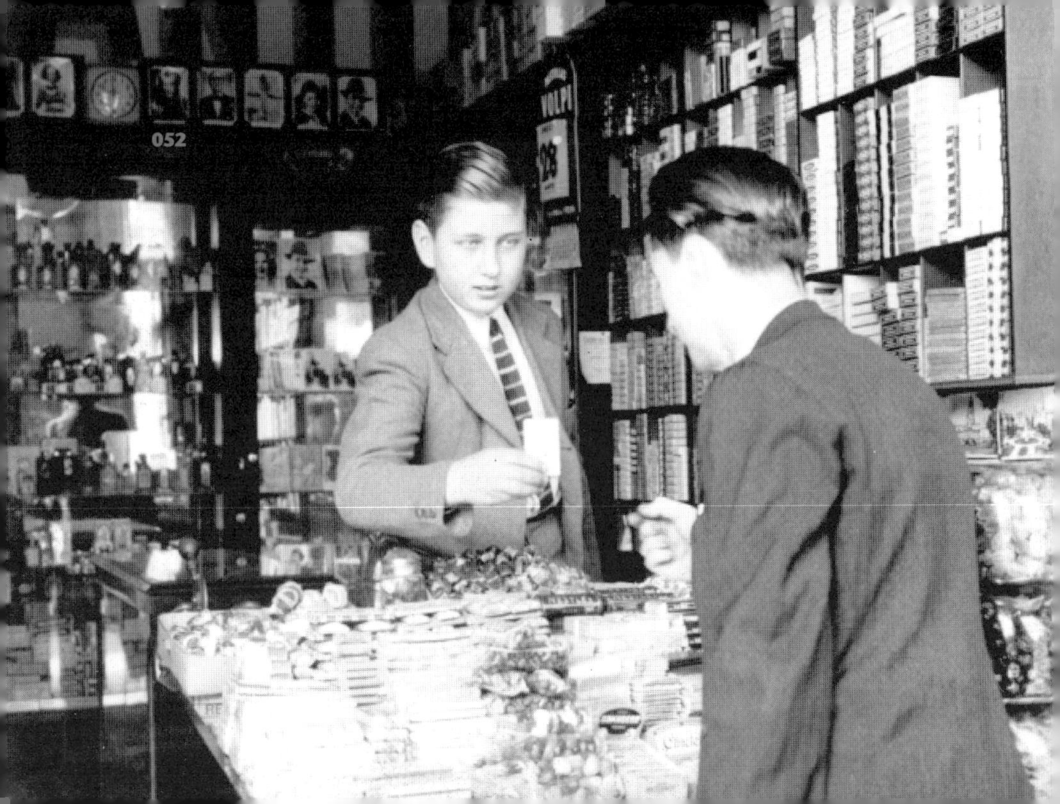
052

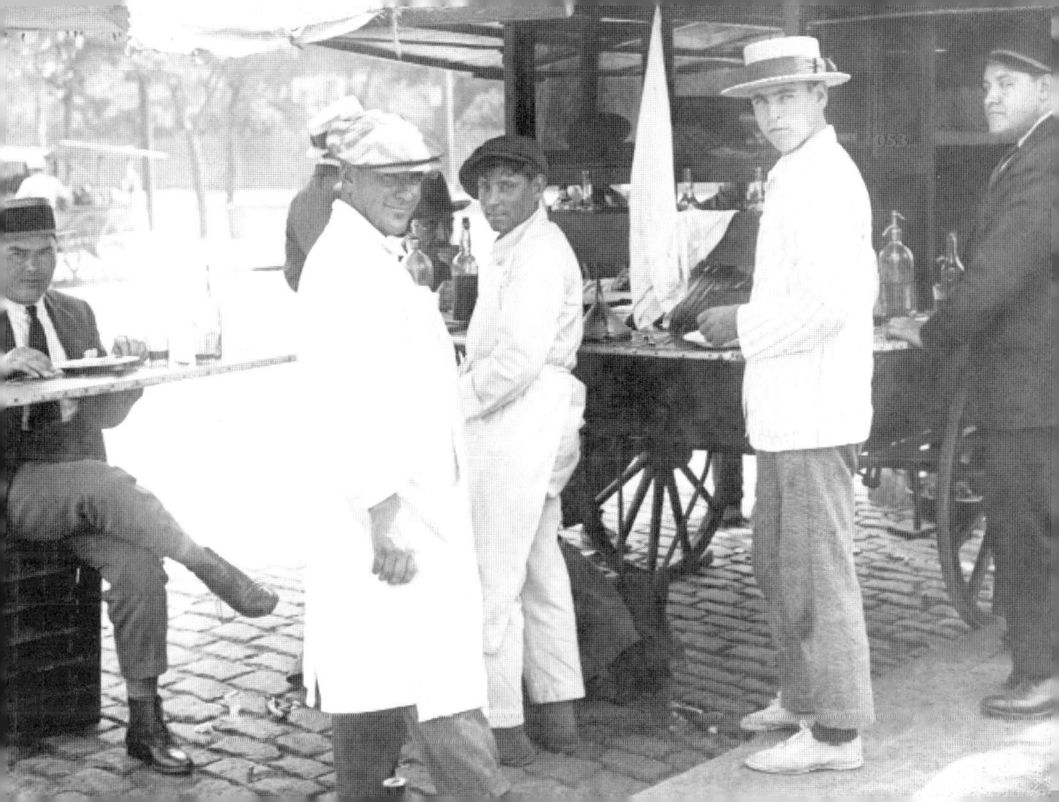

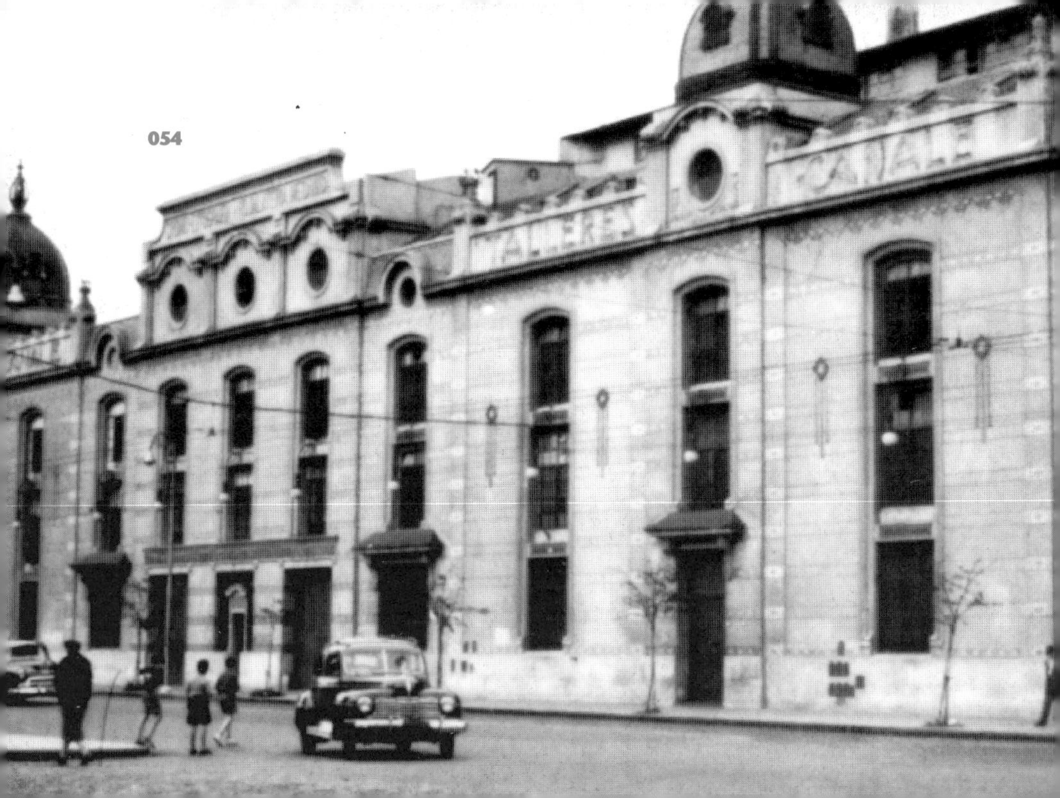
054

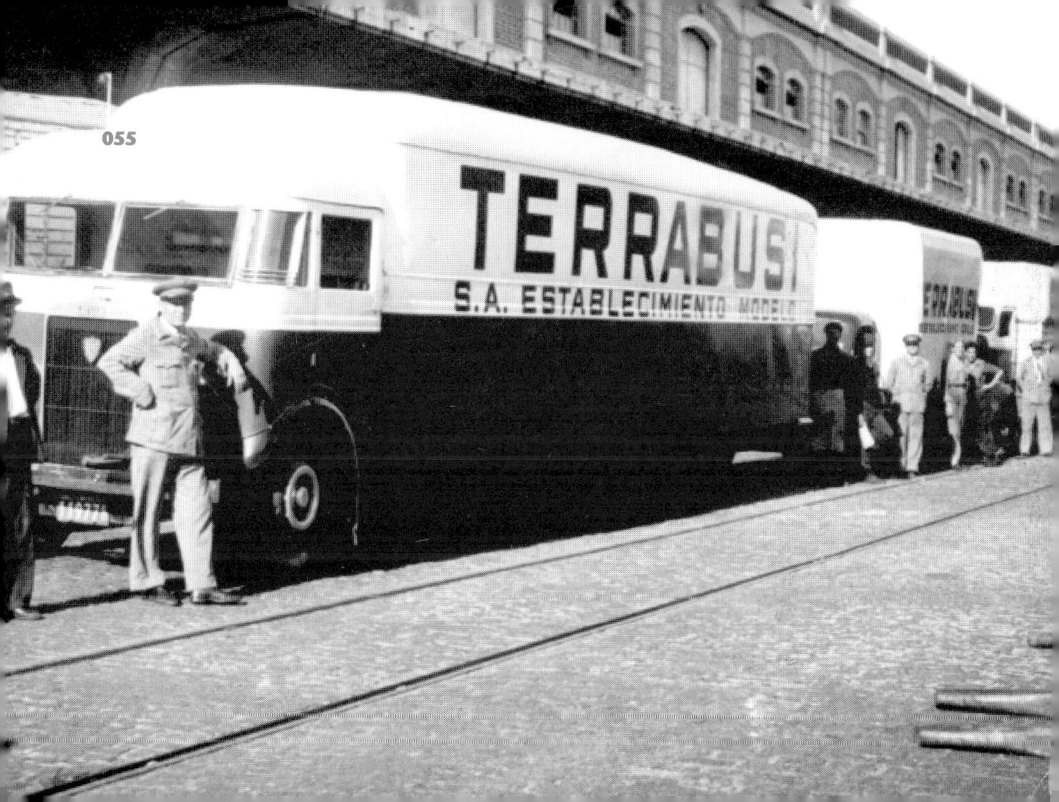
TERRABUSI
S.A. ESTABLECIMIENTO MODELO

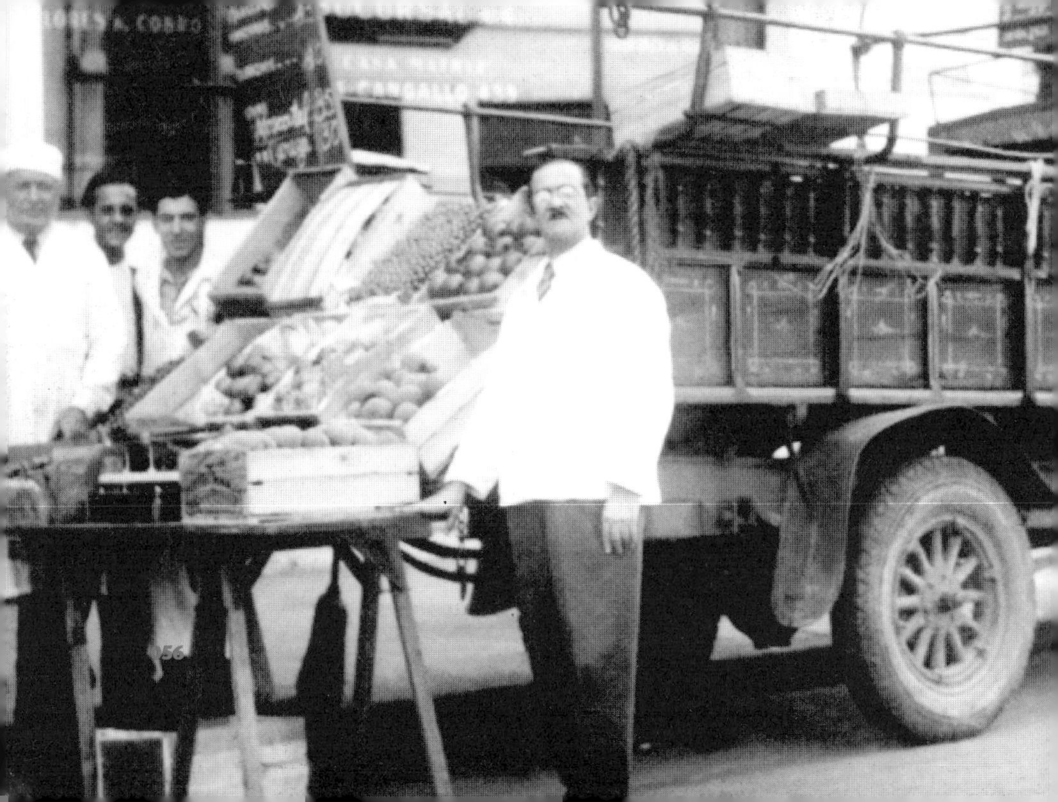

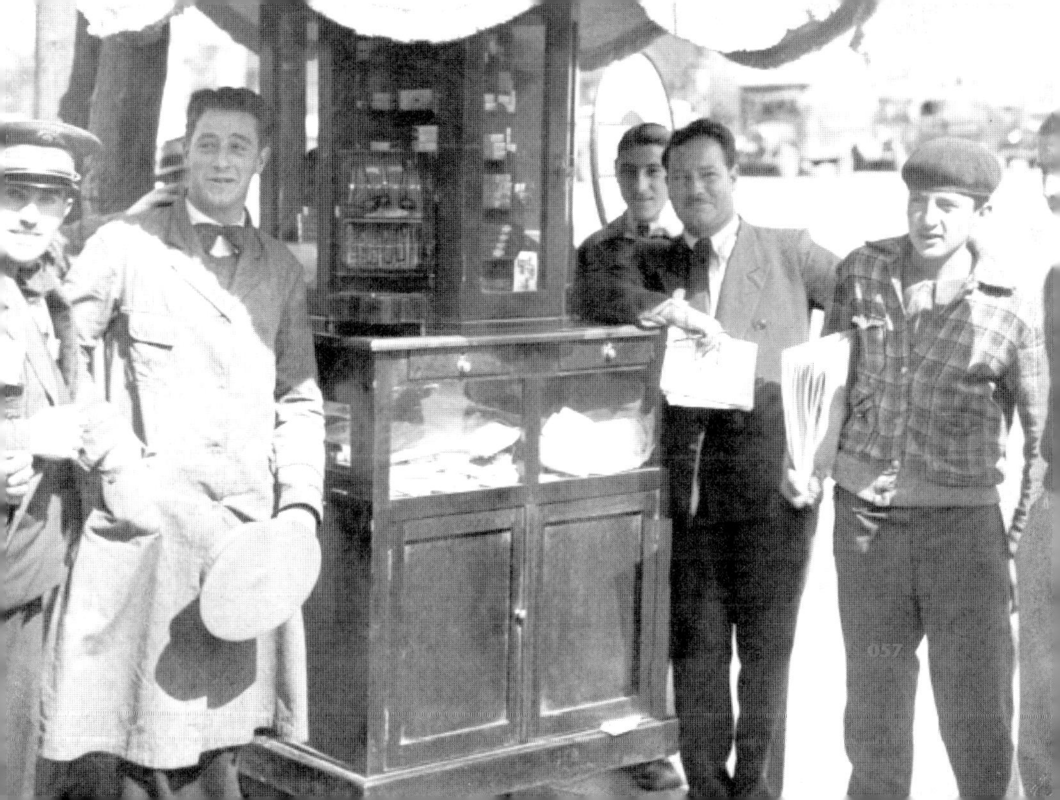

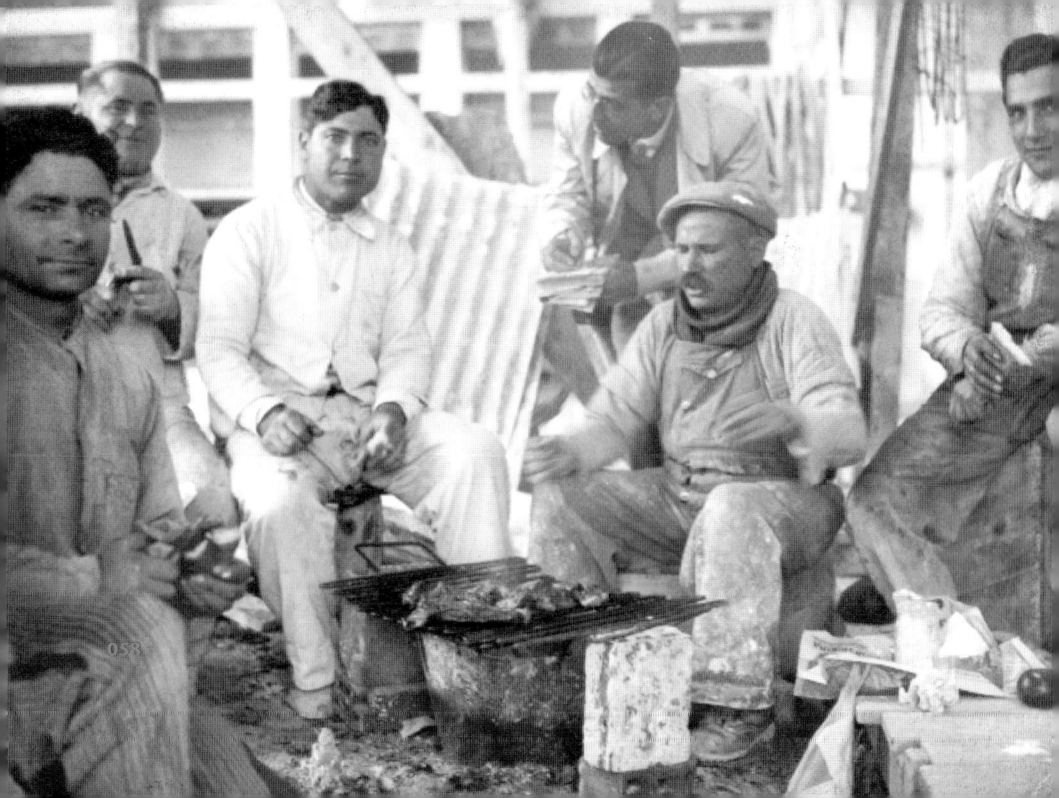
058

042 Peluquería para caballeros. Los hombres de Buenos Aires siempre quisieron estar a la moda de las ciudades europeas. Las barberías y peluquerías eran también un lugar de encuentro social donde se hablaba de política, de fútbol y de los atrevimientos de las nuevas modas femeninas.

043 Tienda Gath & Chávez. Florida y La Piedad (hoy Bartolomé Mitre). Fue una de las primeras tiendas por departamentos al estilo de los grandes almacenes europeos. Su mayor competidor era Harrod's y la tienda A la ciudad de Londres. Estos locales "democratizaron el consumo", ya que a ellos podían acceder todos los públicos.

044 Interior de la tienda Gath & Chávez. Comprar aquí era toda una experiencia.

045 Típico almacén urbano de ramos generales. Luego pasó a manos de la Casa Terrabusi.

046 Hombres en el bar leyendo el diario. Los bares de Buenos Aires son toda una institución. Forman parte de la vida cotidiana de los porteños. Es casi una extensión de las casas. Los "muchachos del bar" se encontraban todos los días a tomar un café y a comentar las noticias del día. Es una costumbre que se sigue manteniendo.

047 Quiosco de cigarrillos y golosinas. El quiosco, como se lo conoce en la Argentina, es único en el mundo, y los quiosqueros, también. En la foto se ven los chocolates Dolca, los masticables Mu-Mú y los frascos de vidrio para los caramelos sueltos.

048 Proveeduría del Sindicato de Canillitas. Durante el gobierno de Perón, los sindicatos crecieron en fuerza y en cantidad. Estas organizaciones siguen vigentes hasta el día de hoy.

049 Fábrica de Alpargatas. Fue fundada en 1883 para hacer las tradicionales alpargatas, lo que luego le daría el nombre a la fábrica. Con el tiempo ampliaron su mercado hacia la fabricación de diferentes productos textiles y lanzaron varias marcas al mercado, que rápidamente se hicieron populares como Pampero, Flecha y Topper. Sus fábricas, como la que vemos en la foto, ubicada en el barrio de Barracas, son empleadoras de miles de obreros. El calzado alpargata, utilizado por el hombre de campo y el obrero, simbolizó el movimiento de masas durante los gobiernos del general Perón bajo la frase: "Alpargatas sí, libros, no". Hoy sigue siendo una de las empresas líderes de la Argentina. En la foto observamos a obreros de la fábrica esperando el colectivo al terminar la jornada laboral.

050 Farmacia Devincenzi. Ya comenzada la guerra, la farmacia utilizaba sus vidrieras alentando la paz.

051 Tienda La Favorita, que con el tiempo se transformó en una cadena comercial. Ésta, ubicada en la calle Rivadavia, era de "las que más barato venden". En la esquina vemos un cartel invitando a un mitin contra el antisemitismo.

052 Quiosco, año 1941. El niño se vestía con corbata para ayudar a su padre en el quiosco. Gomascar, Nestlé, Volpi son marcas que podemos ver en la foto, así como estampitas de los cantores de tango, tan de moda en esa época.

053 Carrito, diciembre de 1935. Así empezaron los "carritos de la Costanera", famosos en un primer momento por su buena carne y sus excelentes precios. En la foto vemos que un cajón de bebidas servía de asiento.

054 Fábrica Canale. Don José Canale fue el responsable de abrir esta fábrica en 1875. Sus bizcochos formaron parte de la vida de muchas generaciones de argentinos. Las latas que los contenían hoy son un adorno preciado que se vende en las ferias de antigüedades. La fábrica que vemos en la foto está ubicada en la Avenida Martín García frente al Parque Lezama. Si bien cerró sus puertas en 1965, integra el vasto patrimonio arquitectónico de la ciudad.

055 Establecimientos Terrabusi. Famosa fábrica de alimentos. Manón, Express… "Dígale sí a Lincoln, dígale sí a Terrabusi".

056 Vendedor ambulante de frutas y verduras. Iban con sus camiones y se instalaban en diferentes barrios. En la foto vemos al vendedor ¡con corbata!

057 Quiosco de cigarrillos. Eran quioscos ambulantes y al instalarse, generaban un centro de reunión.

058 Trabajadores comiendo asado. Históricamente la carne fue uno de los alimentos más baratos en la Argentina. Era muy común ver a los obreros en las veredas preparando un asado al mediodía sobre una parrilla improvisada.

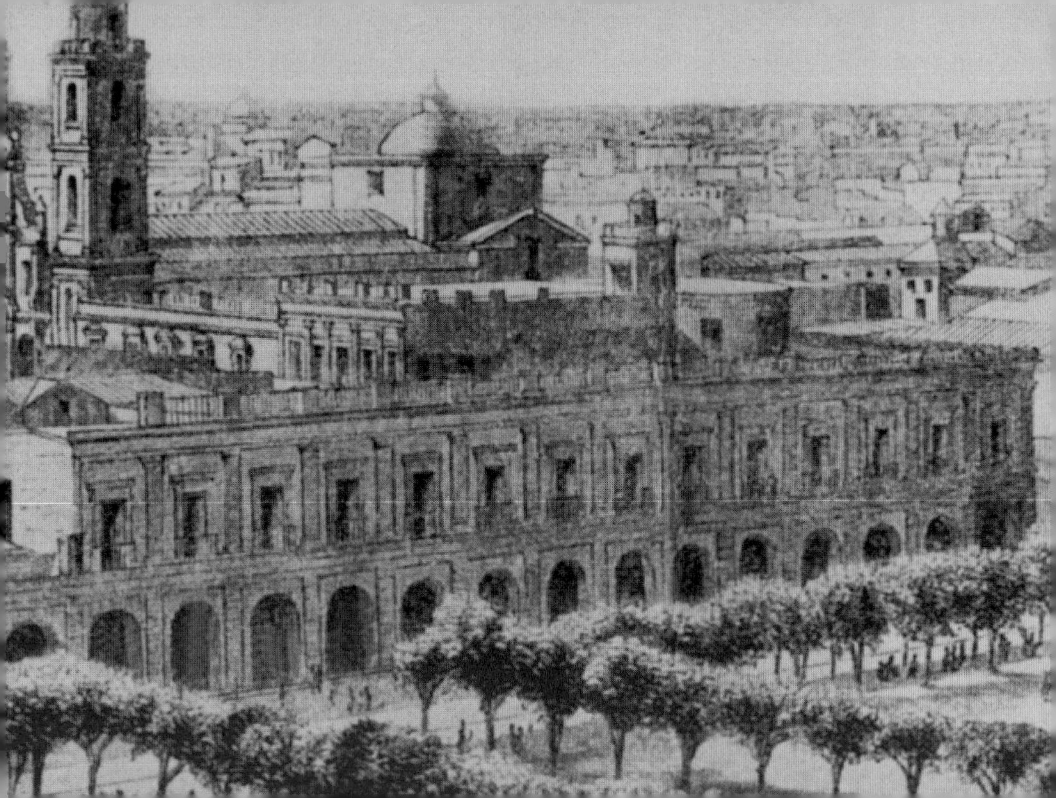

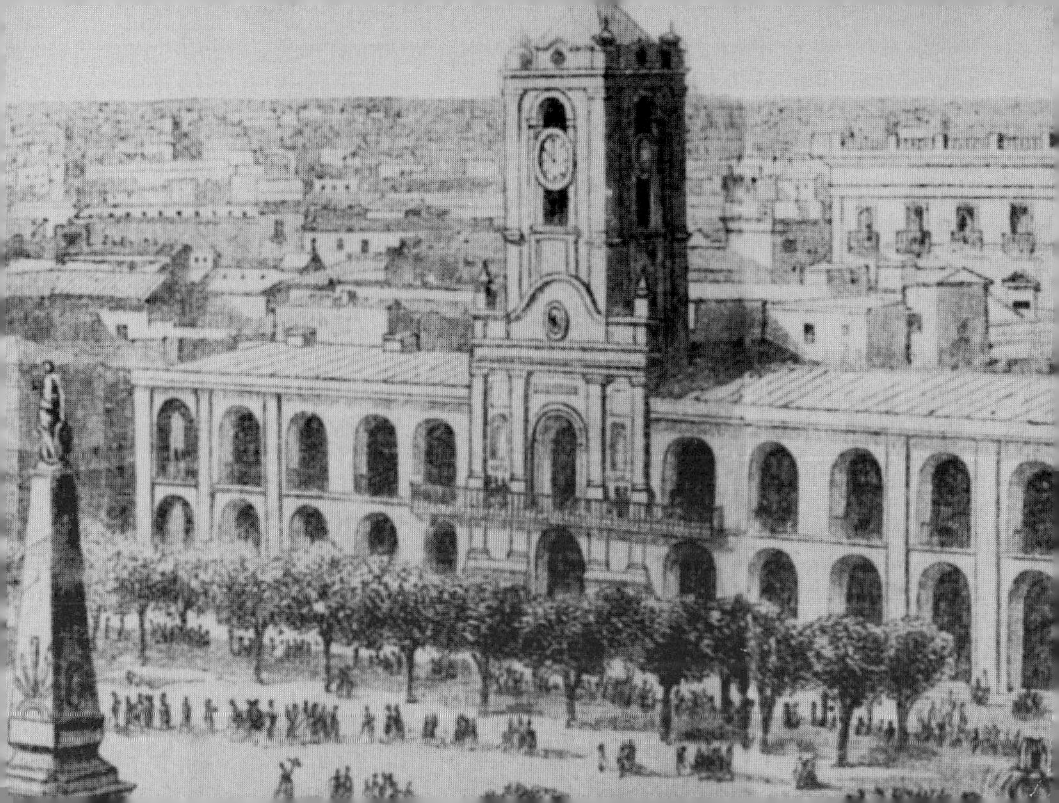

al río a lavar la ropa, y a la costanera a pasear

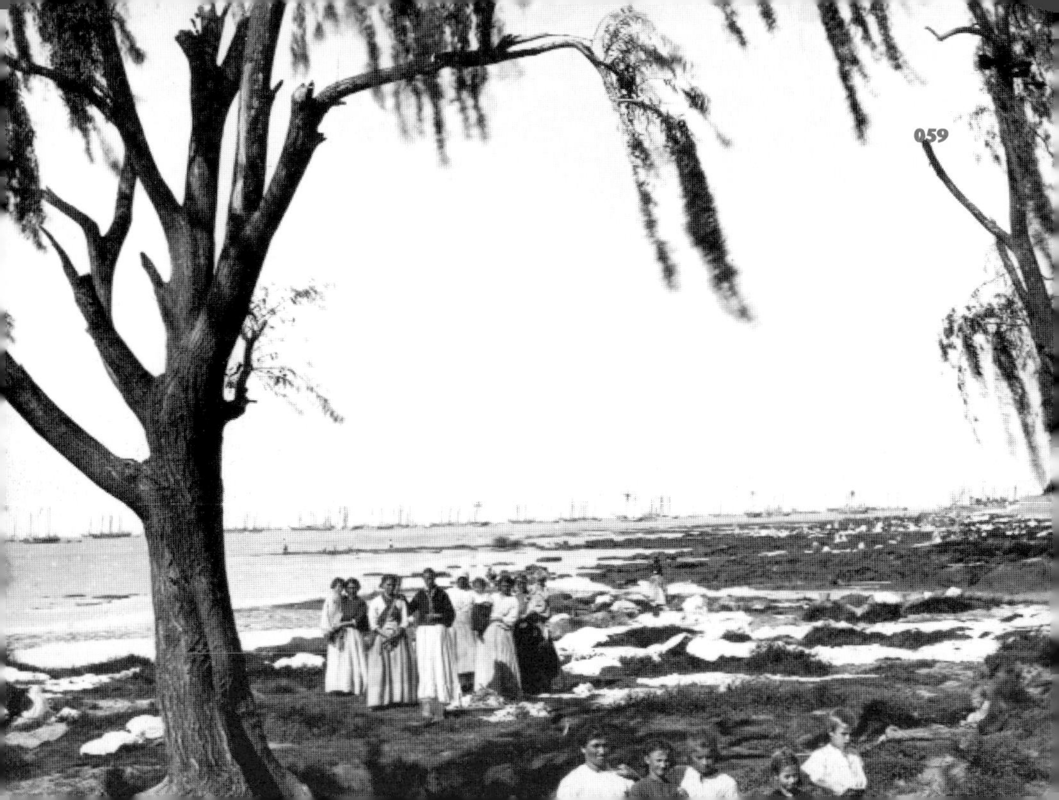

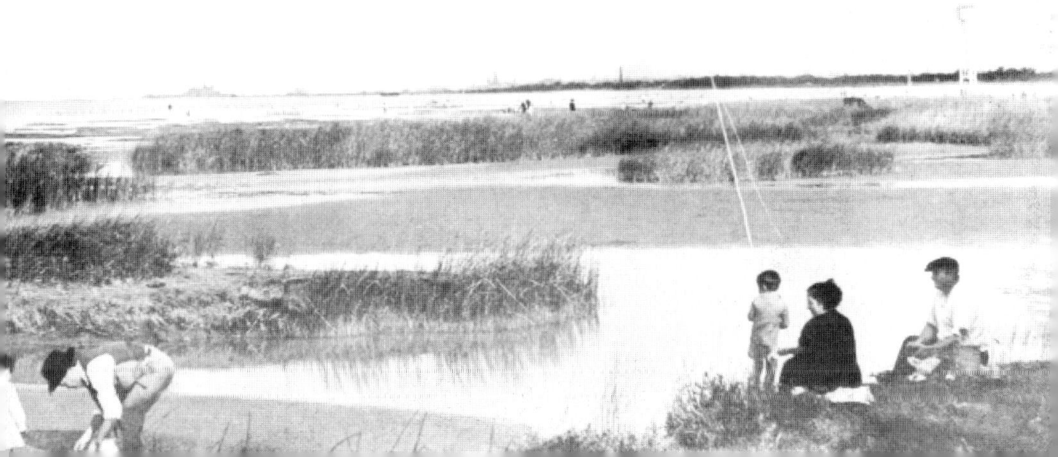

060

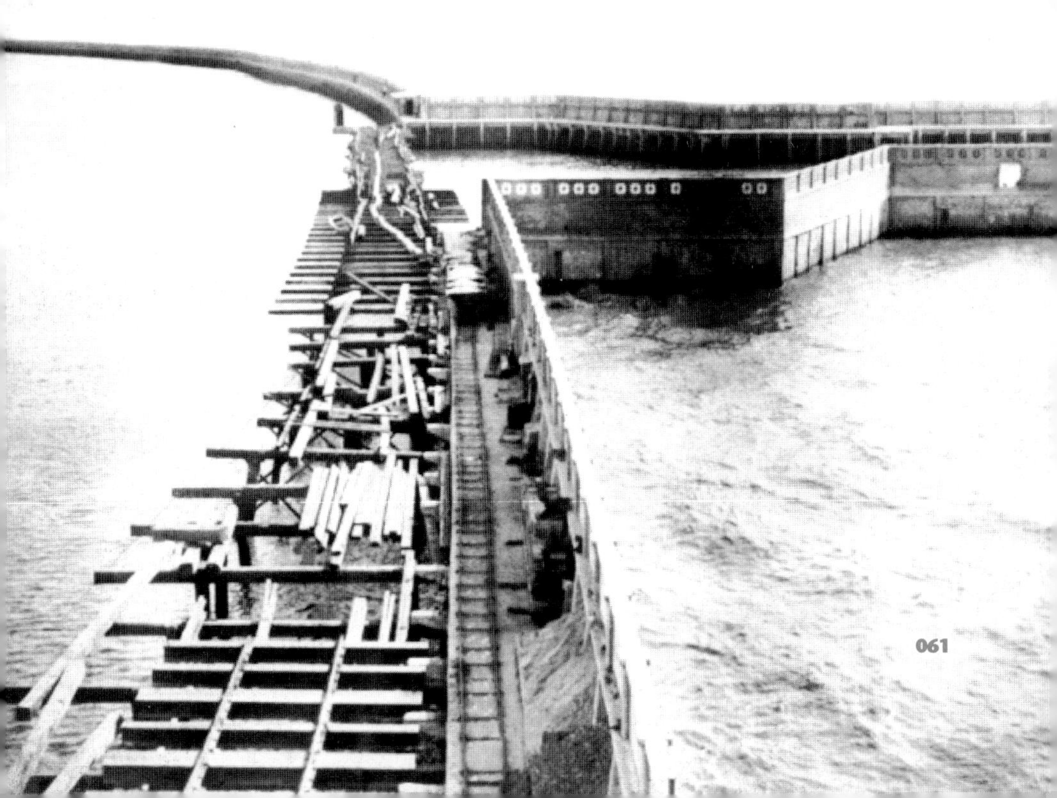

061

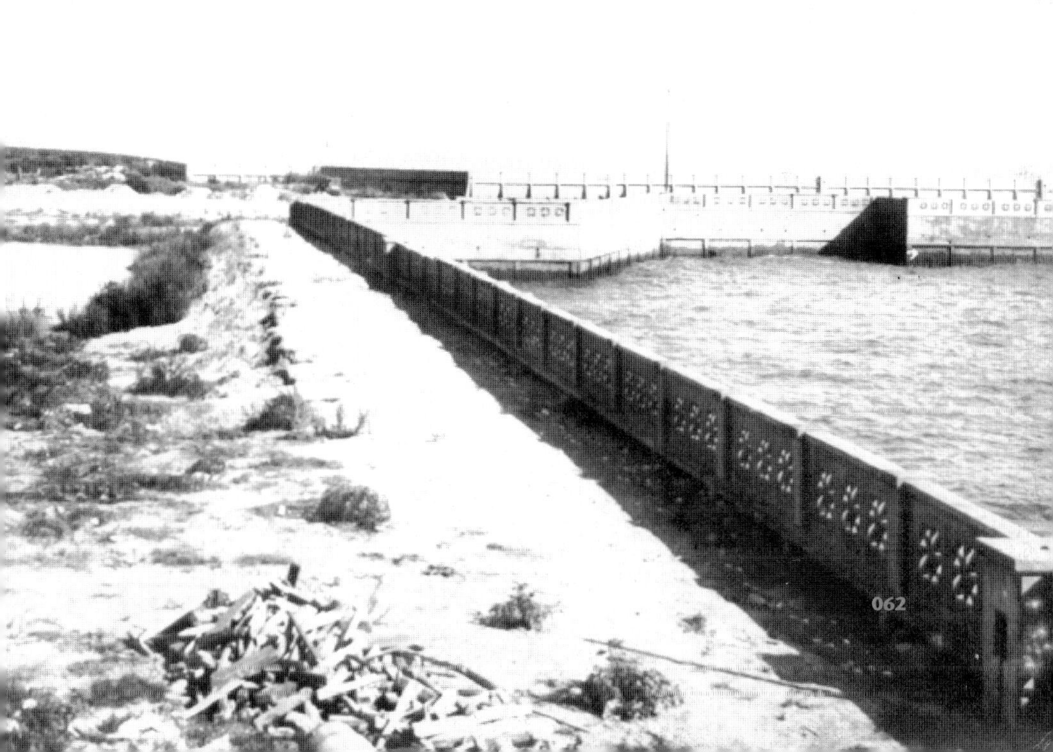
062

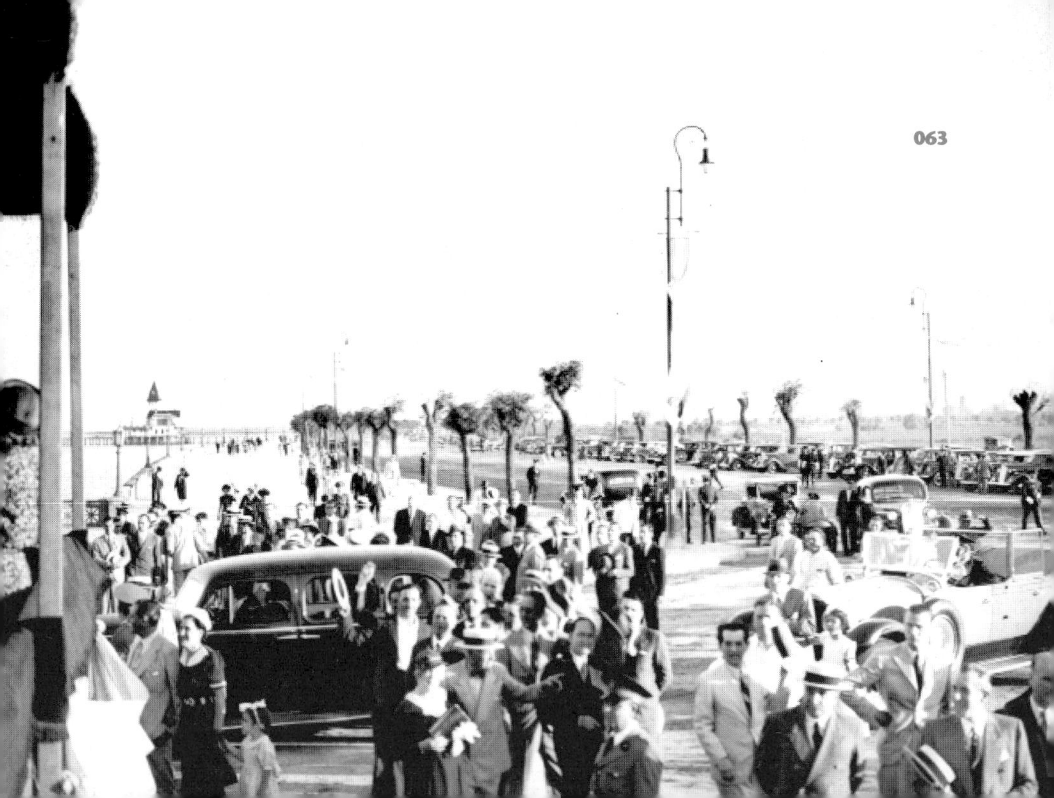

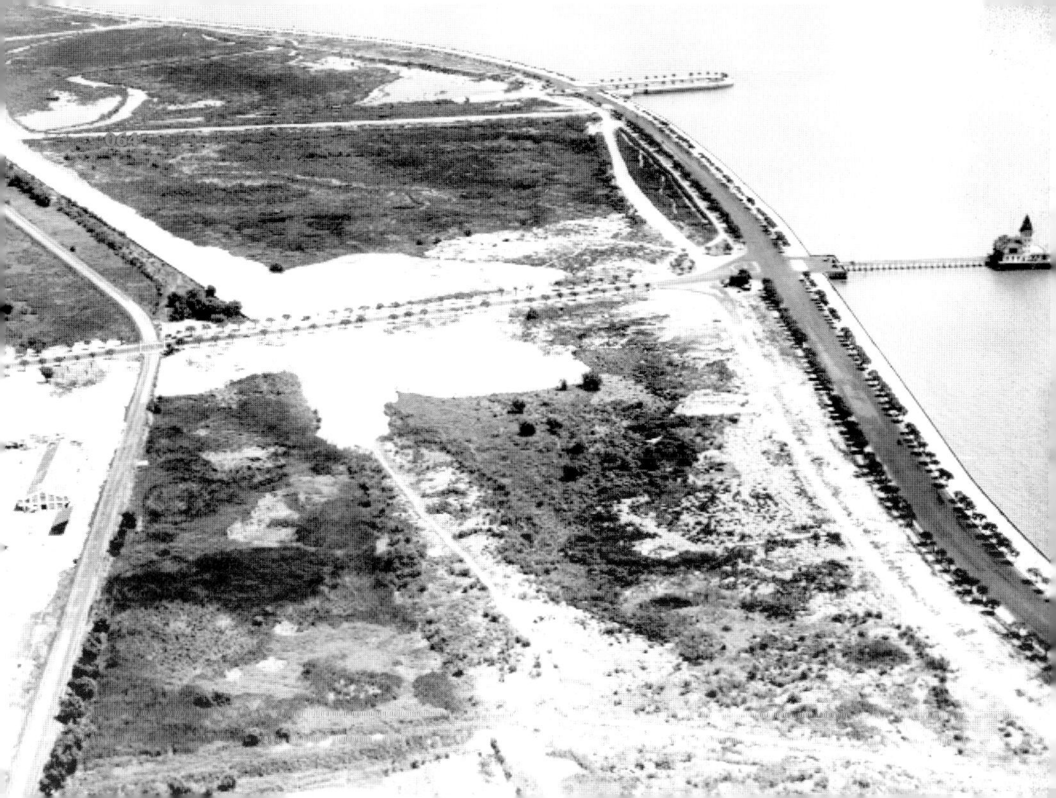

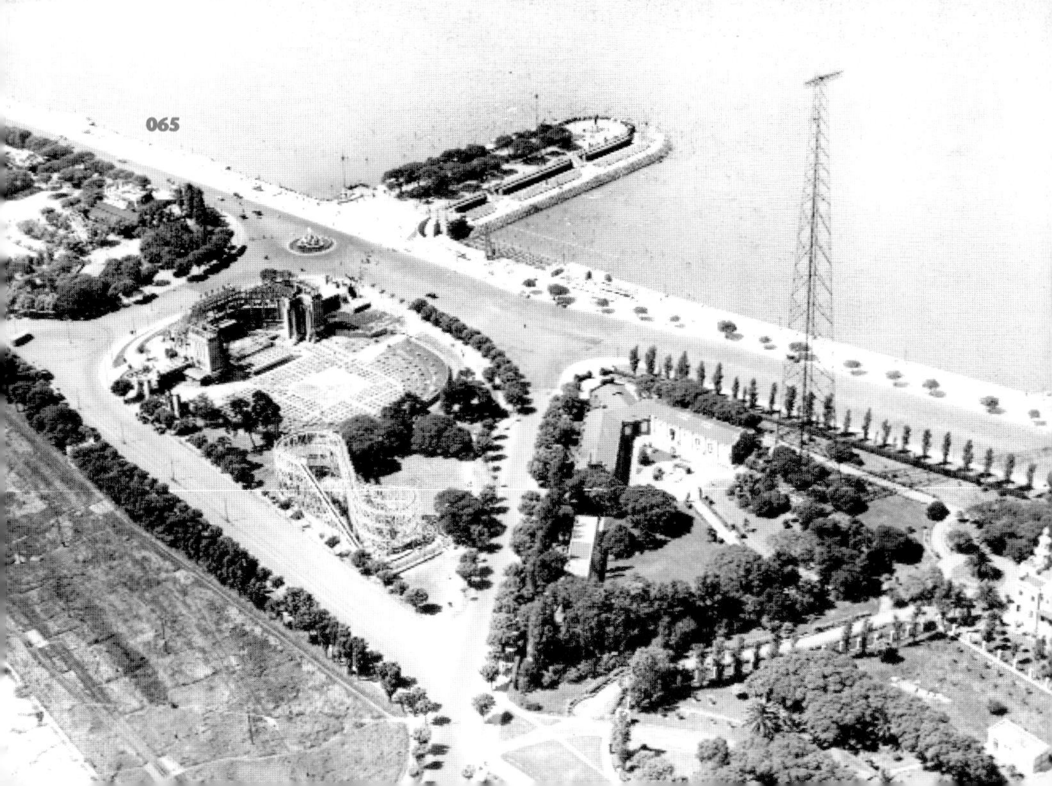
065

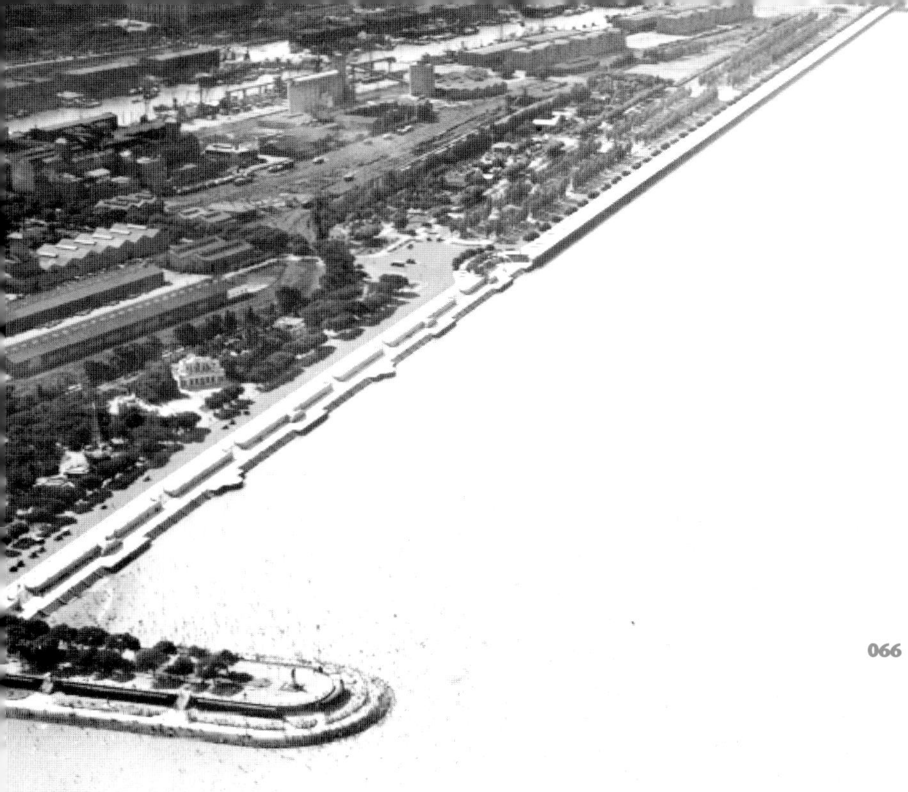

066

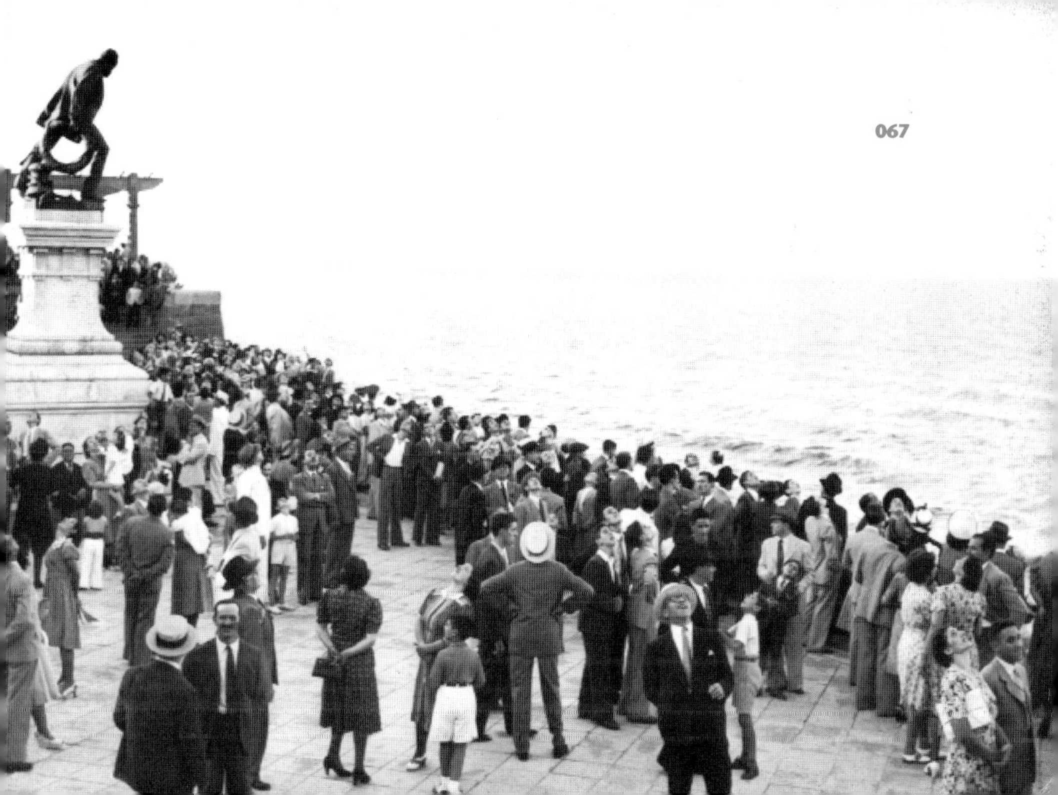

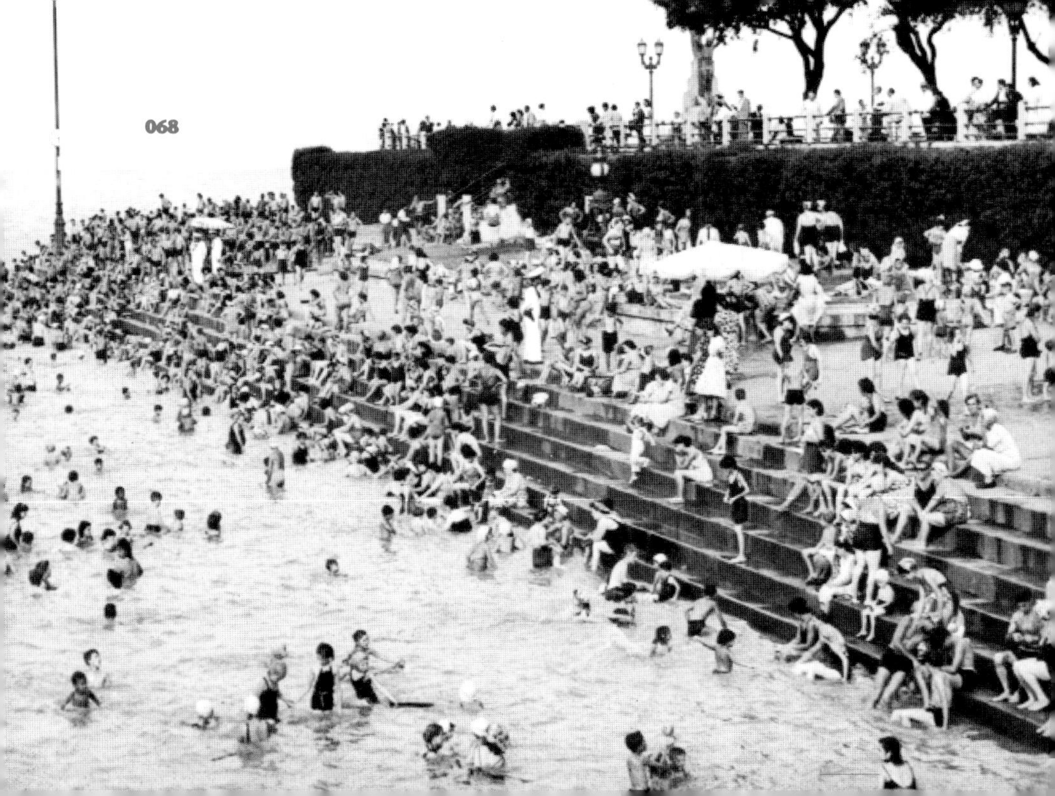
068

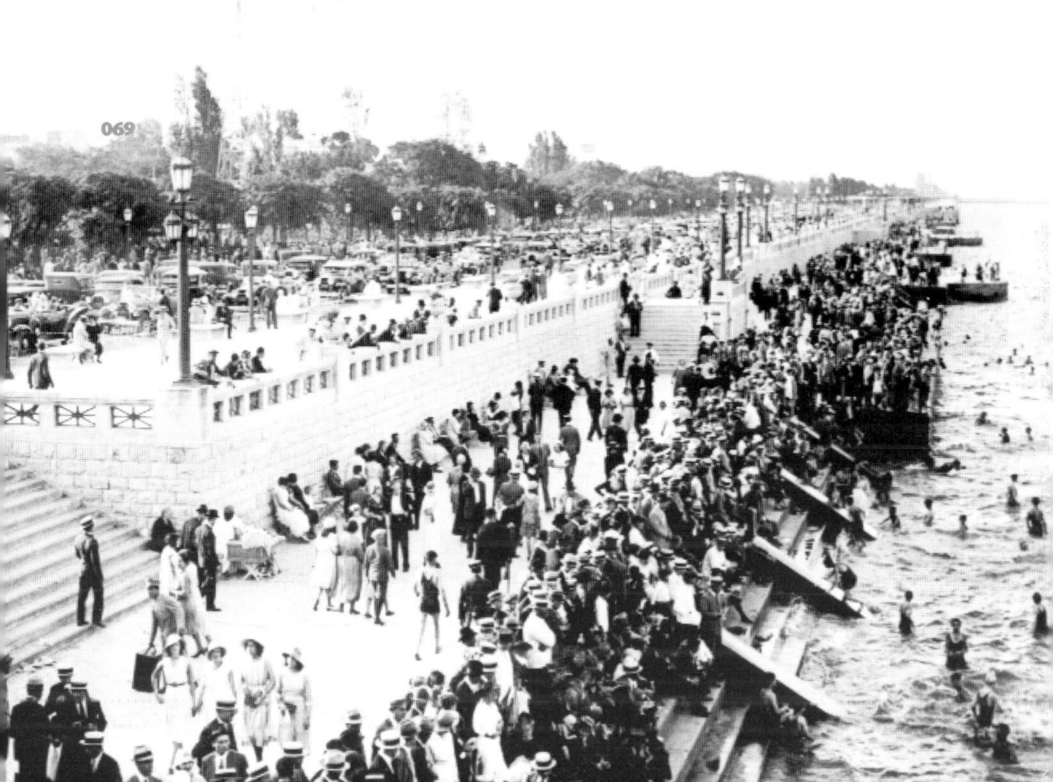
069

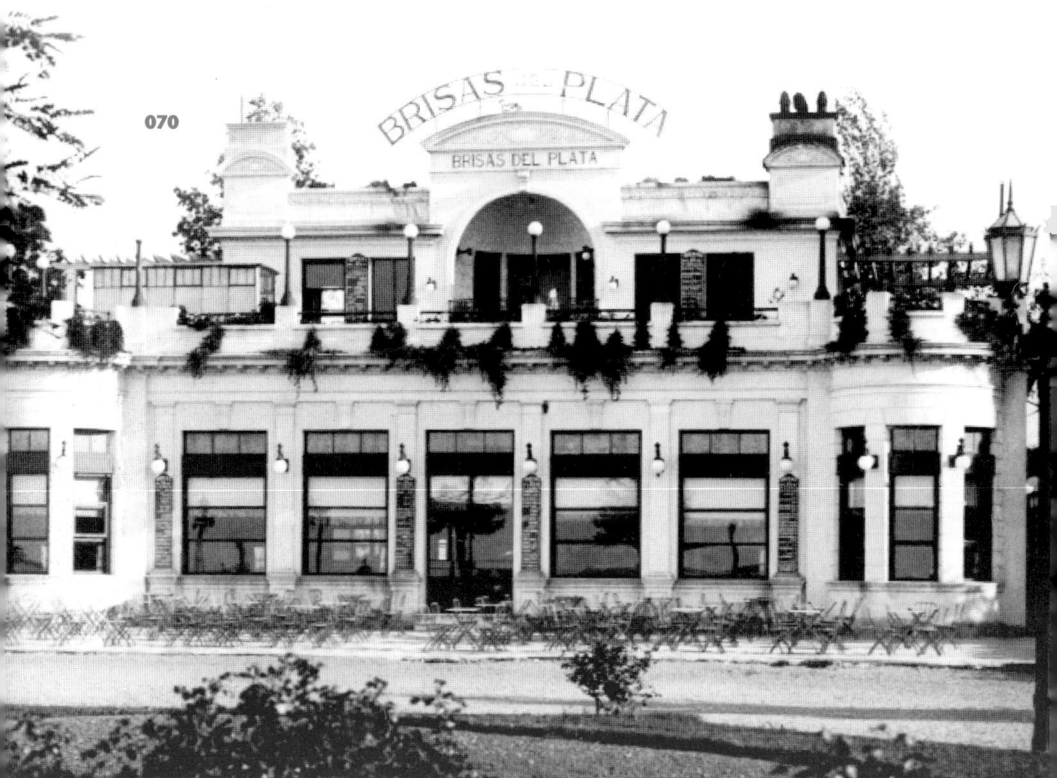
BRISAS DEL PLATA
BRISAS DEL PLATA

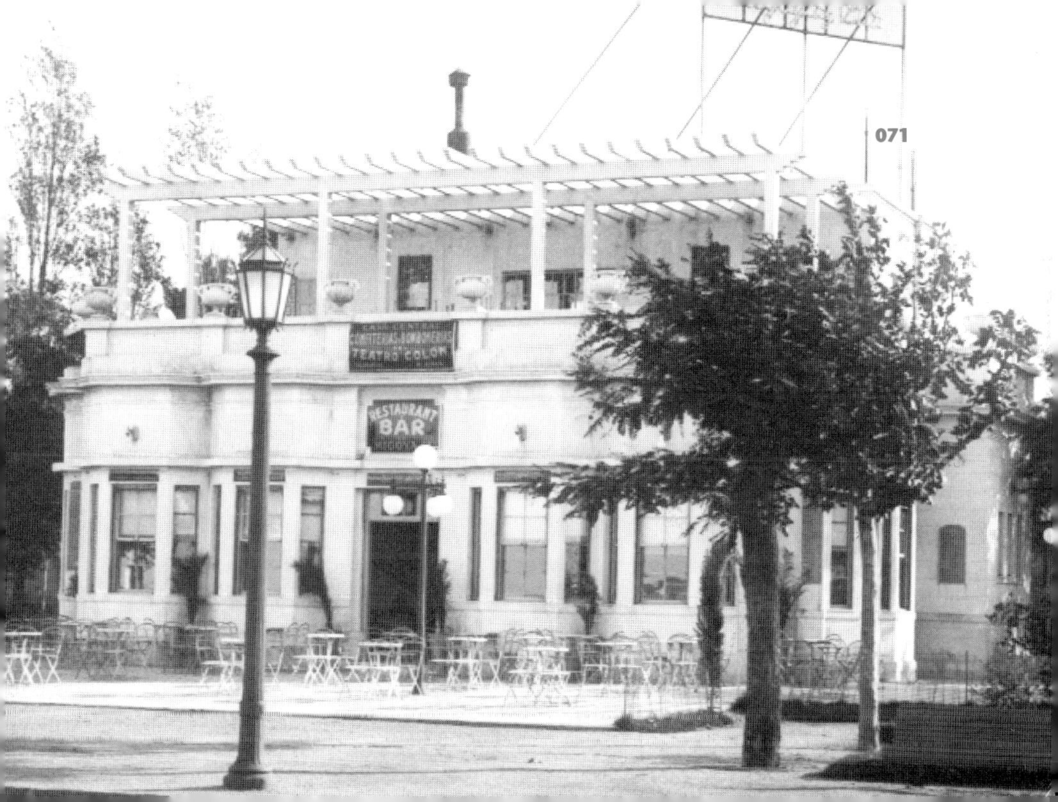

059 Lavanderas en el bajo. En tiempos de la colonia, la ropa se lavaba en el bajo, a orillas del río. Esta costumbre se mantuvo hasta 1863. Con la aparición del Ferrocarril Norte, que iba desde Retiro hasta San Isidro, se construyó una suerte de muralla que ya no permitía llegar con facilidad al río.

060 Bañados. La foto fue sacada en los terrenos que hoy ocupa la Costanera Norte y el Aeroparque Jorge Newbery, antes del relleno. A lo lejos puede verse la usina eléctrica de Dock Sur, inaugurada en el año 1910.

061 Construcción de la Costanera. El proyecto incluía un gran malecón con restaurantes y casino municipal.

062 Relleno de la Costanera. La saliente que vemos en construcción en la foto es la que hoy está exactamente frente al Aeroparque.

063 Avenida Costanera, enero de 1938. Día de la inauguración. Atrás, el Club de Pescadores.

064 Costanera, año 1938. Terrenos del futuro aeroparque. El Club de Pescadores se inauguró un año antes que la Avenida Costanera.

065 Balneario Municipal, año 1938. Durante la presidencia de Hipólito Yrigoyen existía aquí el Balneario Sur, donde los bañistas contaban con casillas debidamente separadas para hombres y mujeres. La primera parte de la remodelación se inauguró en 1924, con la presencia del príncipe Humberto de Saboya.

066 Balneario Municipal, año 1937. En esta foto puede verse la amplitud del paseo con el espigón para los bañistas y a muchos de ellos en el agua.

067 Balneario Municipal, febrero de 1942. El público está reunido en la zona de la pérgola, seguramente esperando alguna demostración aeronáutica. El monumento que se observa es en honor a Luis Viale, que perdió la vida al salvar a una mujer embarazada en diciembre de 1871.

068 Balneario Municipal, espigón para bañistas, febrero de 1949. En las décadas del '30 y '40, éste era el paseo preferido para las familias. En el verano se bañaban en el río (por turnos, hombres y mujeres), y en el invierno caminaban y merendaban a precios populares.

069 Balneario Municipal. Muchas fueron las personas que aprendieron a manejar en la Costanera Sur.

070 Bar Brisas del Plata. Cuando la elite porteña "descubrió" la Costanera Sur, se construyeron cervecerías y confiterías al estilo de los hoteles de la Costa Azul. La más conocida fue la cervecería Munich, que estaba abierta las 24 horas y contaba con una orquesta de señoritas.

071 Bar de Migoya. Estos bares demuestran lo concurrida que era la zona. El bar de Migoya era también una sede de la confitería y bombonería del Teatro Colón.

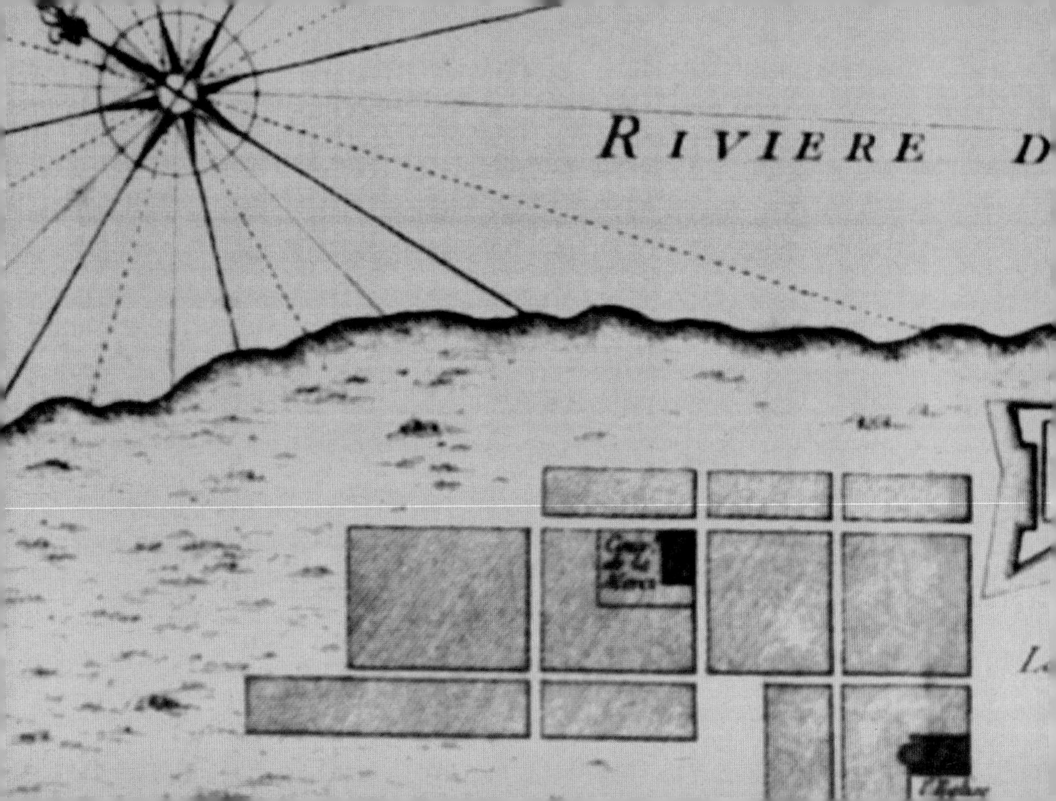

RIVIERE D

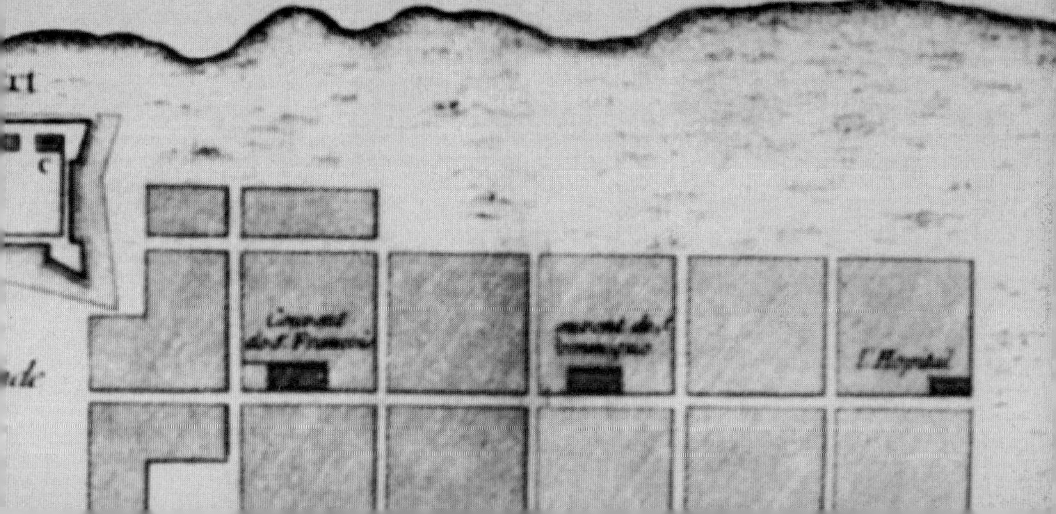
LA PLATE
Couvent
des Francis...
Couvent des
...
L'Hopital

viejo barrio que tenés el alma inquieta

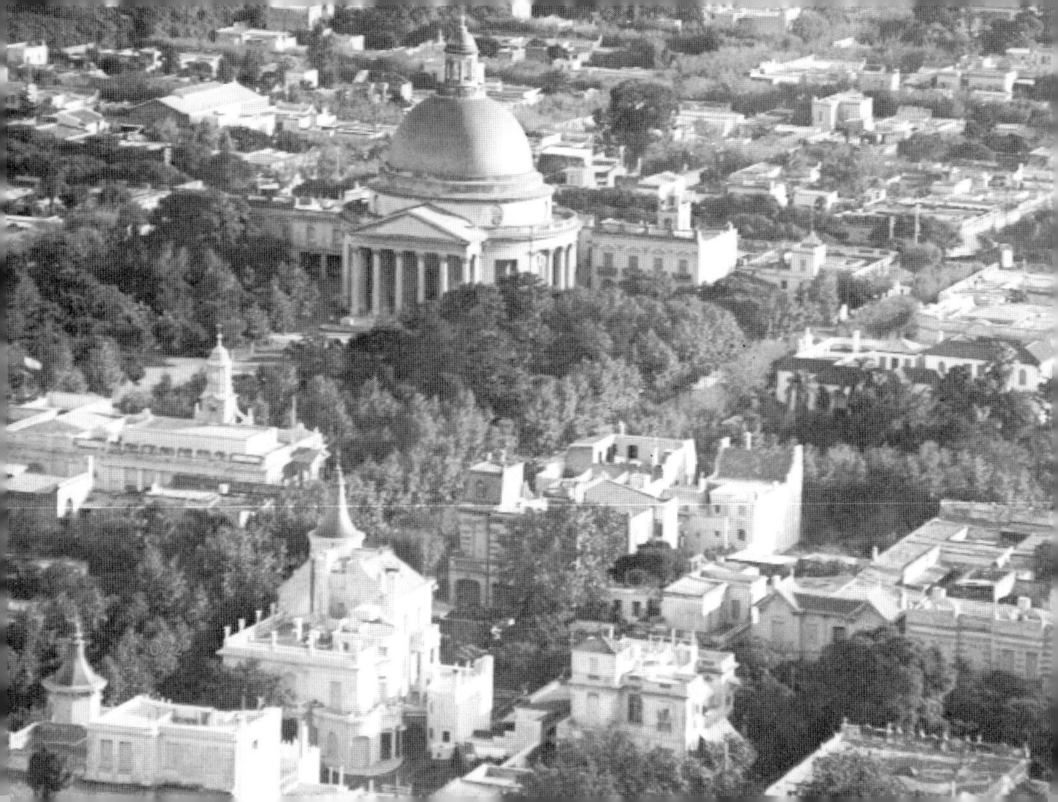

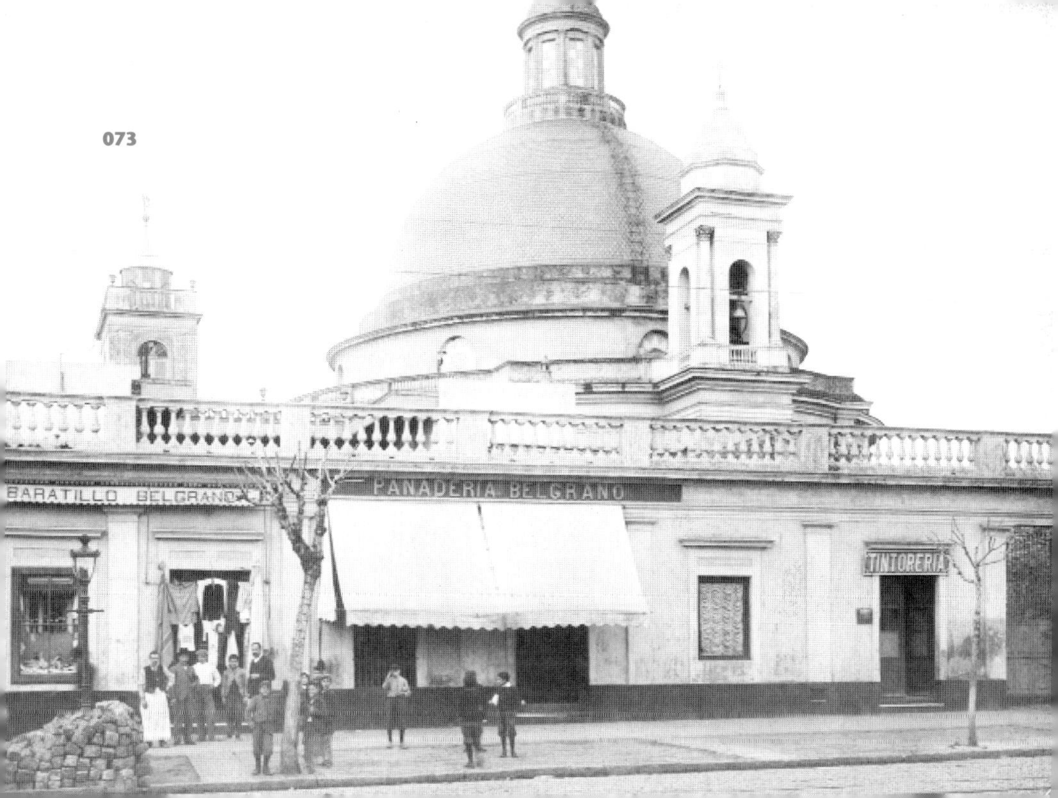
073
BARATILLO BELGRANO
PANADERIA BELGRANO
TINTORERIA

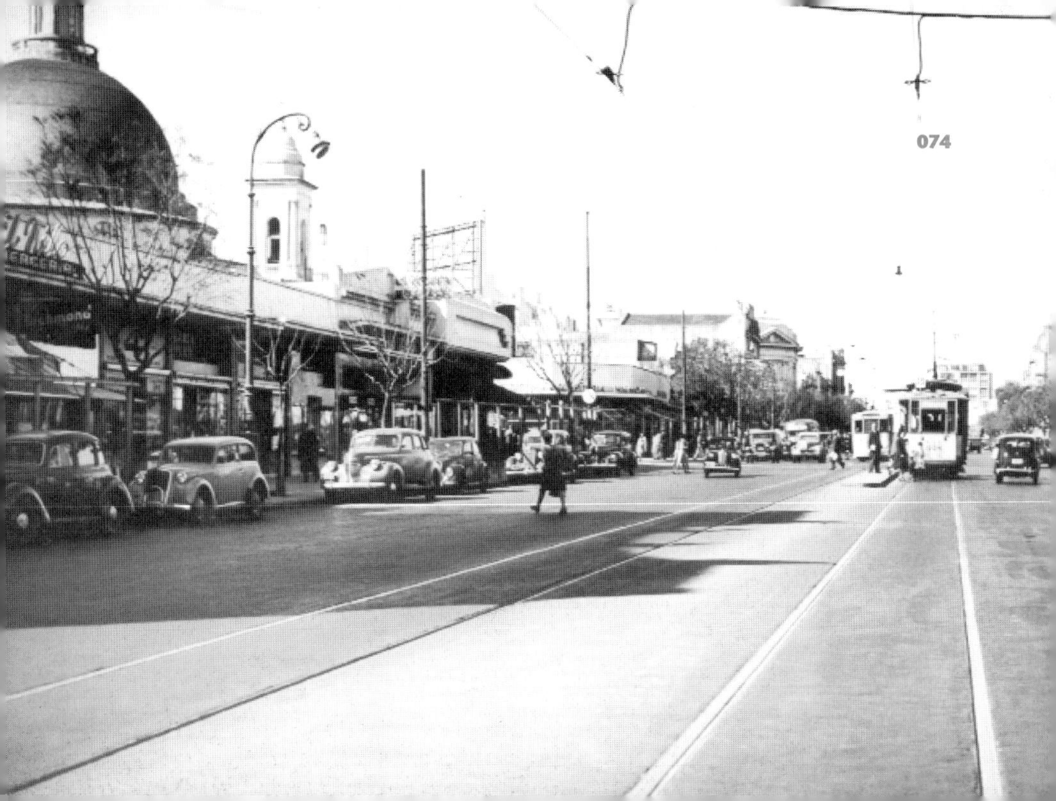

074

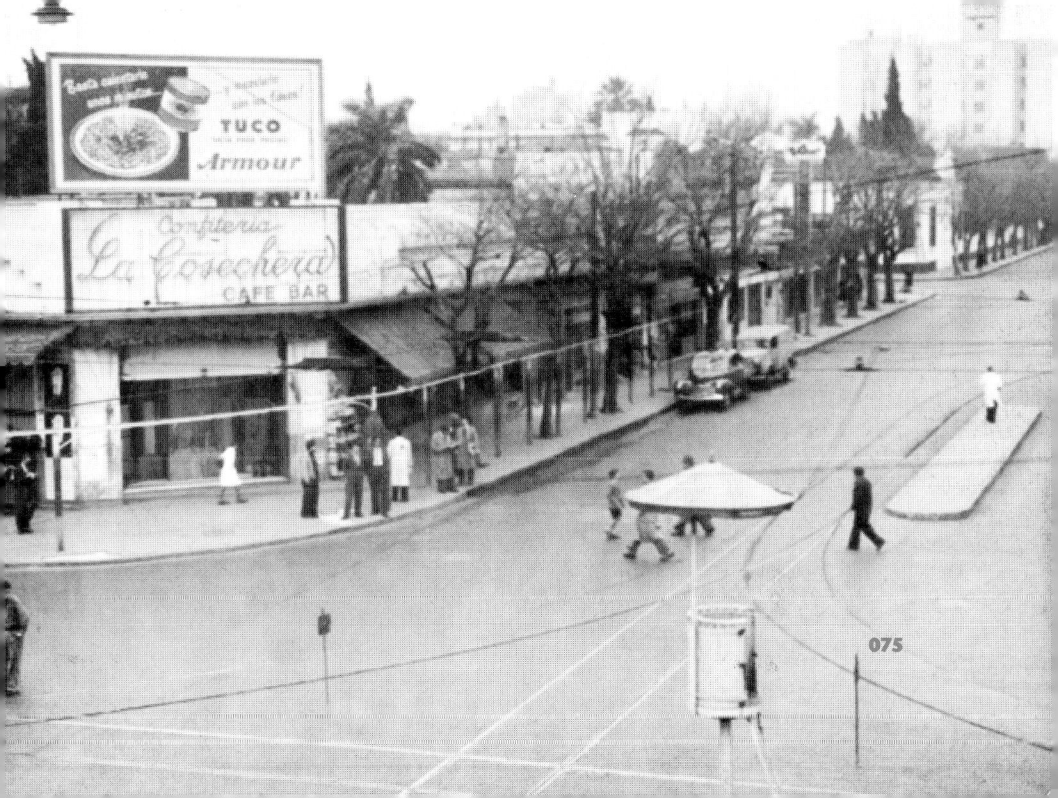

TUCO
Armour
Confitería
La Cosechera
CAFE BAR
075

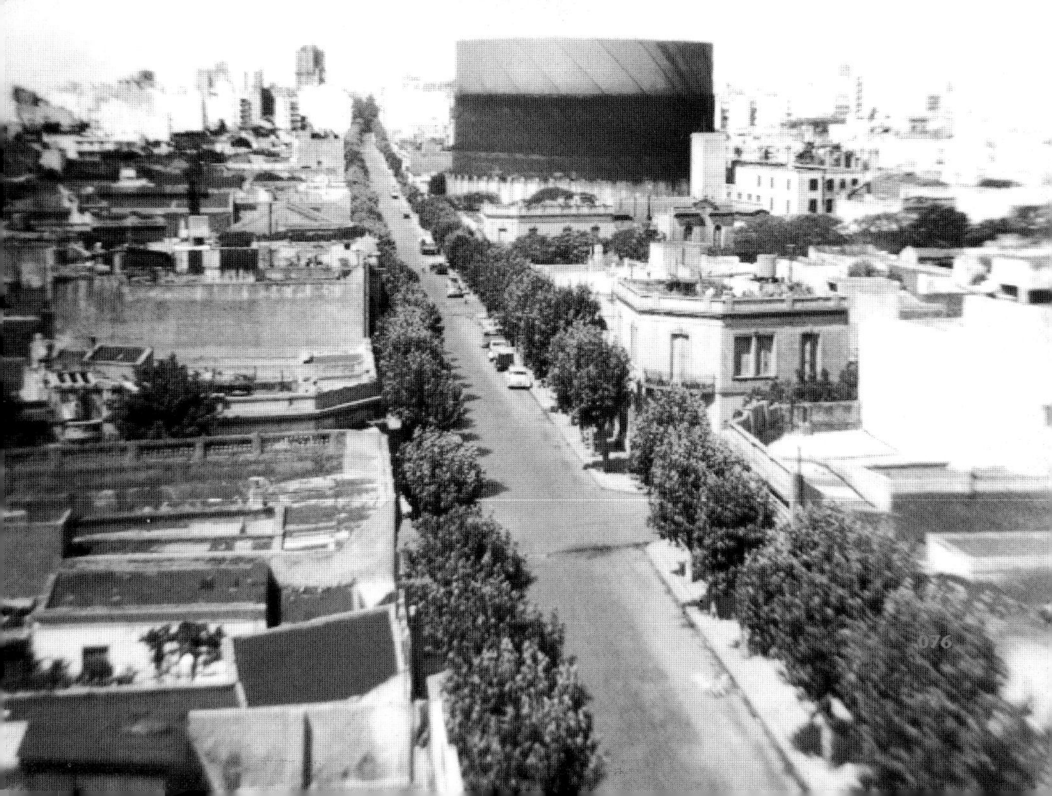
076

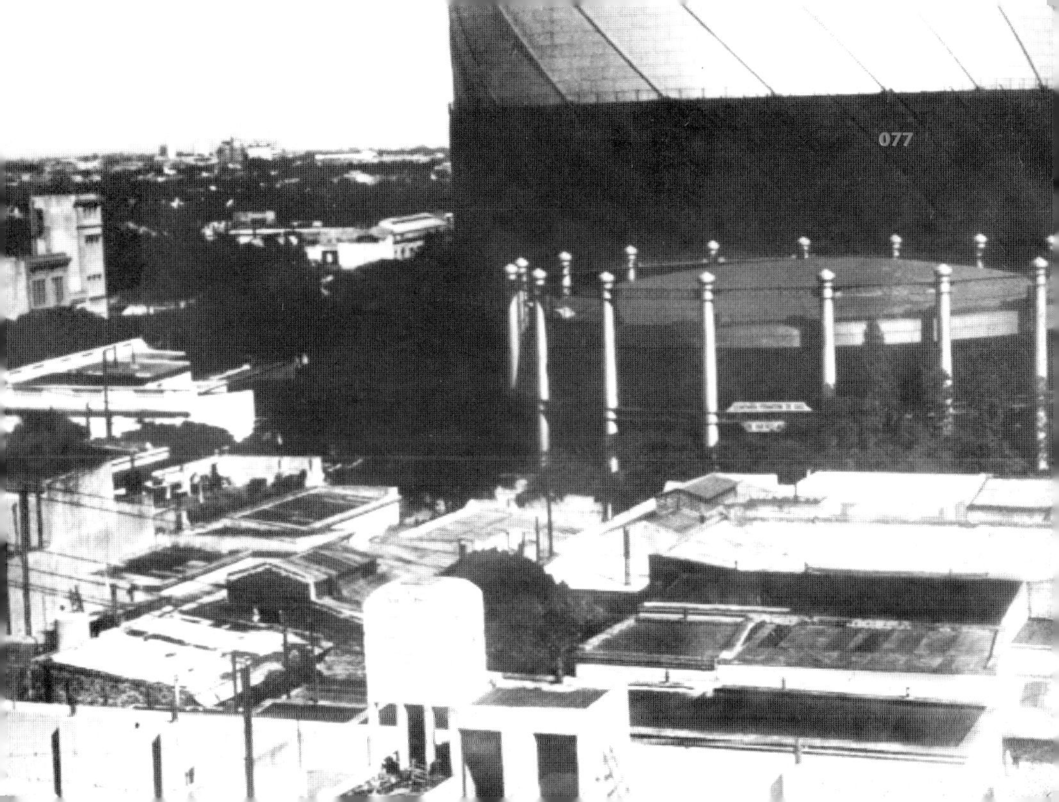
077

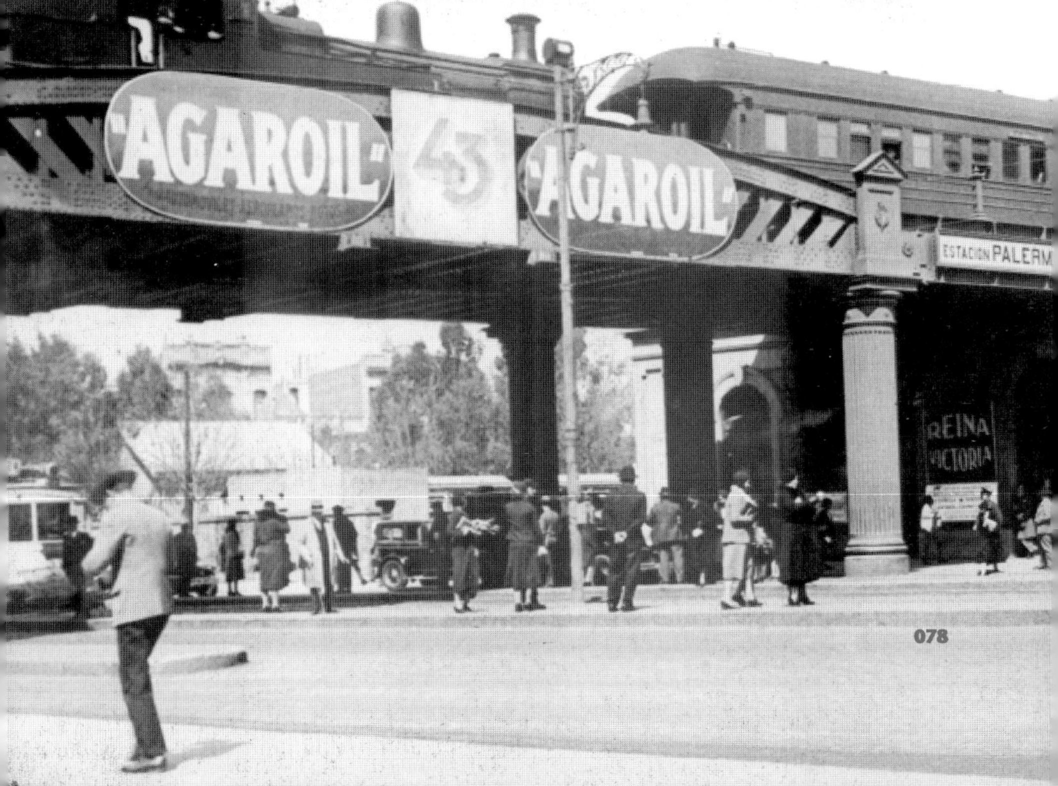

"AGAROIL"
43
"AGAROIL"
ESTACION PALERM
REINA VICTORIA
078

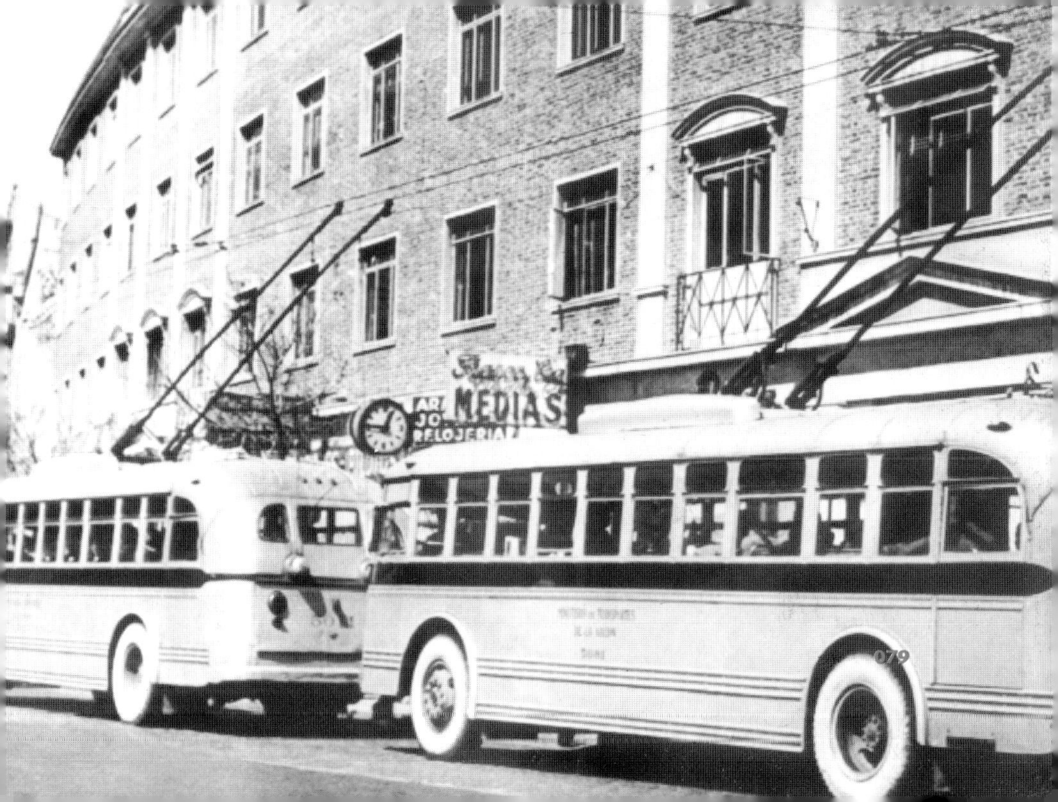
MEDIAS
ART
JO
RELOJERIA
079

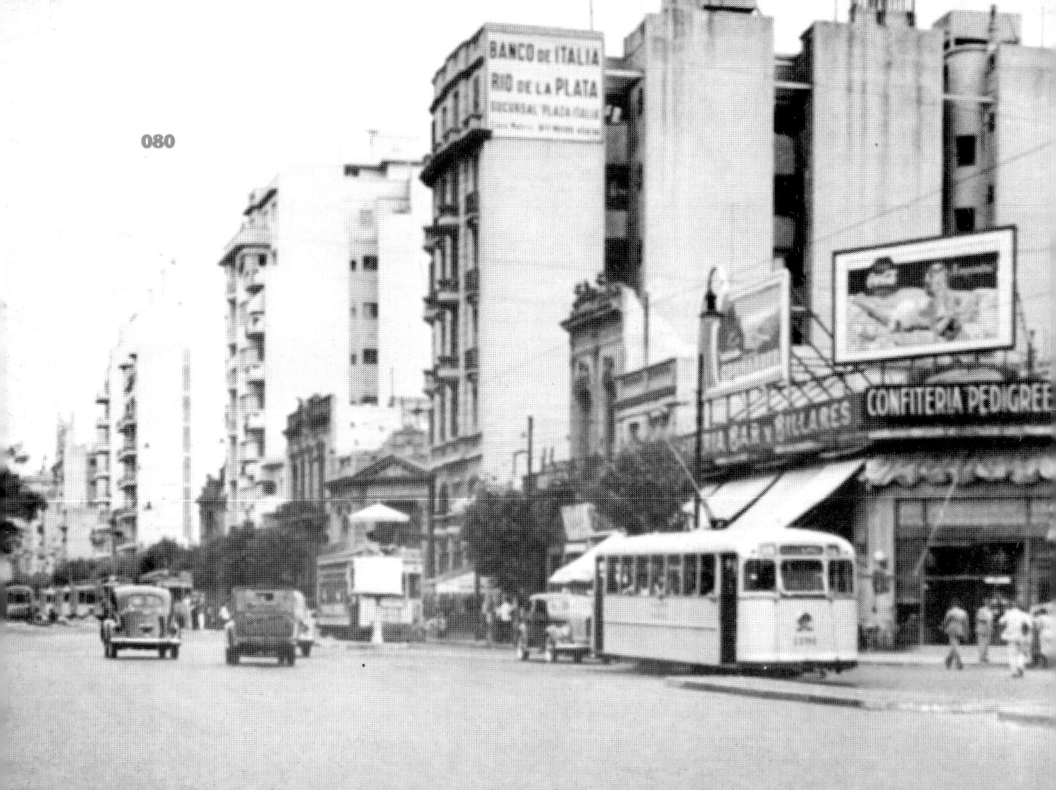
080
BANCO DE ITALIA
RIO DE LA PLATA
SUCURSAL PLAZA ITALIA
CONFITERIA PEDIGREE
BILLARES

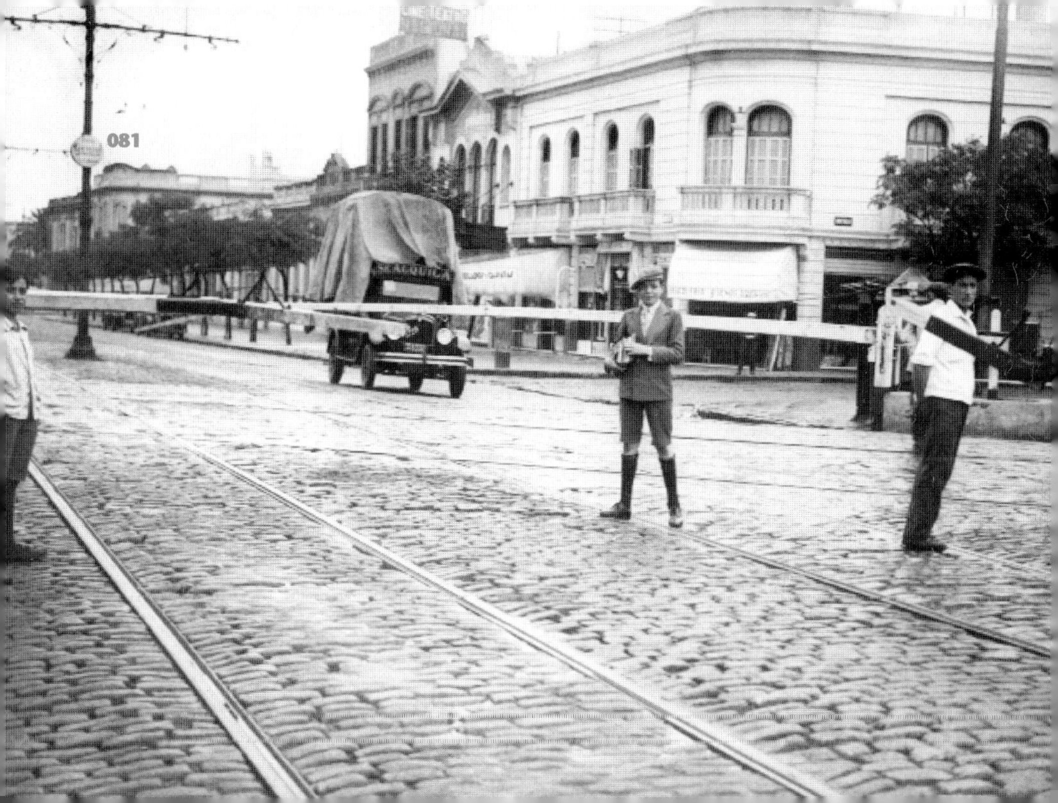
081

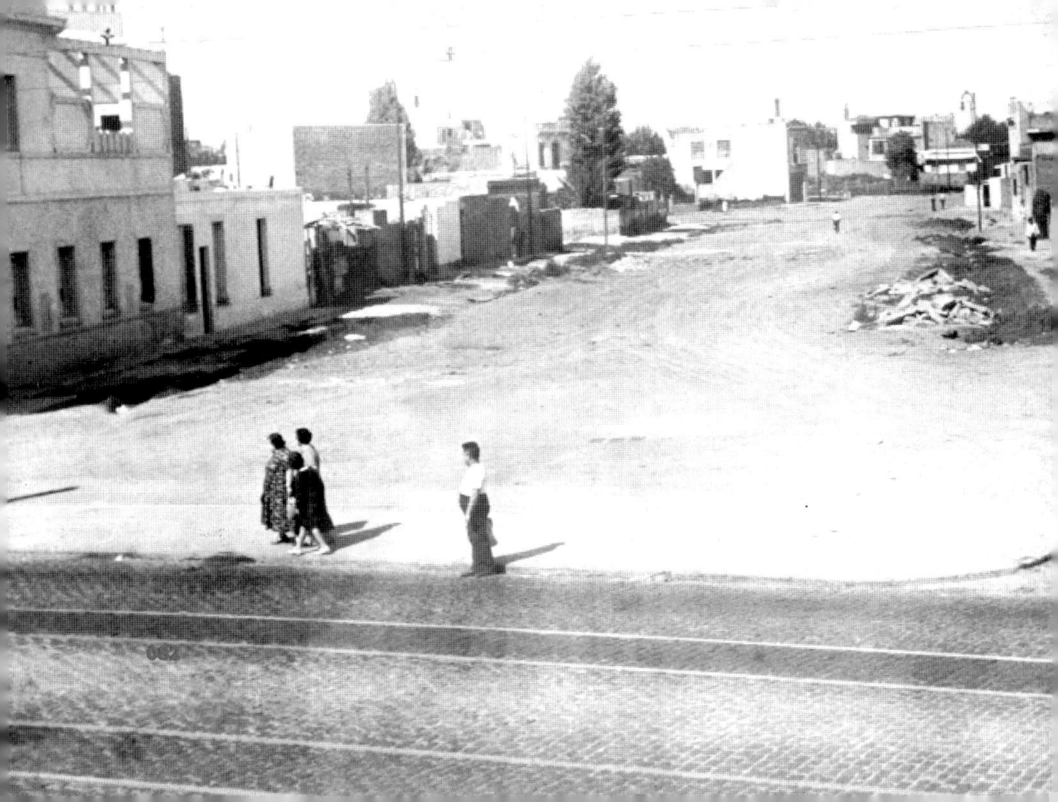

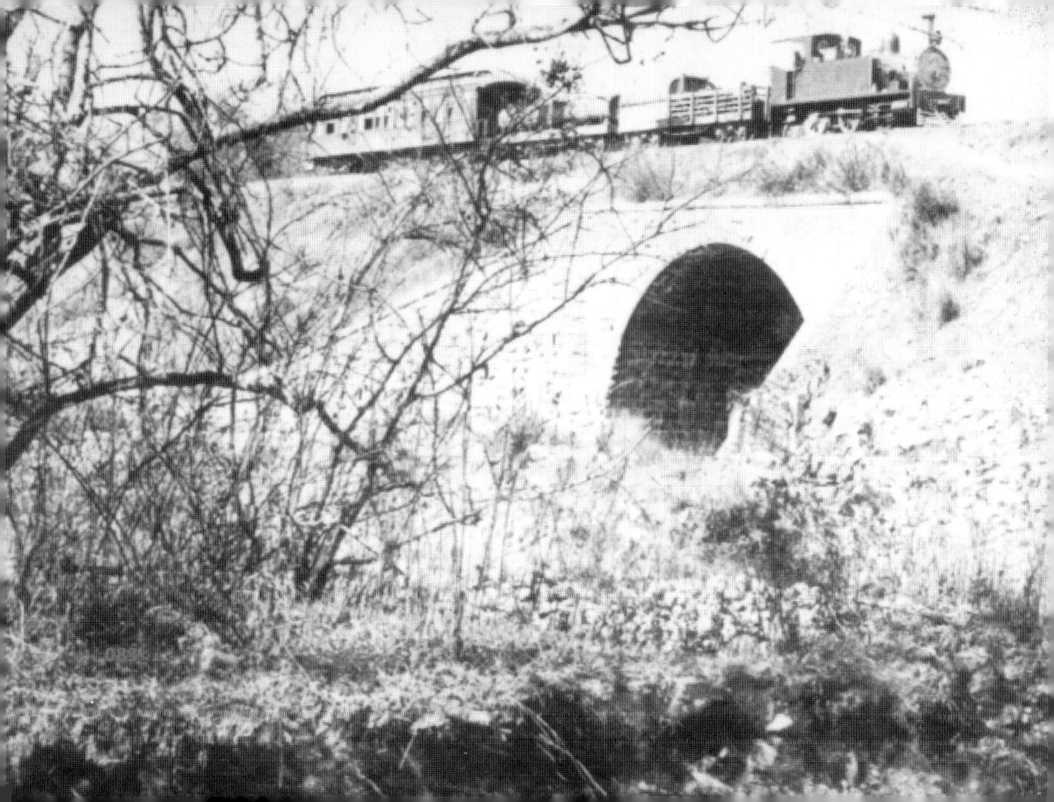

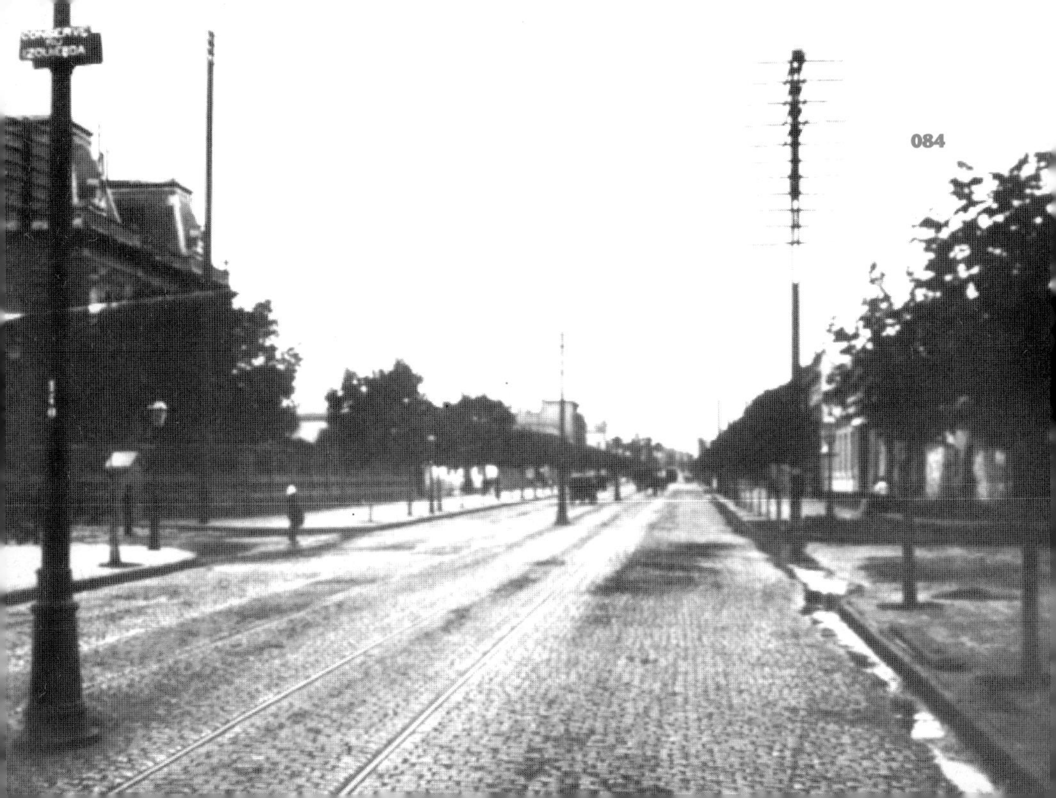
084

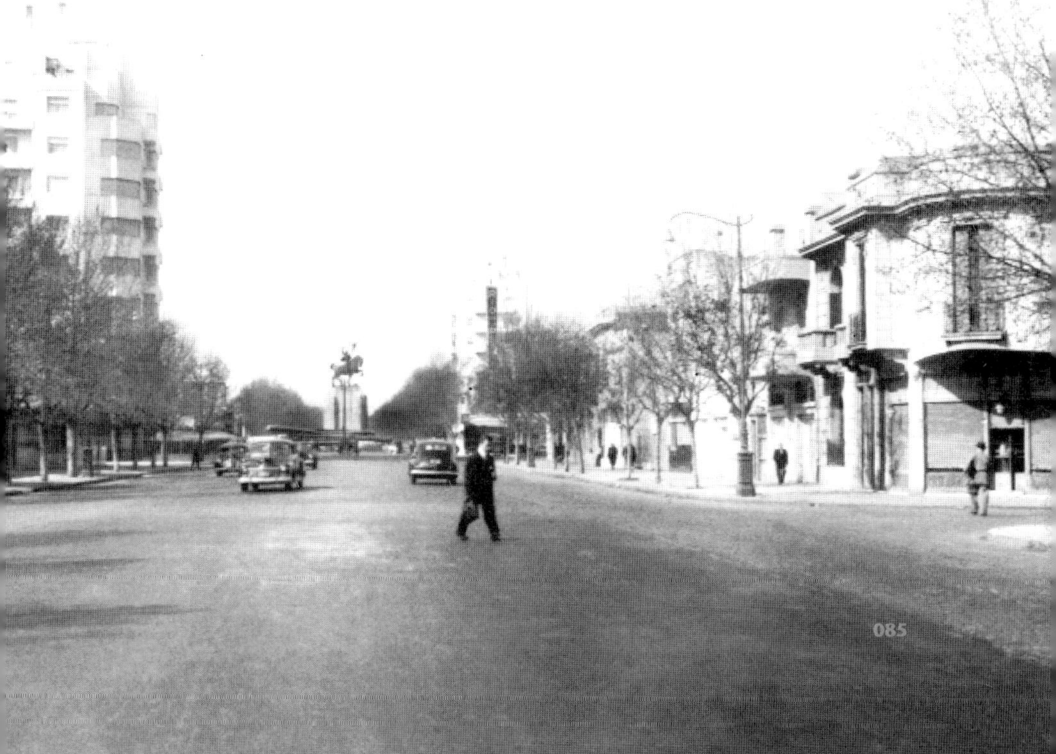
085

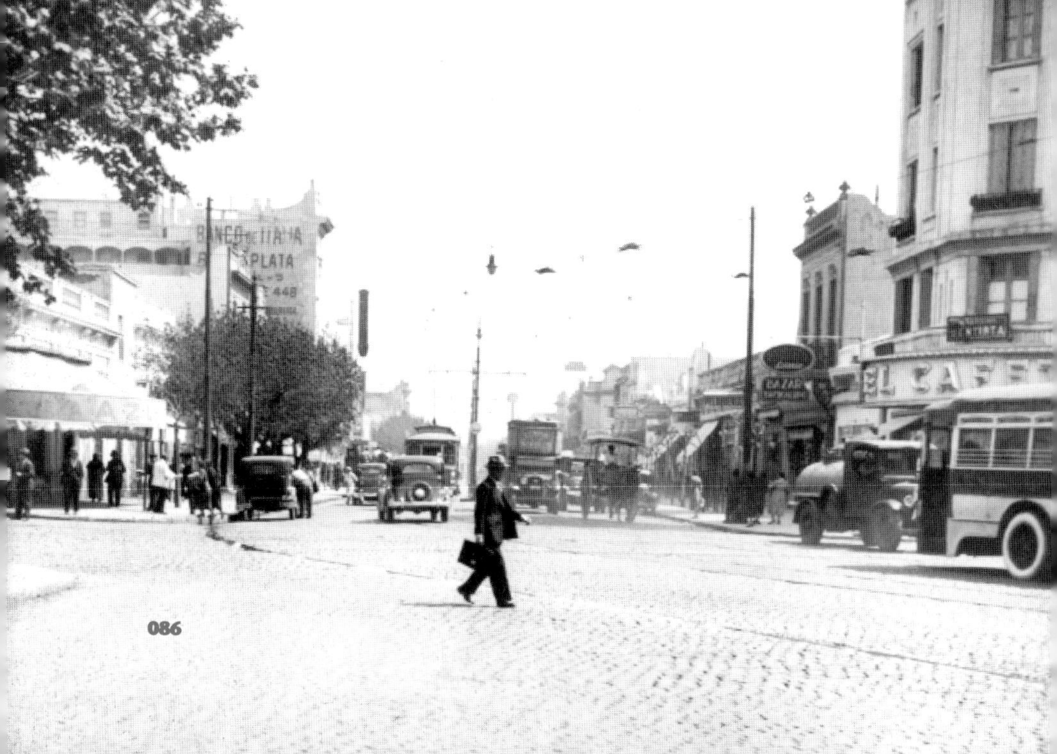
BANCO ITALIA
PLATA
T 448
EL CAFE
086

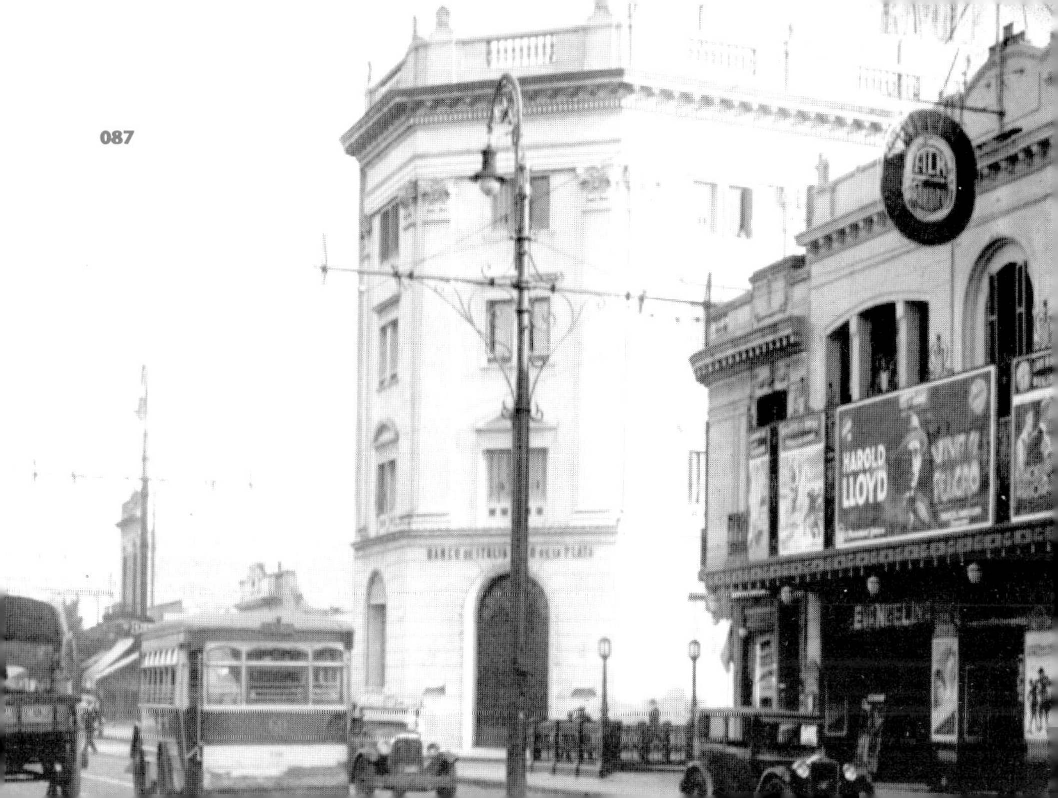

087
HAROLD
LLOYD
EVANGELINE

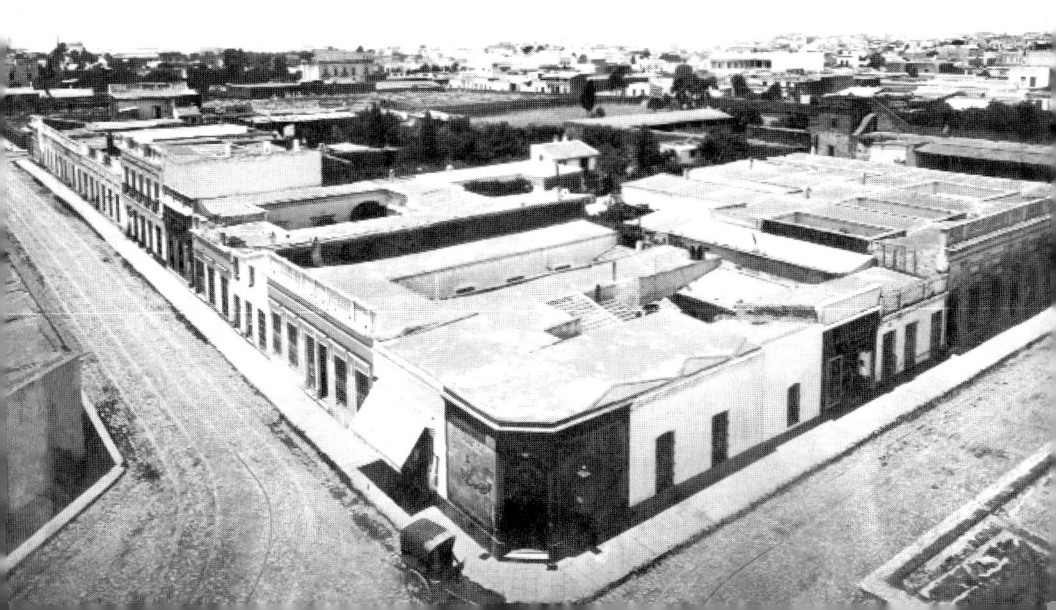

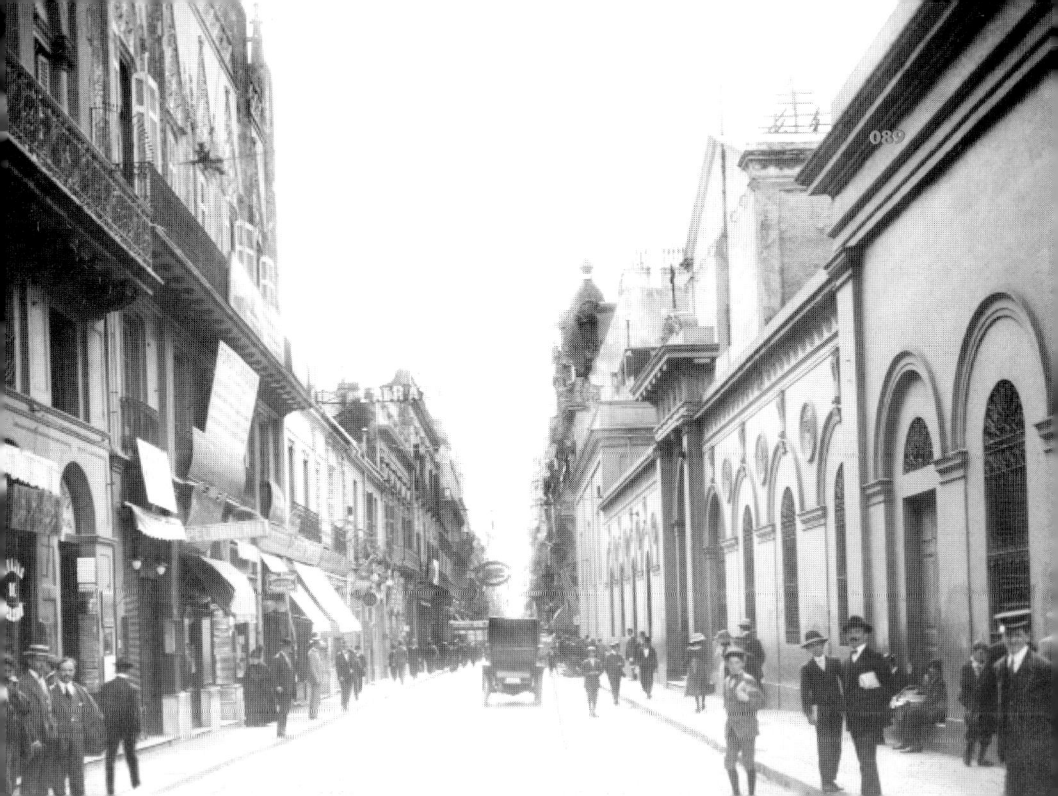
089

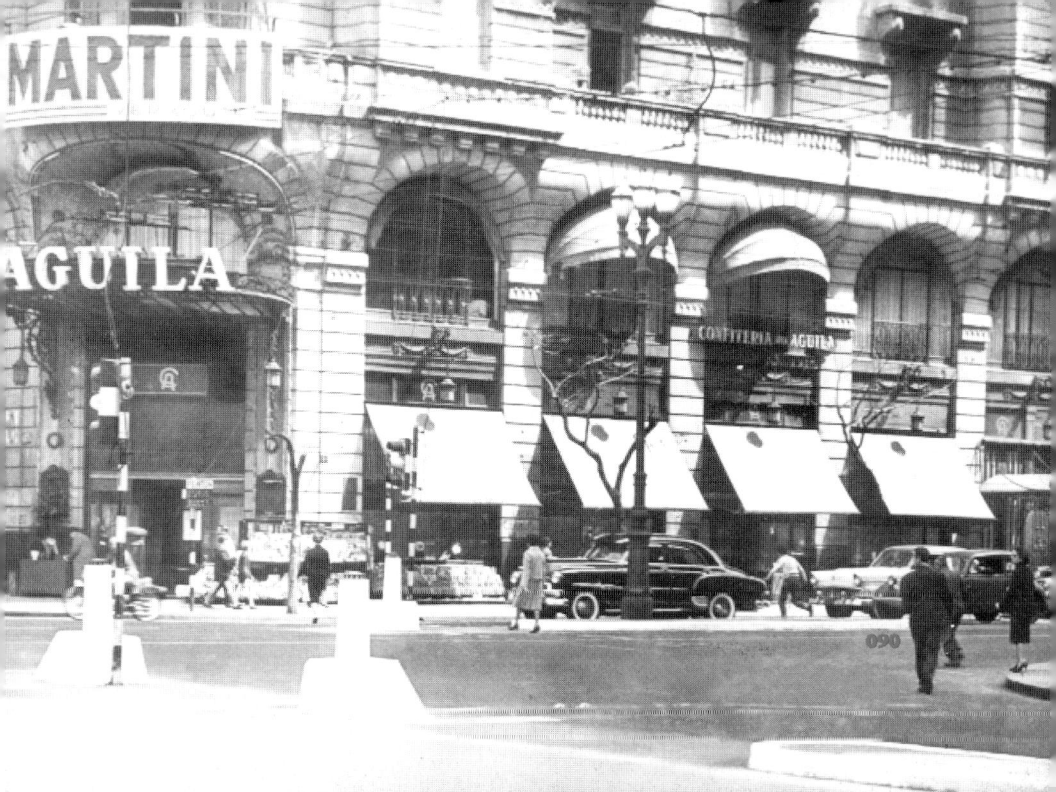

MARTINI
AGUILA
CONFITERIA AGUILA
090

072 Pueblo de Belgrano. En el año 1855 se fundó un nuevo pueblo en las afueras de Buenos Aires y se lo llamó Belgrano, pues una ley determinaba que el próximo pueblo en la provincia debía llevar el nombre del creador de la bandera. En 1880 fue temporalmente capital de la República, y en 1887 pasa a formar parte de la ciudad de Buenos Aires. Durante muchos años fue una reconocida zona de quintas. En la foto vemos la iglesia La Redonda que se terminó de construir en 1878. También observamos la Municipalidad de Belgrano (hoy Museo Histórico Sarmiento).

073 Belgrano. Avenida Cabildo, entre Juramento y Echeverría. Antes se llamaba Camino a San Isidro. Vemos la parte de atrás de la iglesia La Redonda. Aquí se instaló el centro del pueblo.

074 Belgrano. Avenida Cabildo. Esta foto fue sacada prácticamente en el mismo lugar que la anterior, varias décadas después, cuando Belgrano ya era un barrio más de la ciudad de Buenos Aires y los tranvías, el medio de transporte más popular y eficiente.

075 Cabildo y Juramento. Ésta es la esquina más transitada del barrio. Desde la garita se ordenaba el tránsito.

076 Gasómetro de Palermo Viejo. En lo que ahora es la Plaza Conquista del Desierto se levantaba un Gasómetro como en otros barrios de la ciudad.

077 Gasómetro de Palermo Viejo. El barrio fue concebido como obrero (por eso los pasajes), se lo llamó Villa Alvear, y su centro era una plaza redonda que llevaba también el nombre del intendente, hoy plaza Cortázar. Aquí Jorge Luis Borges ubica "la fundación mítica de Buenos Aires". La manzana que ocupaba el gasómetro era Costa Rica, Armenia, Nicaragua y Malabia, hoy Plaza Conquista del Desierto.

078 Puente Pacífico. Fue construido en el 1912 para que pasara el Ferrocarril "al Pacífico". Puede leerse sobre el puente "Estación Palermo" que fue inaugurada en el año 1888. Esta zona cobró importancia a partir del entubamiento del arroyo Maldonado que corre por debajo de la Avenida Juan B. Justo.

079 Pacífico. Con el tiempo así se llamó a la zona del puente. En la foto vemos los viejos trolebuses. Duraron muy poco en Buenos Aires, pero se siguen usando, por ejemplo, en la ciudad de Mendoza.

080 Avenida Santa Fe y Serrano. La foto está sacada desde Plaza Italia. Santa Fe era doble mano y con la circulación invertida, herencia de los ingleses que habían instalado las redes ferroviarias. En la esquina de Gurruchaga se ve el edificio de la actual comisaría. Pueden observarse varios medios de transporte: los tranvías detenidos sobre la Avenida Santa Fe, un trole, la estación de subterráneo y varios automóviles dirigidos desde una garita.

081 Avenida Santa Fe y Arévalo. Por allí actualmente pasa el túnel que evita la barrera.

082 Avenida Juan B. Justo y Rivera. Comienzos de lo que luego sería la Avenida Córdoba. Por aquí hoy pasa el puente de Juan B. Justo.

083 Arroyo Maldonado. La foto está sacada desde el cauce del antiguo arroyo. Durante mucho tiempo fue la frontera natural de la ciudad. Luego se comenzó a cruzarlo mediante puentes de madera. La zona siempre fue arrabalera y de malevos, hasta el entubamiento del arroyo y la inauguración de la Avenida Juan B. Justo en 1937. Por ordenanza municipal, las veredas de esta avenida deben tener baldosas rojas en honor al político socialista por el que lleva el nombre.

084 Avenida Santa Fe y Canning. En otra época la hubiésemos llamado cruce del camino a San Isidro (o Camino del alto) con el camino del Ministro Inglés, nombre dado al camino que el ministro Enrique Southern utilizaba para llegar al caserón de Juan Manuel de Rosas en Palermo, desde su casa ubicada en el cruce de esta avenida con la Avenida Warnes en el barrio de Villa Crespo.

085 Avenida Parral. Hoy se llama Honorio Pueyrredón y no es otra cosa que la unión que existía entre el Ferrocarril del Oeste y el Ferrocarril del Pacífico. Durante muchas décadas fue una vía muerta, llena de baldíos y matorrales. En el cruce de Ángel Gallardo, Gaona y San Martín vemos el monumento al Cid Campeador (Rodrigo Díaz de Vivar) famoso protagonista del poema épico-juglaresco homónimo del medioevo español.

086 Triunvirato y Canning. Ésta es la esquina más querida de Villa Crespo, único barrio de la ciudad que lleva el nombre del intendente que lo creó. En esta zona se asentaron muchos inmigrantes de la comunidad judía y el ídish (idioma hablado por los judíos europeos) fue durante mucho tiempo casi el idioma oficial del barrio. En la esquina norte luego se abriría el mítico "Imperio de Canning y Corrientes". En ésta vemos El Cafetal que se mantuvo durante décadas en el mismo lugar. Al fondo se observa el edificio del Banco de Italia. Ésta fue históricamente una esquina muy politizada, por su cercanía al comité del Partido Comunista, movimiento que siempre tuvo muchos adeptos en la zona.

087 Avenida Triunvirato y Malabia. Esquina muy transitada del barrio de Villa Crespo. Vemos el Banco de Italia y el cine Rívoli. Como en casi todos los barrios, en éste había varios cines en los que se pasaban las películas en "continuado". En la esquina observamos la estación Malabia del subterráneo.

088 Barrio Norte. Vista de las manzanas que hoy forman las "cinco esquinas".

089 Calle San Martín. Esta foto fue tomada desde el cruce con la calle Rivadavia. Hoy la vista es casi la misma. Se nota que en ese momento un fotógrafo llamaba la atención de los transeúntes.

090 Avenida Callao y Avenida Santa Fe. En un principio, a la Avenida Callao se la llamó calle De las Tunas, porque los contornos de las quintas que bajaban hasta el camino de Palermo (Avenida del Libertador) estaban cubiertos por cactus. Aquí se ubicaba la confitería Del Águila, de la que el escritor Jorge Luis Borges era un reconocido habitué. En la foto vemos los primeros semáforos que funcionaron en la ciudad.

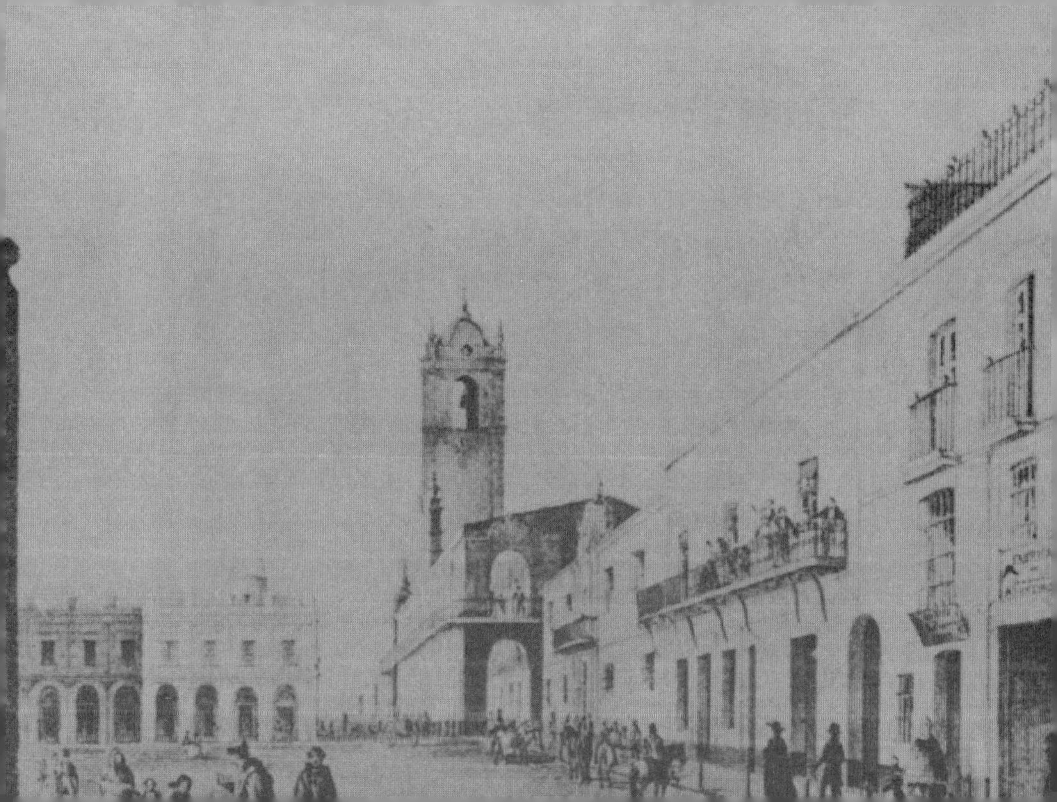

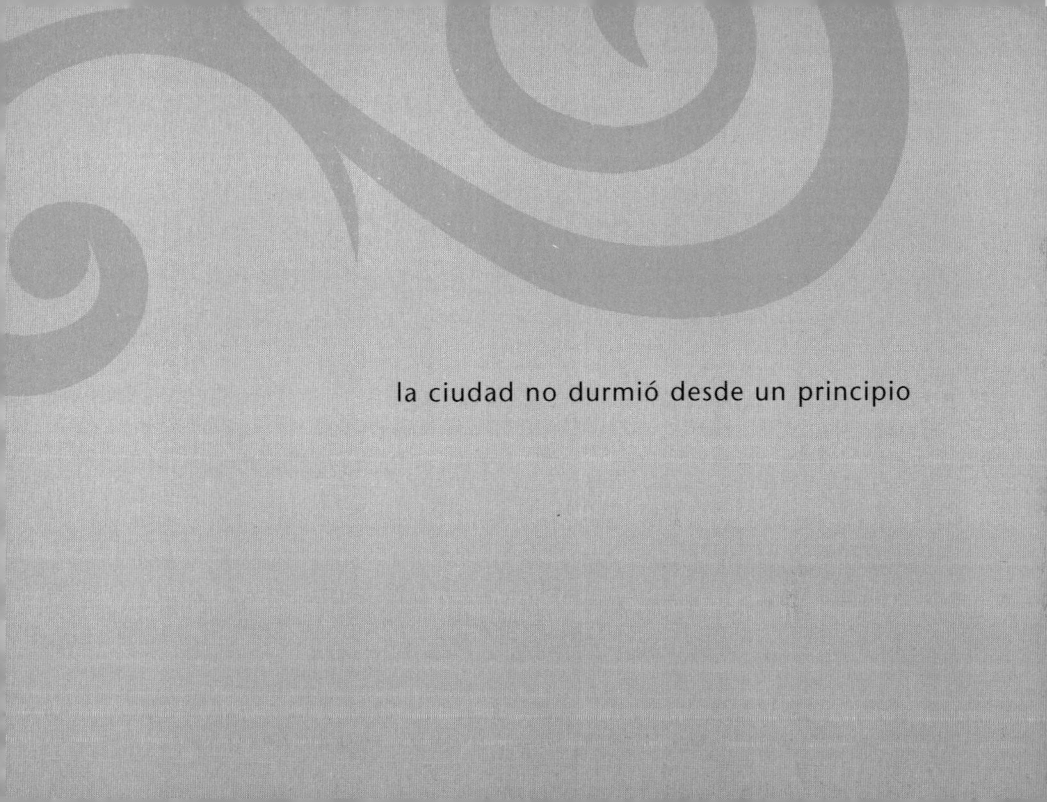

la ciudad no durmió desde un principio

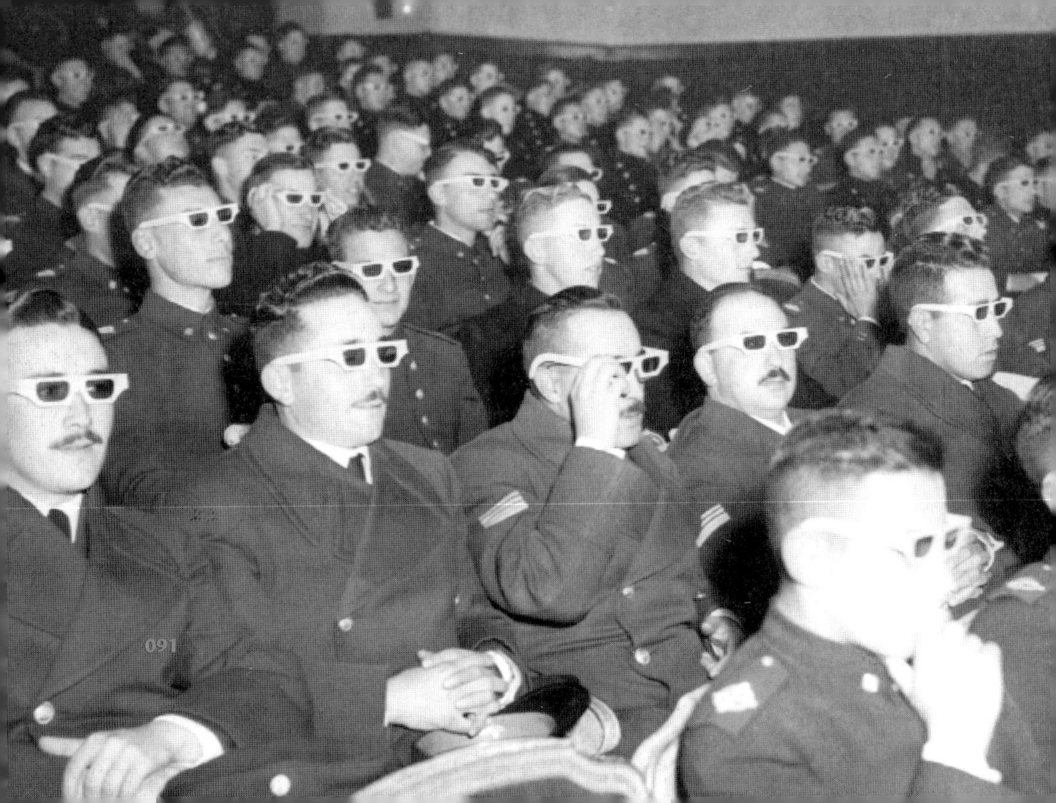
091

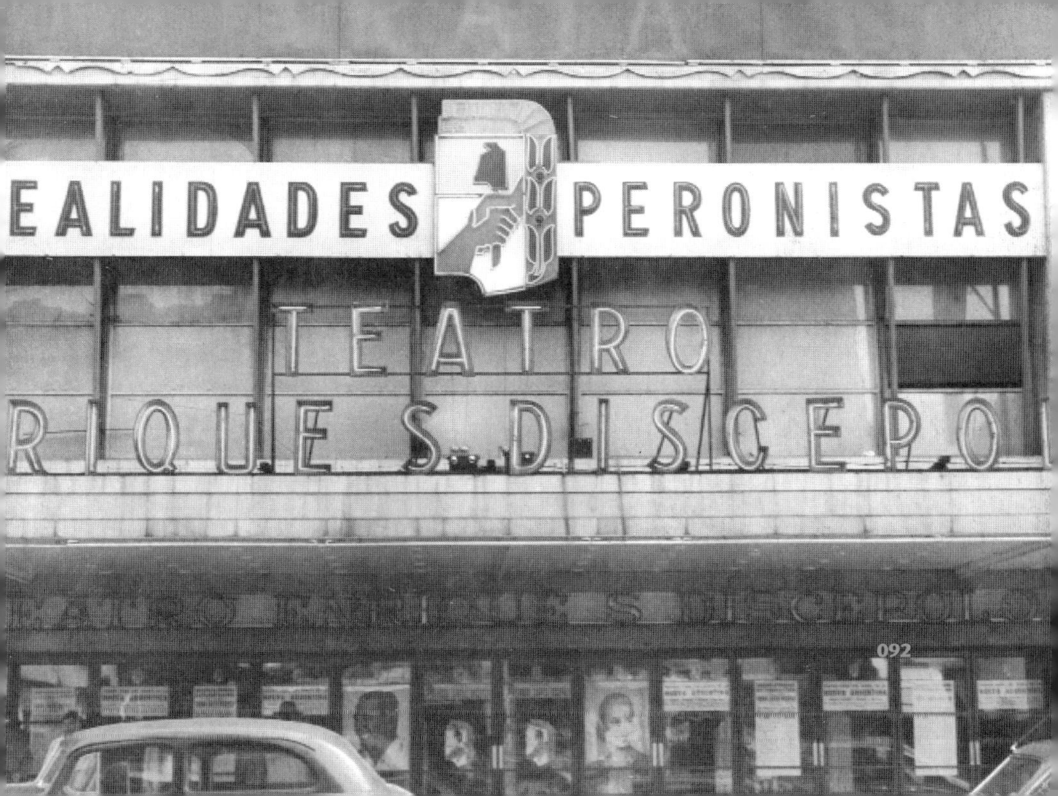
EALIDADES PERONISTAS
TEATRO
RIQUES DISCEPO
092

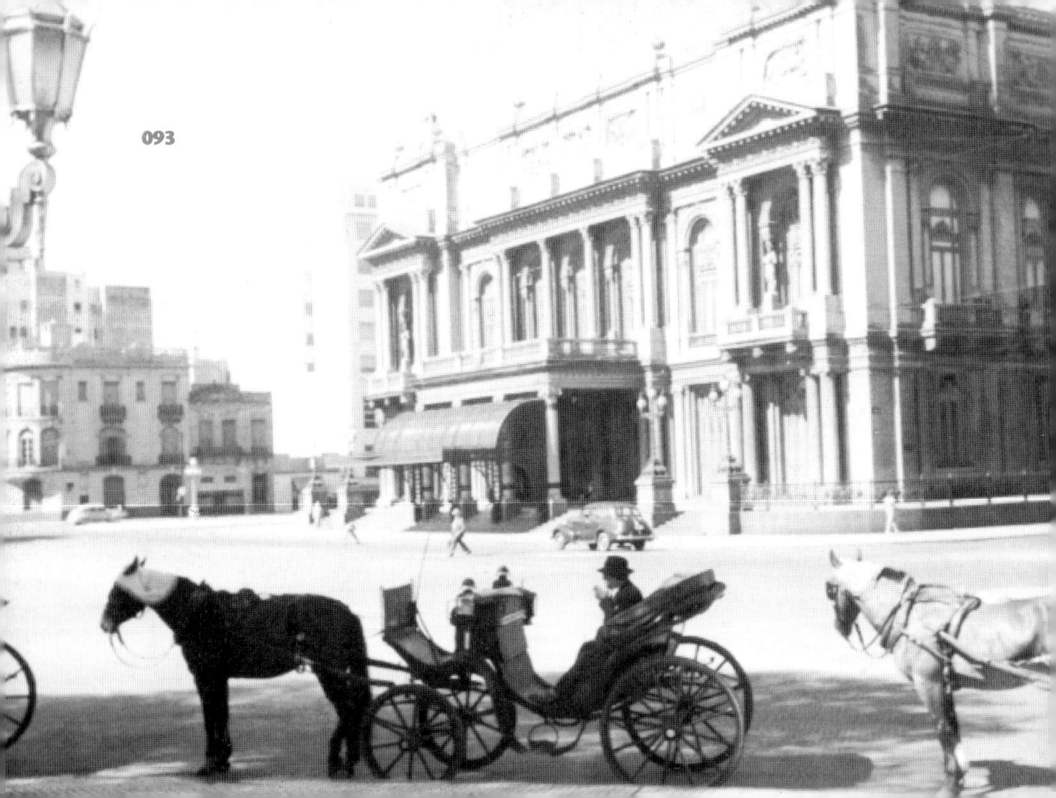
093

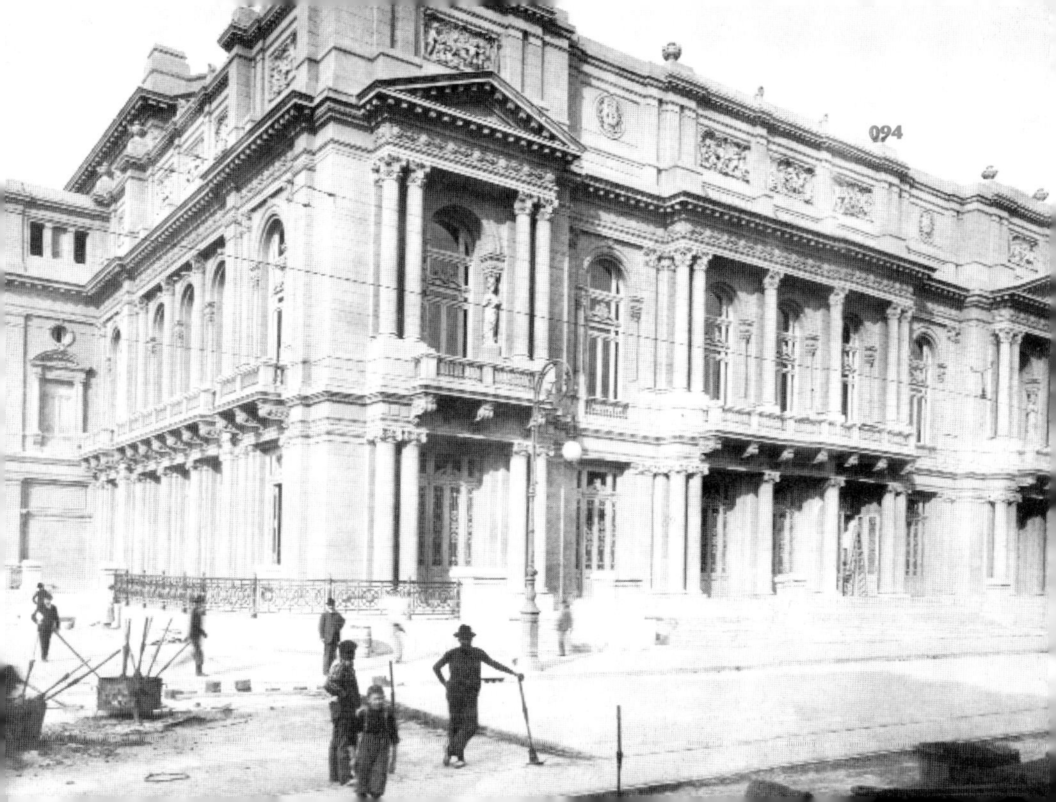

094

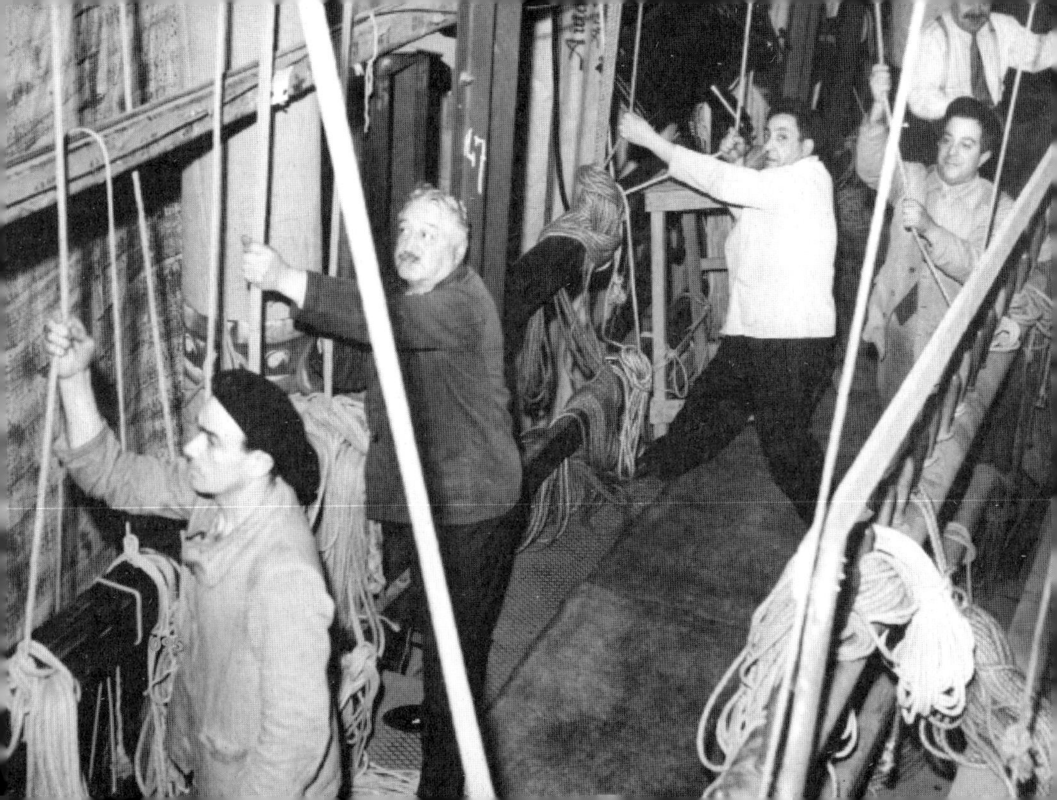

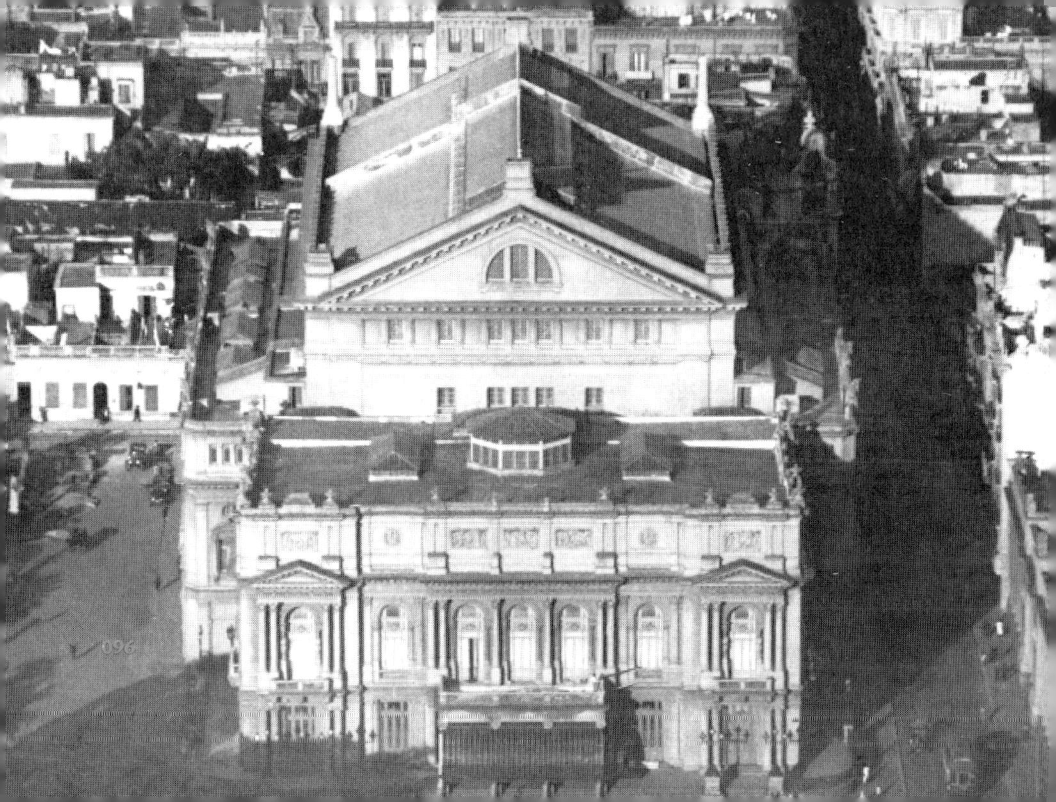
1/096

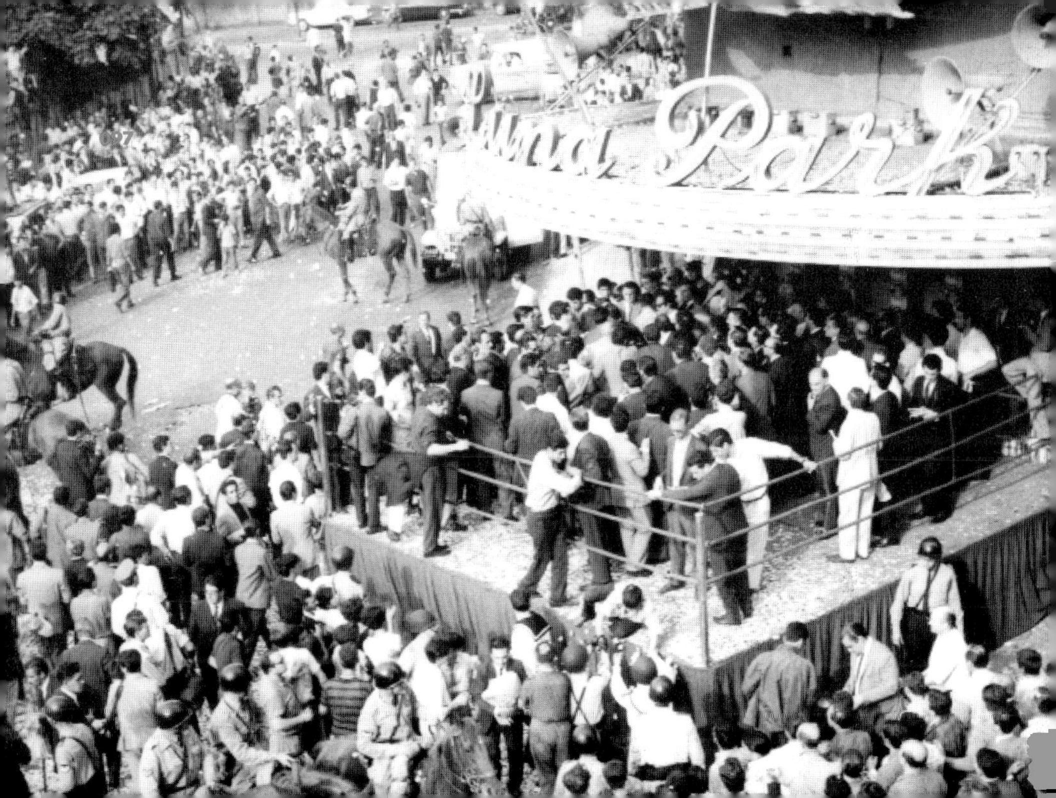

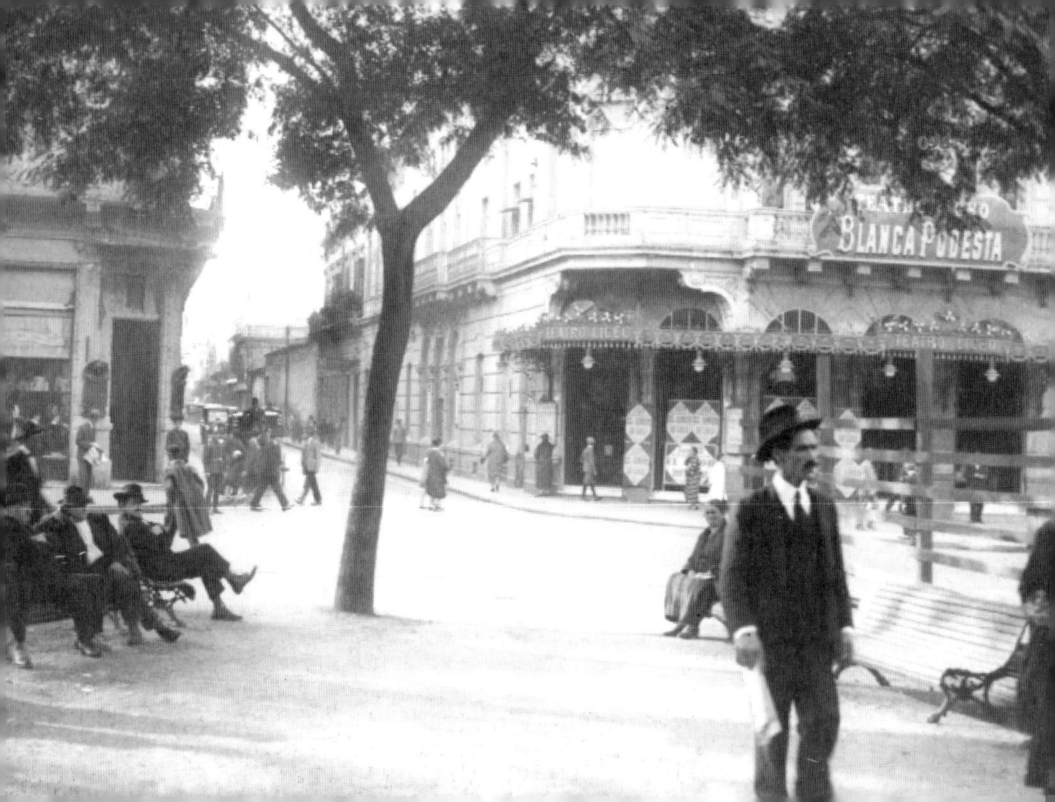

BLANCA PODESTA

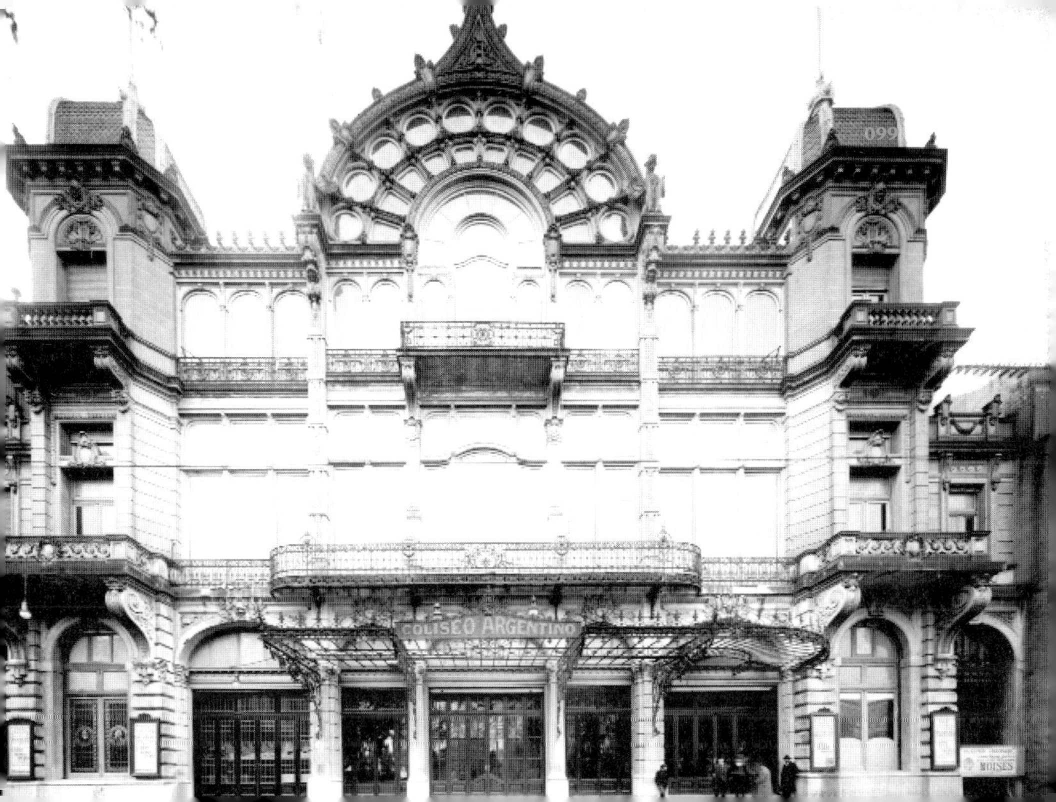
COLISEO ARGENTINO

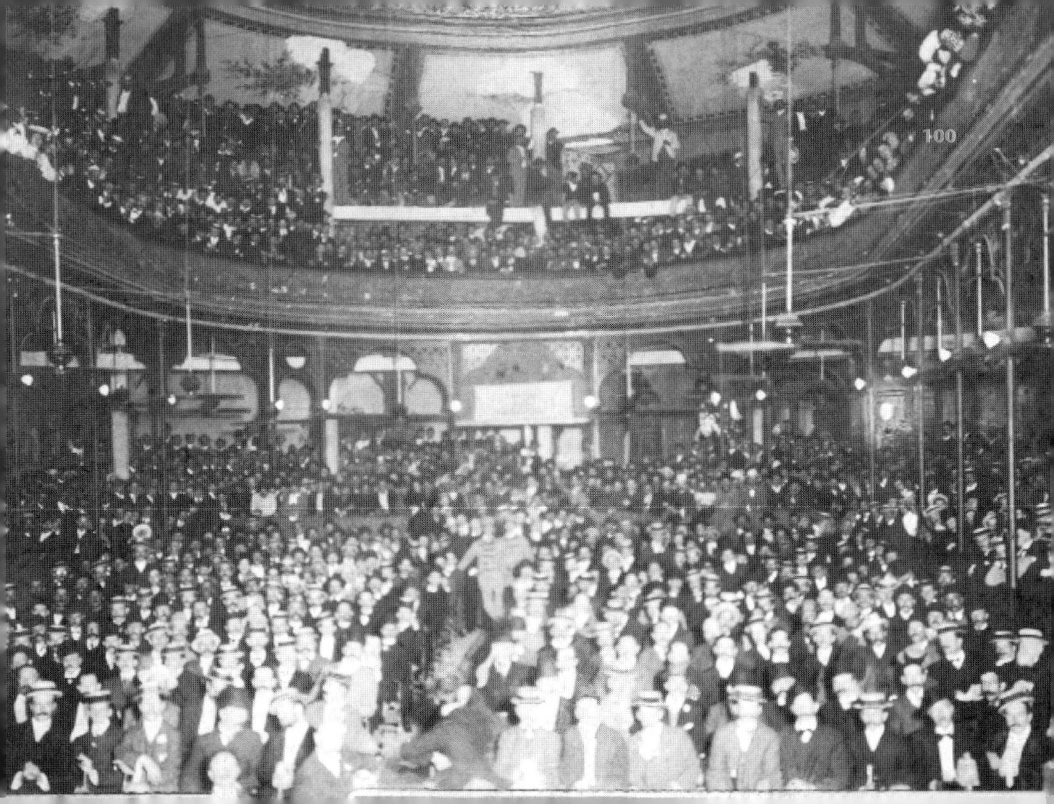

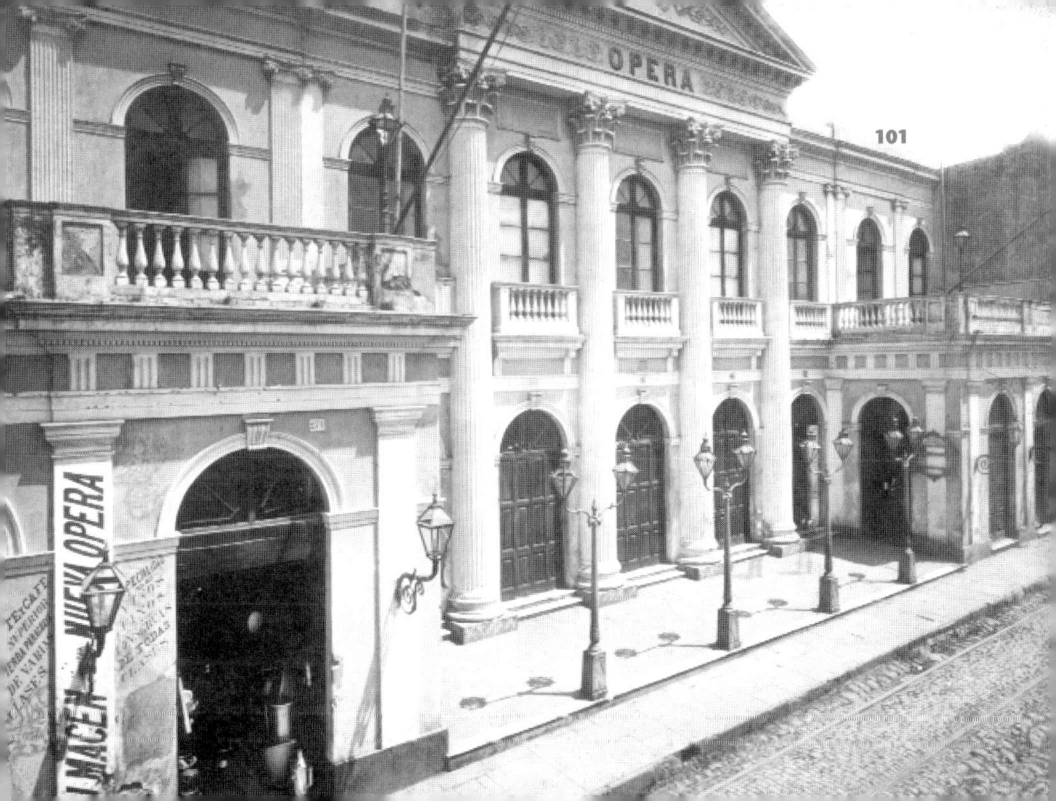
OPERA
OPERA
ALMACEN NUEVO OPERA

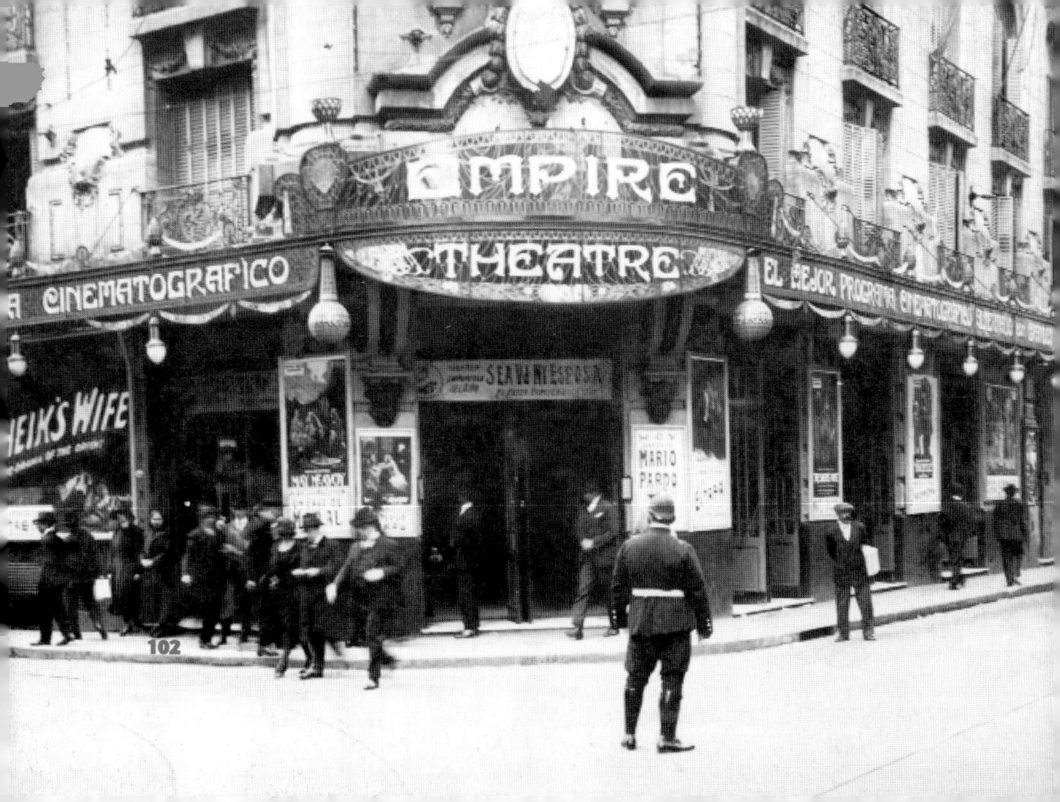

EMPIRE
THEATRE
CINEMATOGRAFICO
EL MEJOR PROGRAMA CINEMATOGRAFICO
SHEIK'S WIFE
SERVIR A SU ESPOSA
MARIO PARDO
102

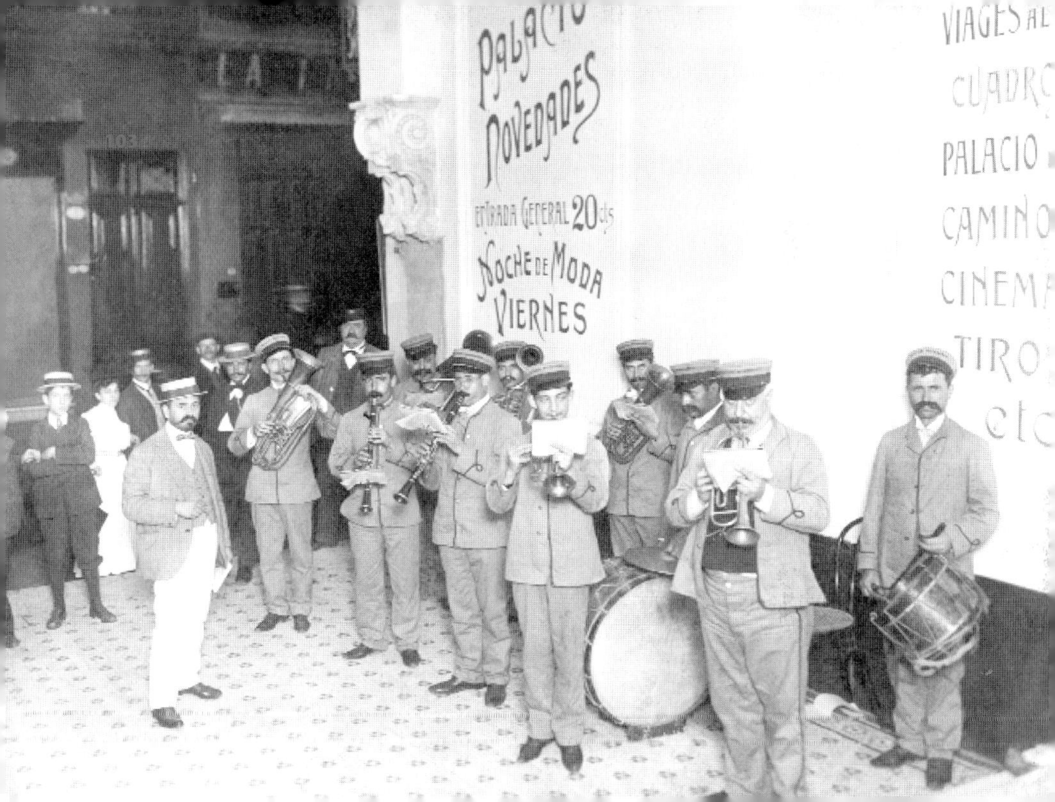
PALACIO
NOVEDADES
ENTRADA GENERAL 20 cts
NOCHE DE MODA
VIERNES
VIAGES AL
CUADRO
PALACIO
CAMINO
CINEMA
TIRO
etc

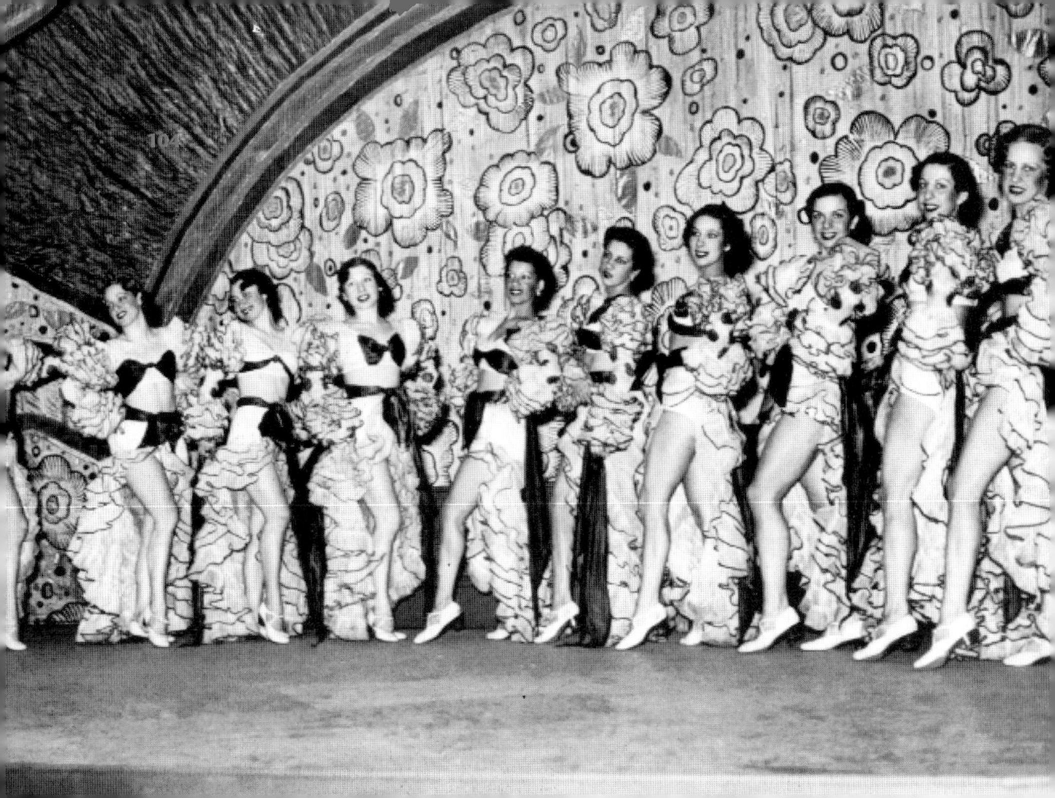

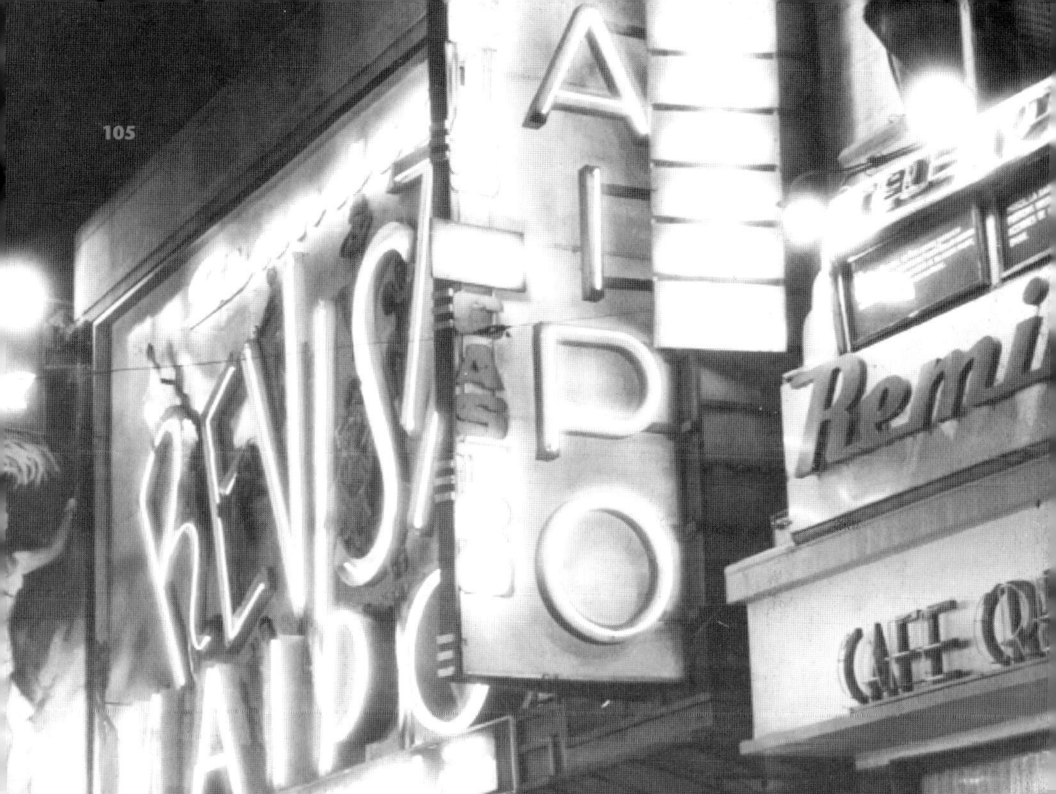

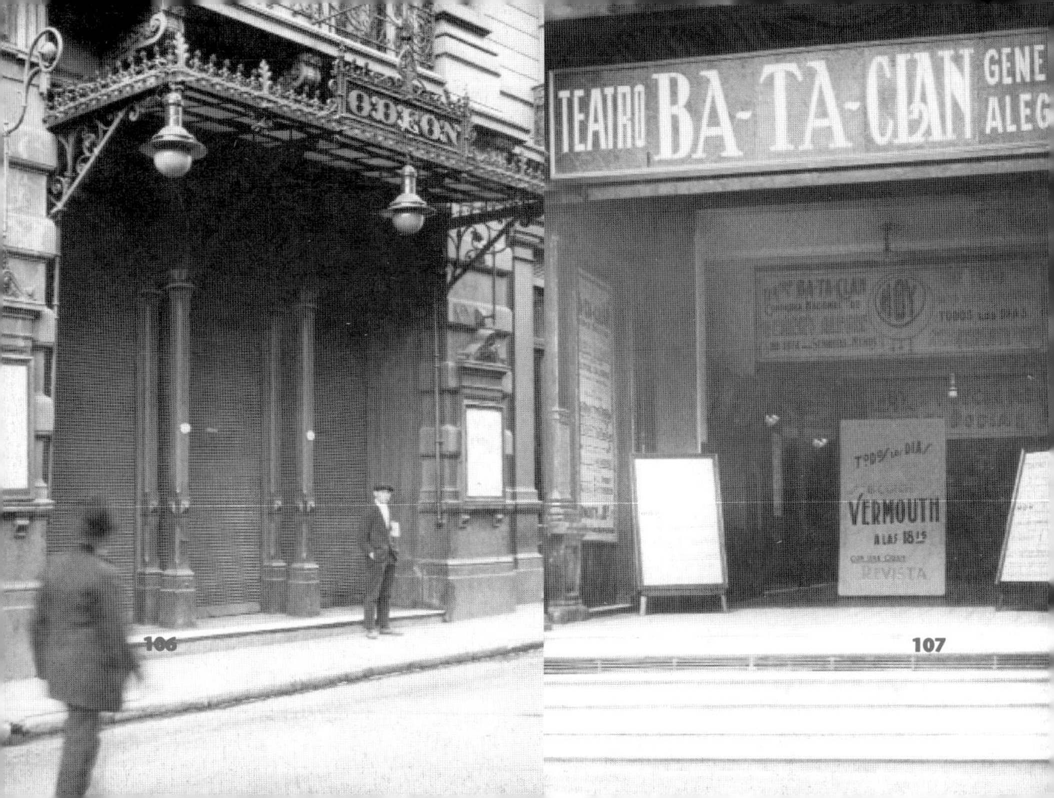
ODEON
TEATRO BA-TA-CLAN GENE
ALEG
VERMOUTH
REVISTA

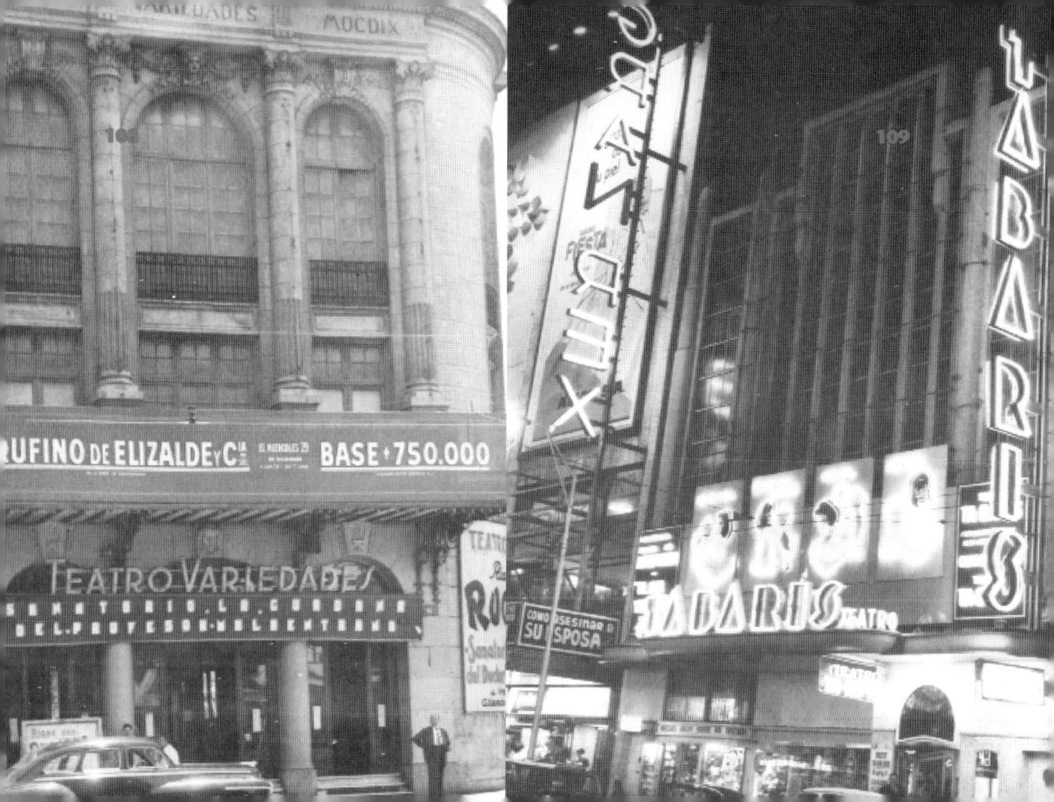
VARIEDADES
MOCDIX
UFINO DE ELIZALDE y Cia.
BASE · 750.000
TEATRO VARIEDADES
TEATRO
RIG
SU SPOSA
TABARIS
TABARIS TEATRO

COMPAÑIA DE COMEDIA
MECHA ORTIZ
ACTUACION DE
MIGUEL LIGERO
DIRECCION
JUAN JOSE BERTONASCO
TEATRO
COMPAÑIA
MECHA ORTIZ
EL EXITO TEATRAL DE BROADWAY
AMANTES EN VERANO
de CAROLYN GREEN
TRADUCCION JULIAN ORTIZ
MECHA ORTIZ
AMANTES EN VERANO
de CAROLYN GREEN
TRADUCCION JULIAN ORTIZ
MECHA ORTIZ
con MIGUEL LIGERO

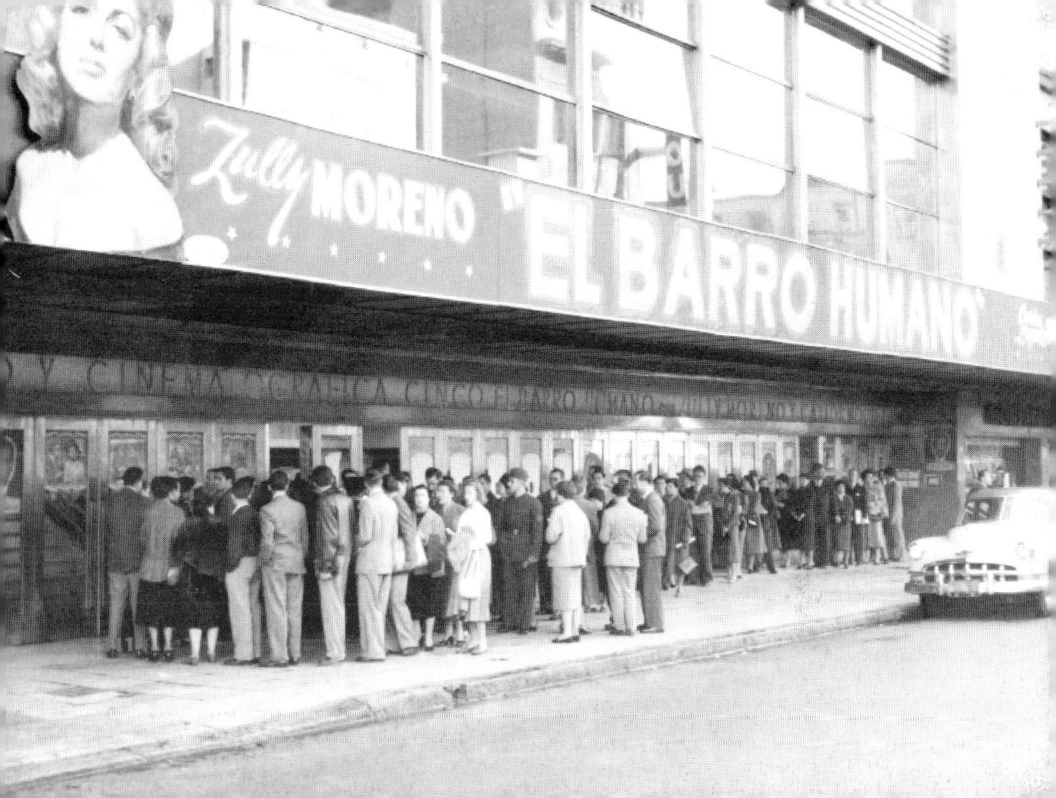

Zully MORENO "EL BARRO HUMANO"

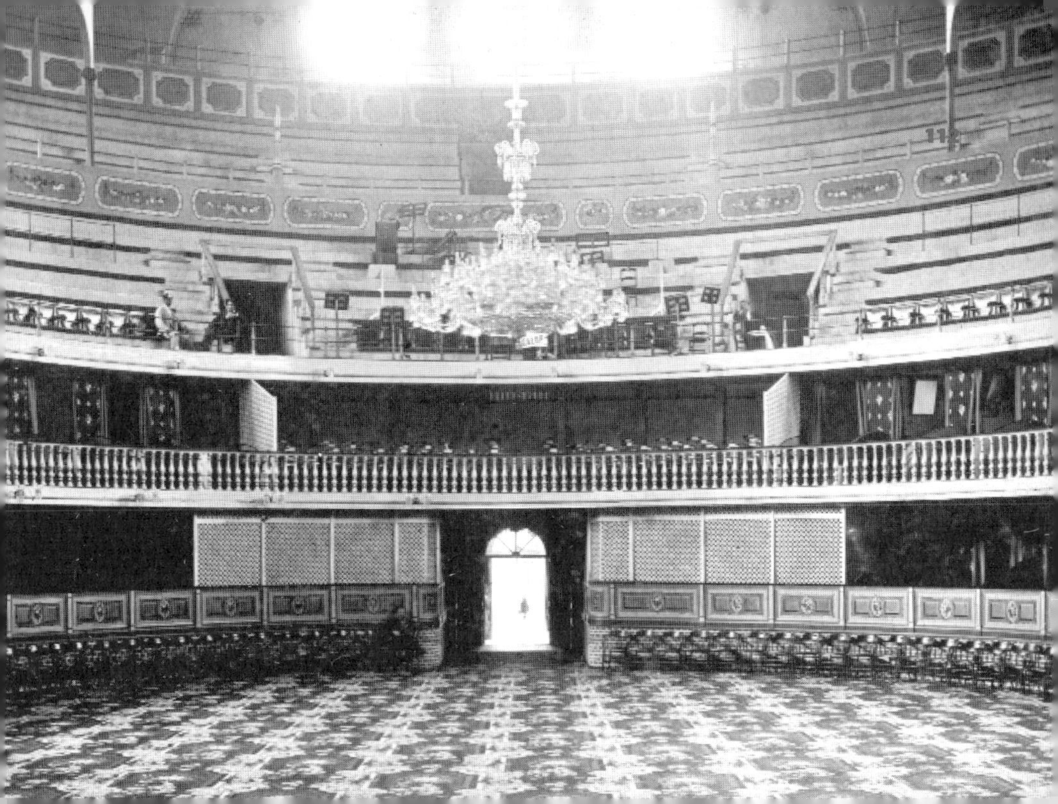

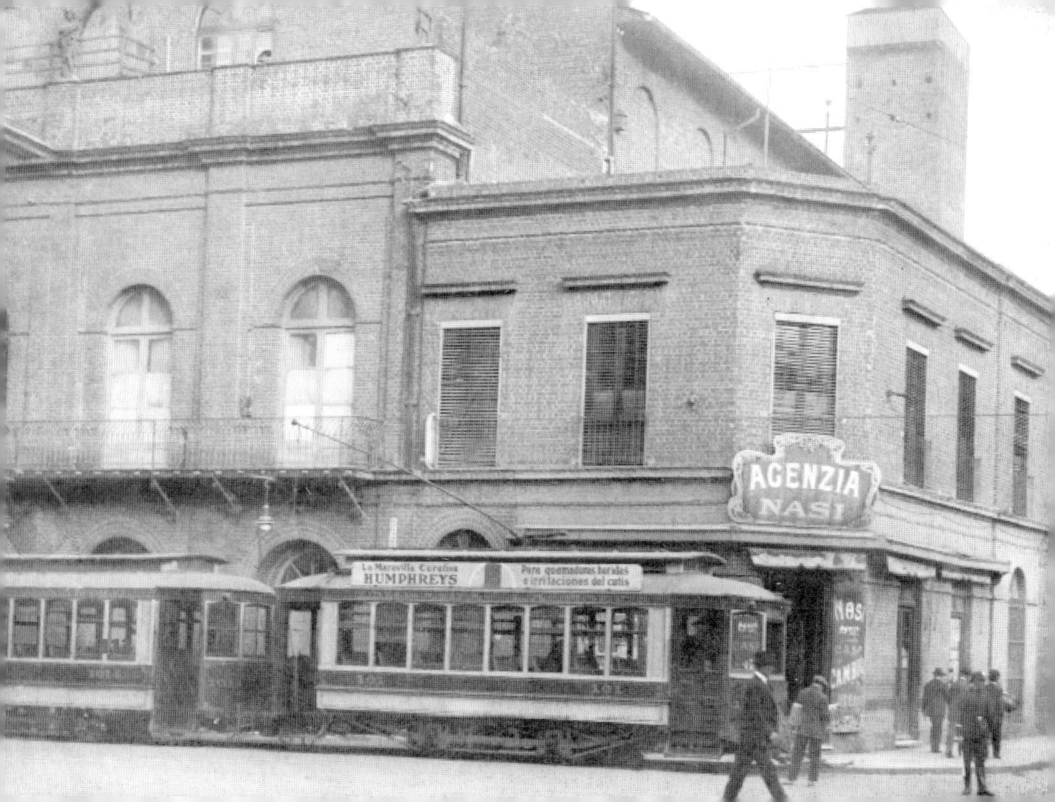
AGENZIA NASI
La Maravilla Curativa
HUMPHREYS
Para quemaduras heridas
e irritaciones del cutis

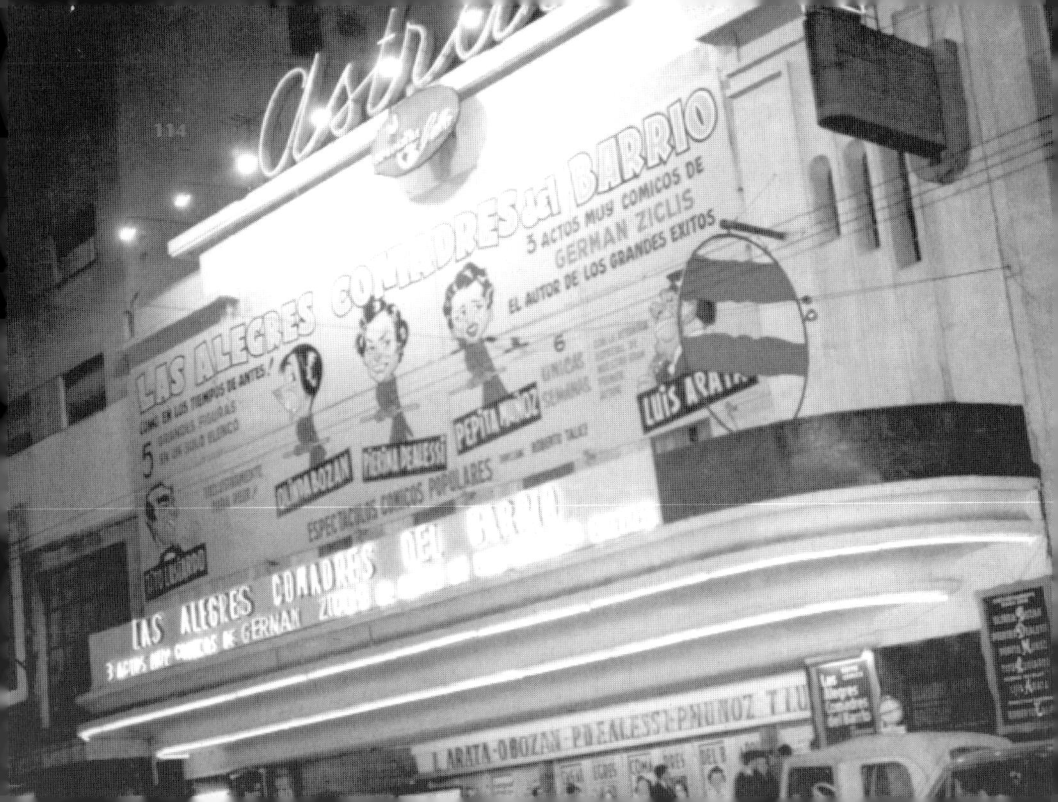
114
LAS ALEGRES COMADRES DEL BARRIO
3 ACTOS MUY COMICOS DE
GERMAN ZICLIS
EL AUTOR DE LOS GRANDES EXITOS
LUIS ARATA
ESPECTACULOS COMICOS POPULARES
LAS ALEGRES COMADRES DEL BARRIO
3 ACTOS MUY COMICOS DE GERMAN ZICLIS

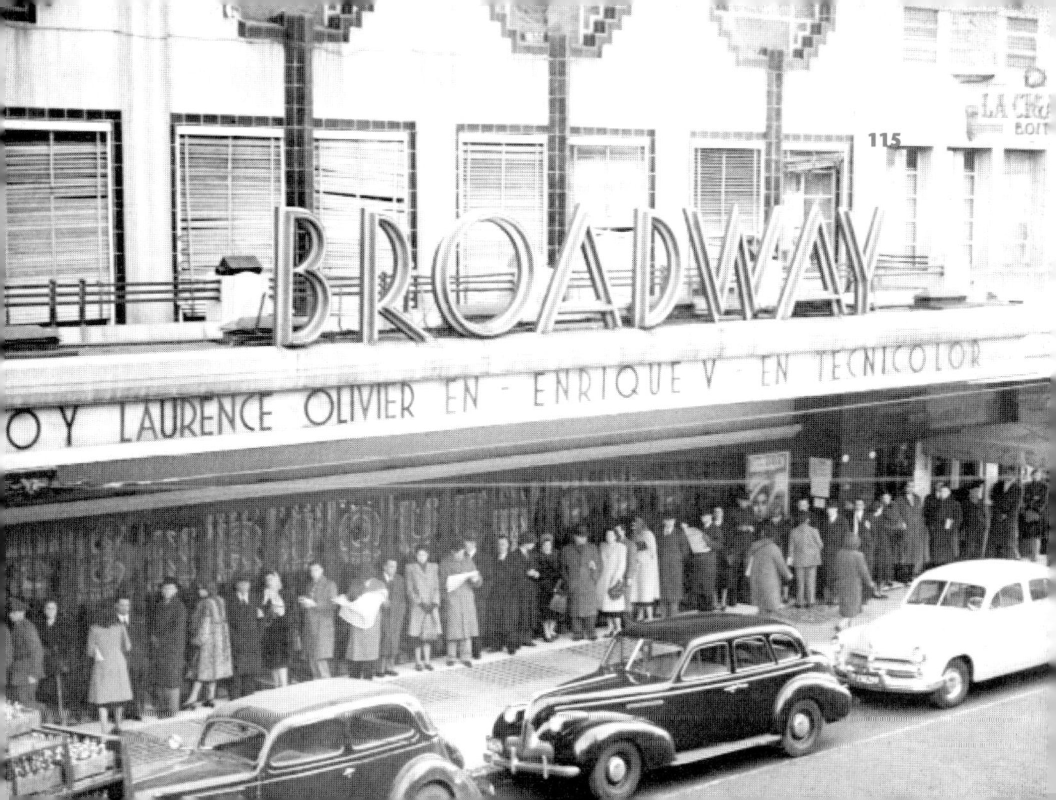
115
LA CR
BROADWAY
OY LAURENCE OLIVIER EN - ENRIQUE V - EN TECNICOLOR

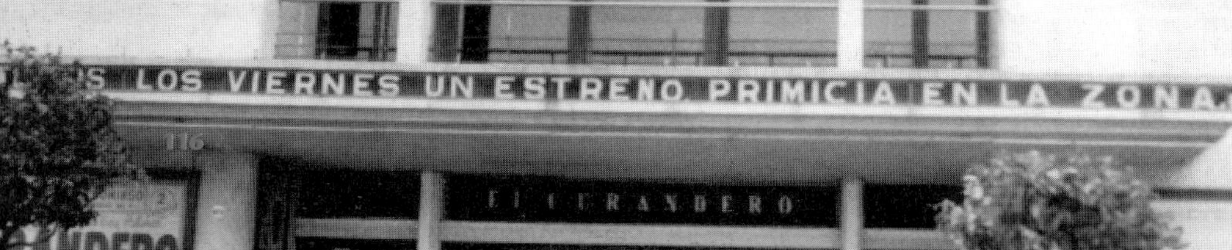
17 DE OCTUBRE
GRAN CINE TEATRO
TODOS LOS VIERNES UN ESTRENO PRIMICIA EN LA ZONA
116
EL CURANDERO
ANDERO

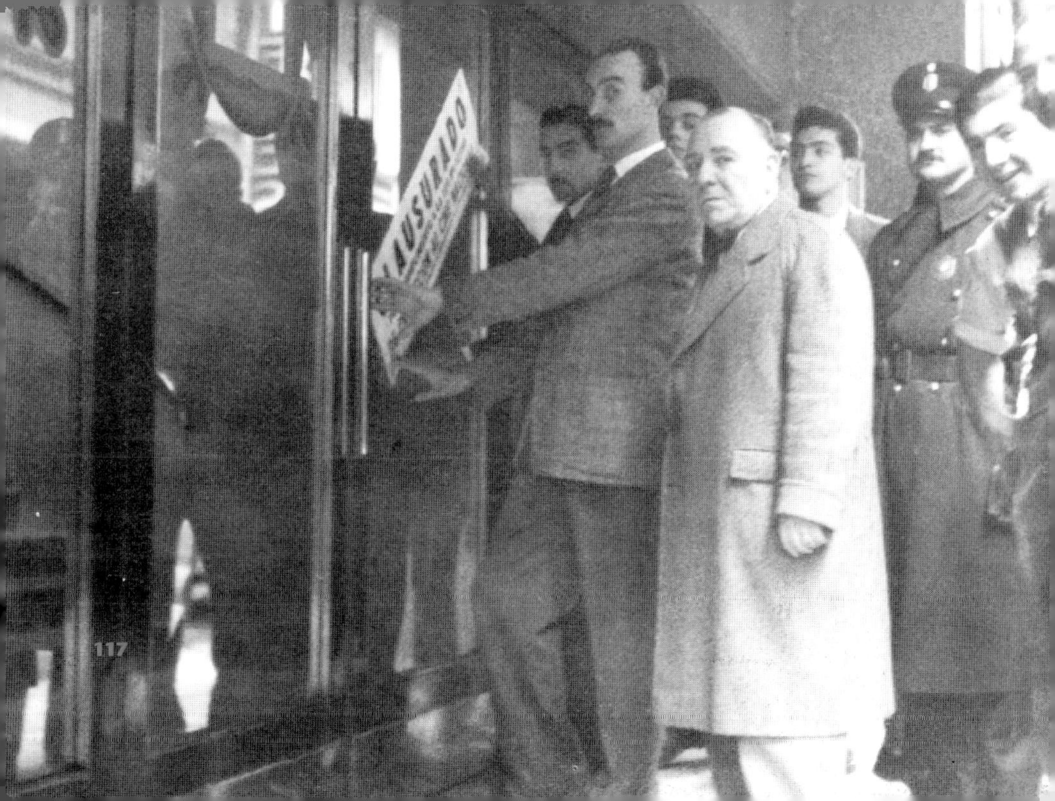
USONDO

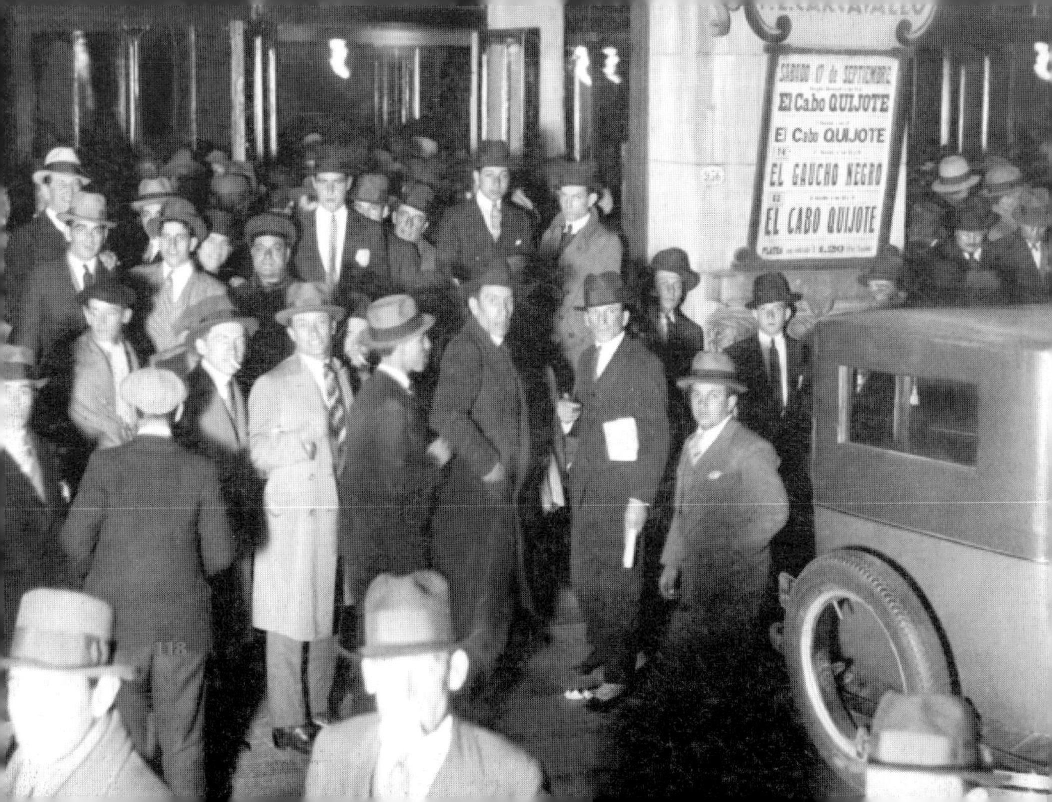
SABADO 17 de SEPTIEMBRE
El Cabo QUIJOTE
El Cabo QUIJOTE
EL GAUCHO NEGRO
EL CABO QUIJOTE

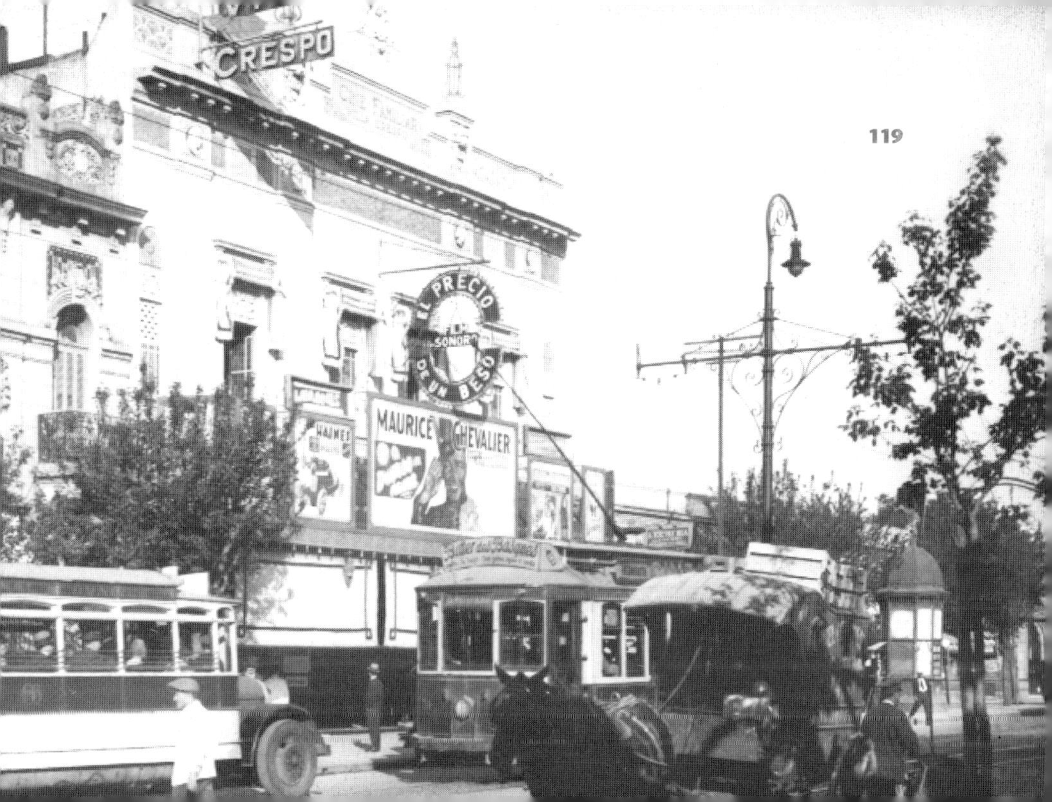
CRESPO
EL PRECIO
SONORA
DE UN BESO
MAURICE CHEVALIER

10 SEMANA DE GRAN EXITO
RIASE HOY CON
EL GRAN DICTADOR
DEL BUEN HUMOR
CARLITOS CHAPLIN
CINE MUNDIAL (Refrigeración)
CORRIENTES 959
EN CONTINUADO de 12 hs a 0.30
Radium Films Corp

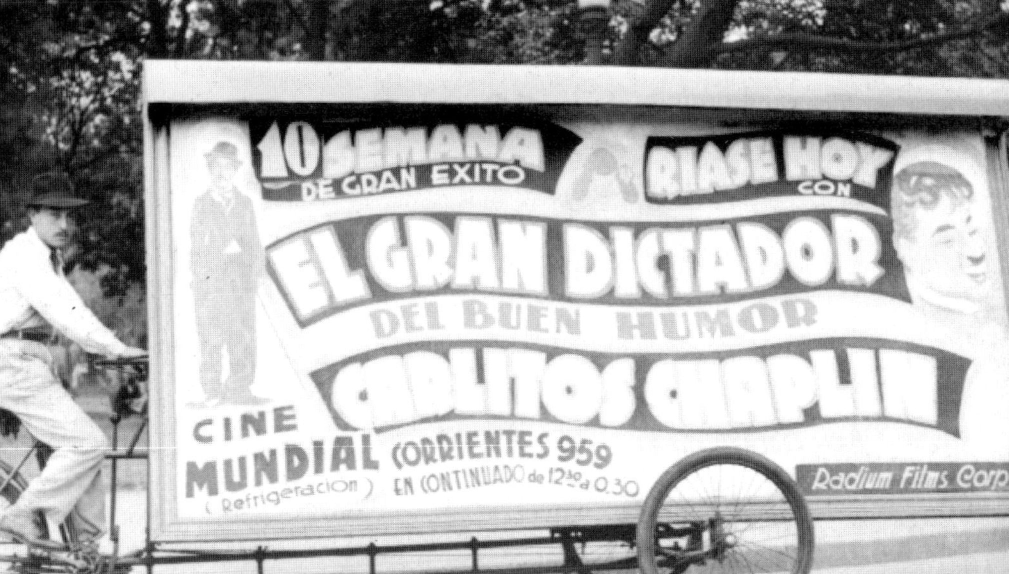

120

CARLOS GARDEL
NA QIE ME QUIERAS
TTO LISARDO
BROADWAY
CARLOS
GARDEL

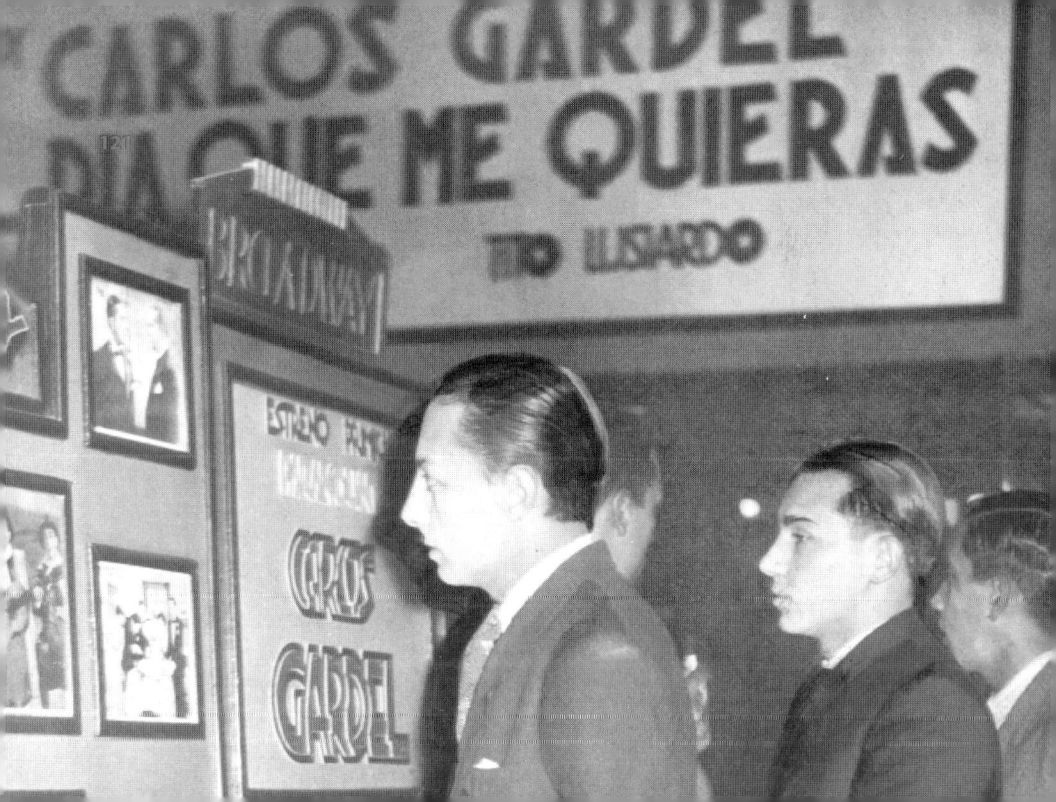

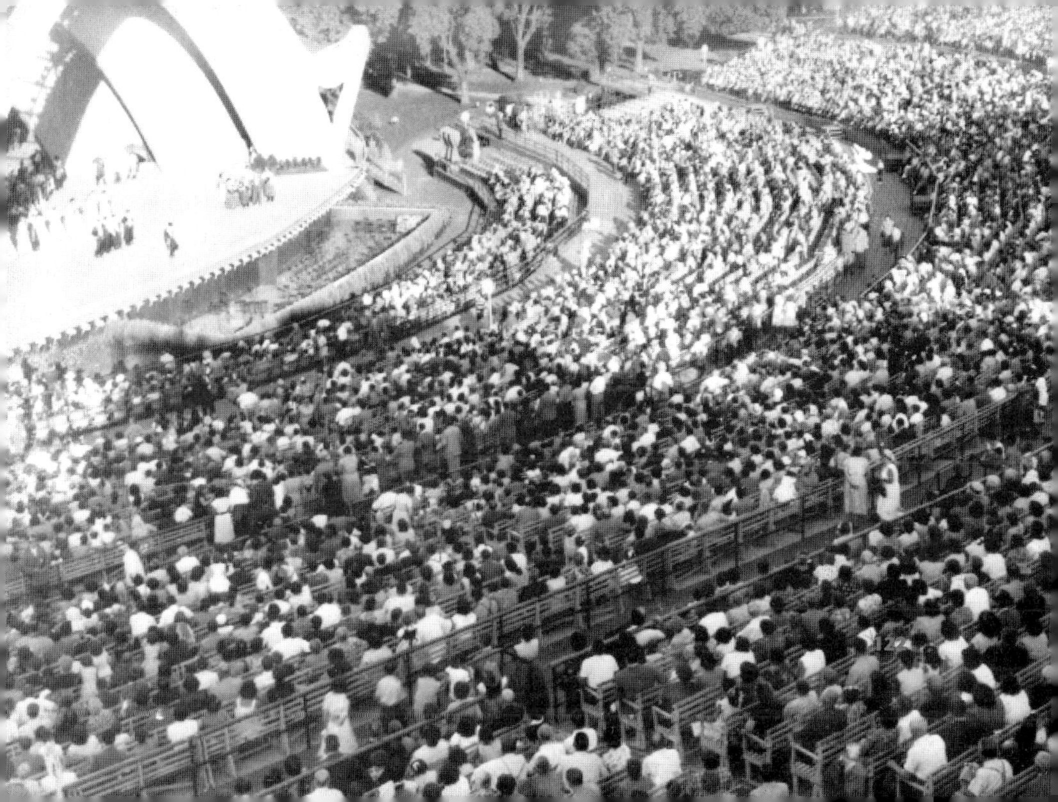

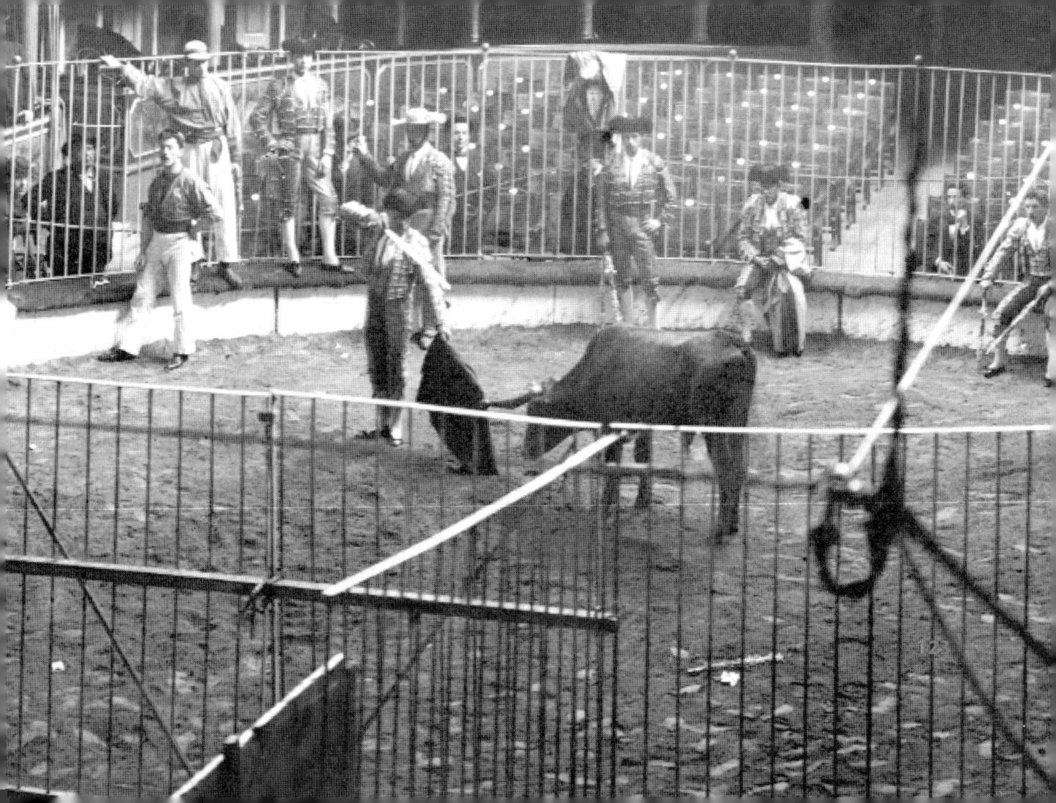

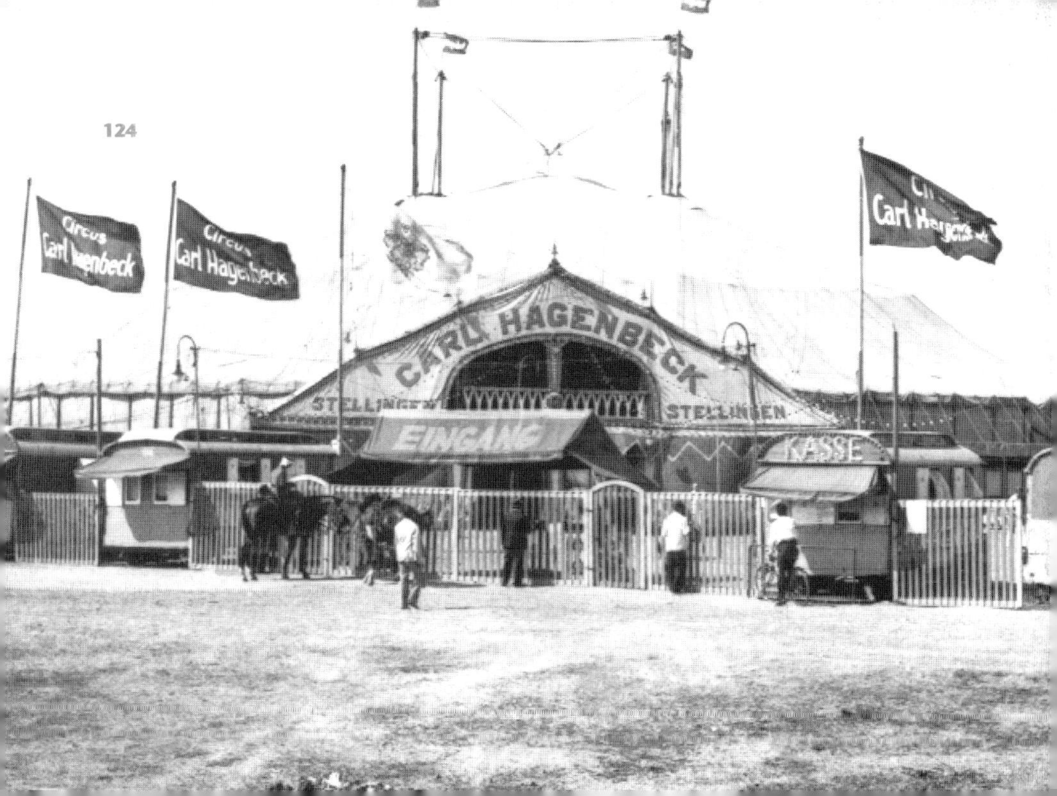
124
Circus Carl Hagenbeck
Circus Carl Hagenbeck
Circus Carl Hagenbeck
CARL HAGENBECK
STELLINGEN
STELLINGEN
EINGANG
KASSE

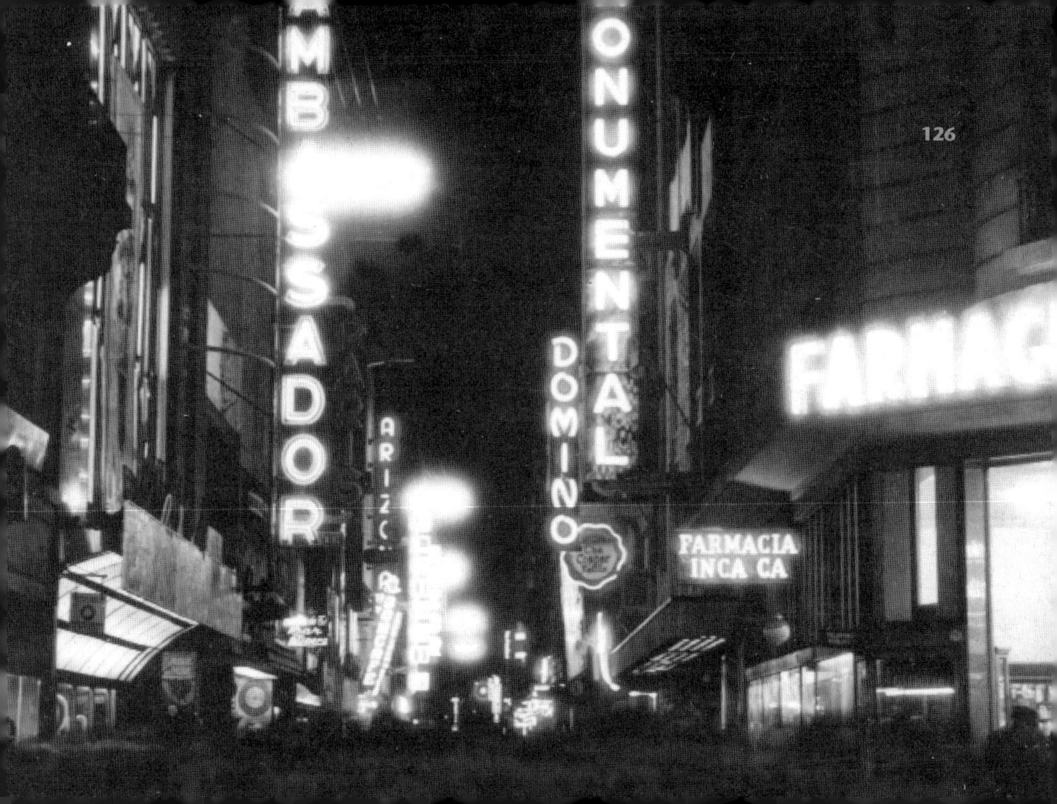

MB
SSADOR
ARIZ
ONUMENTAL
DOMINO
FARMACIA
INCA CA
FARMAC

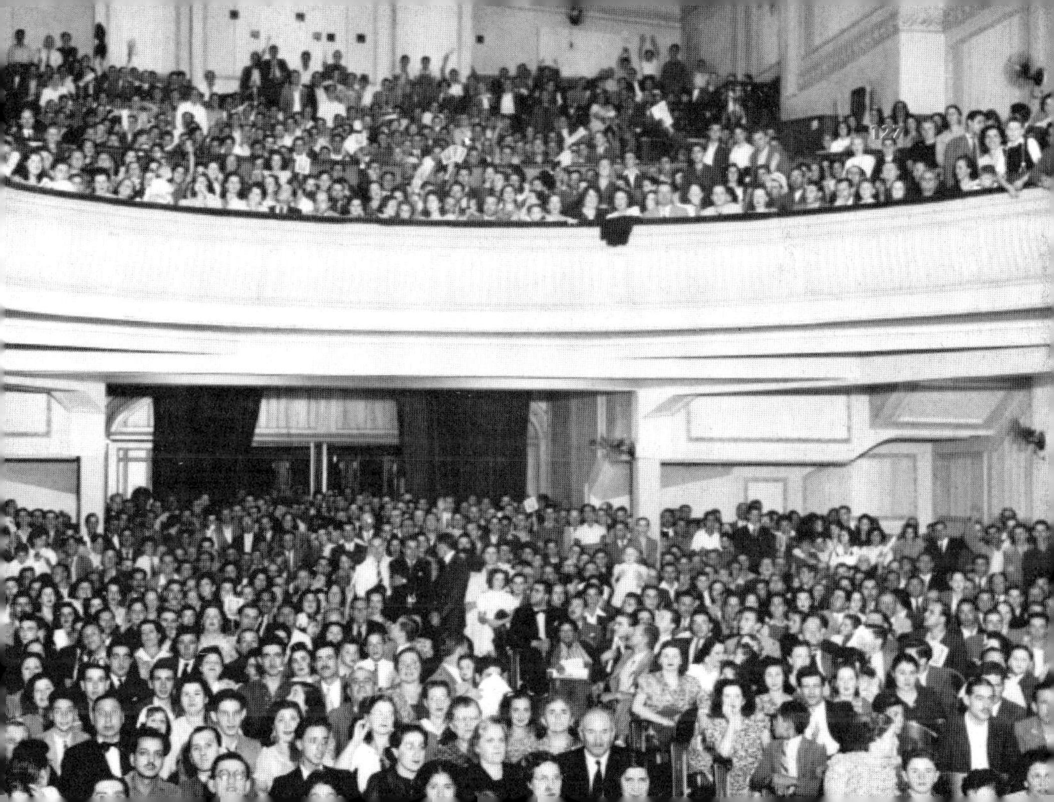
127

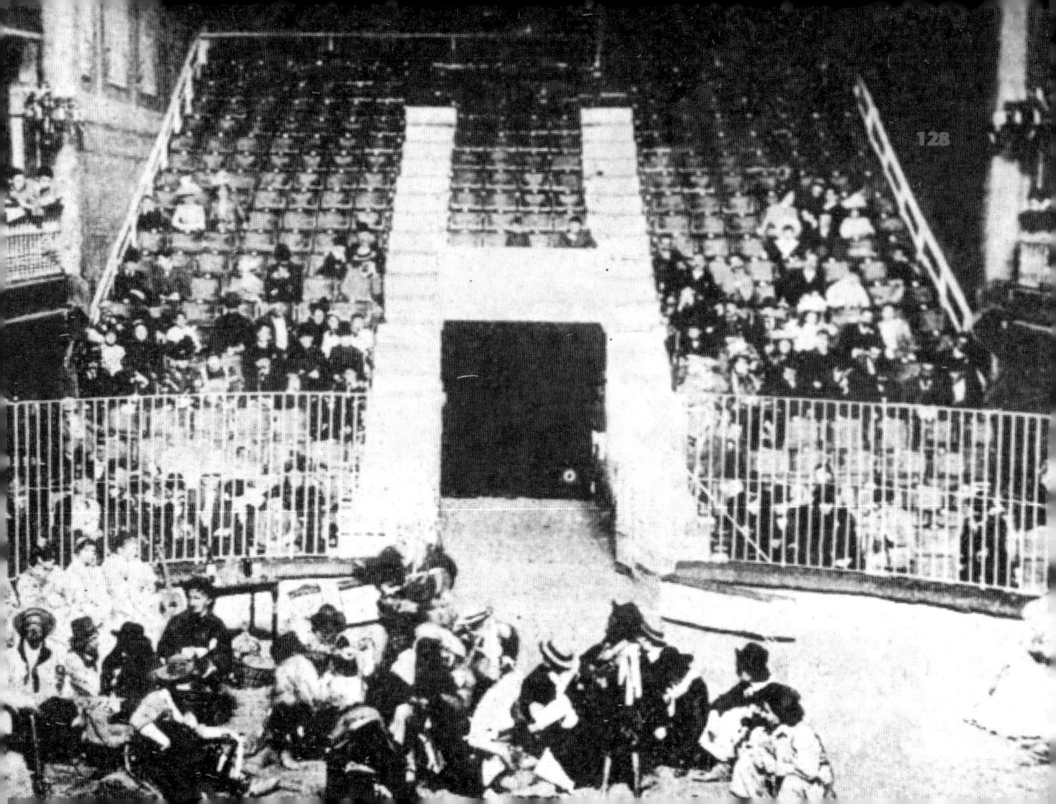
128

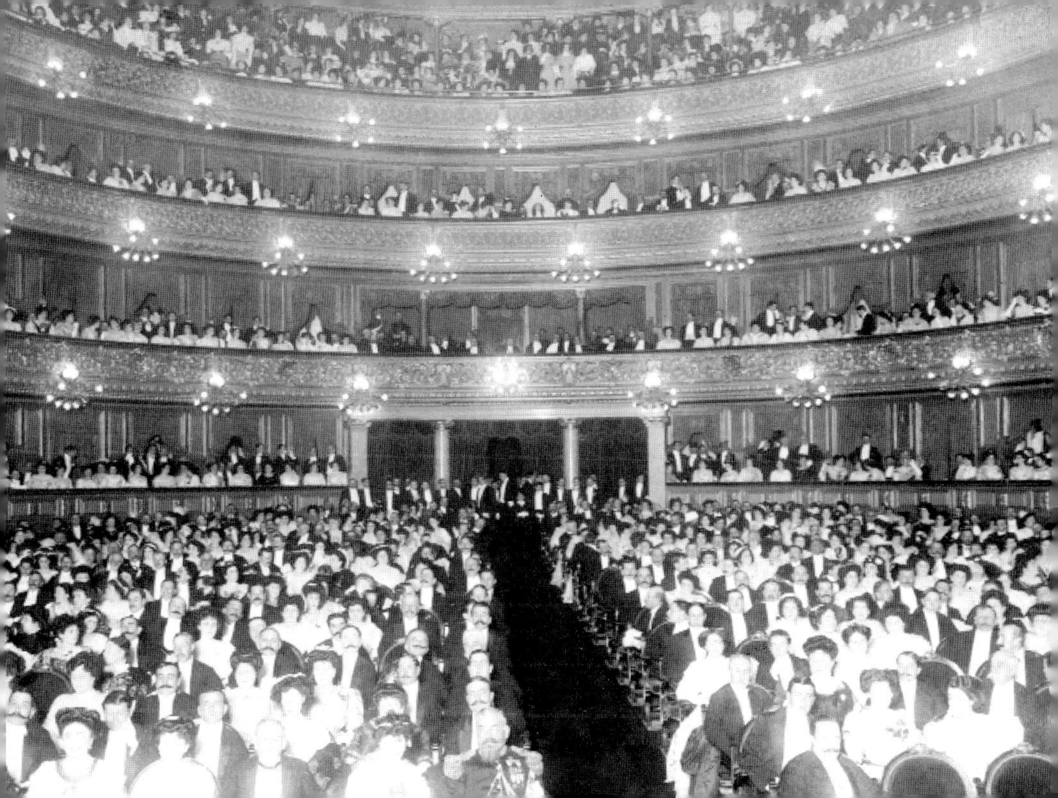

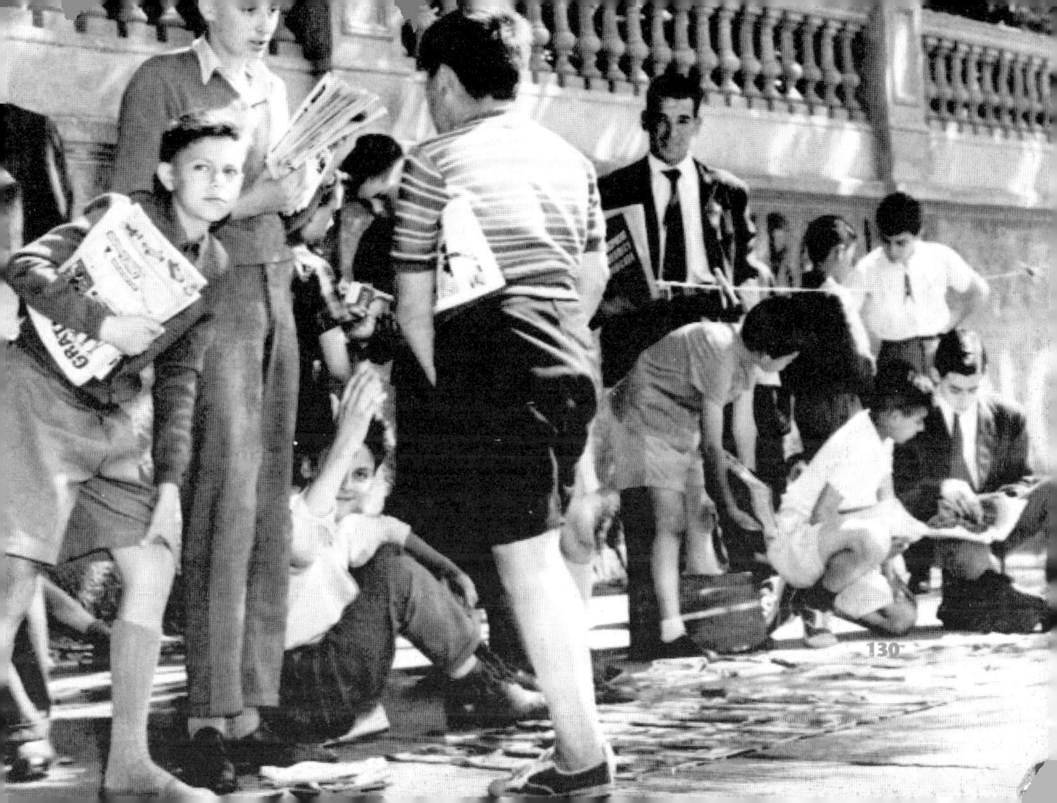
GRA

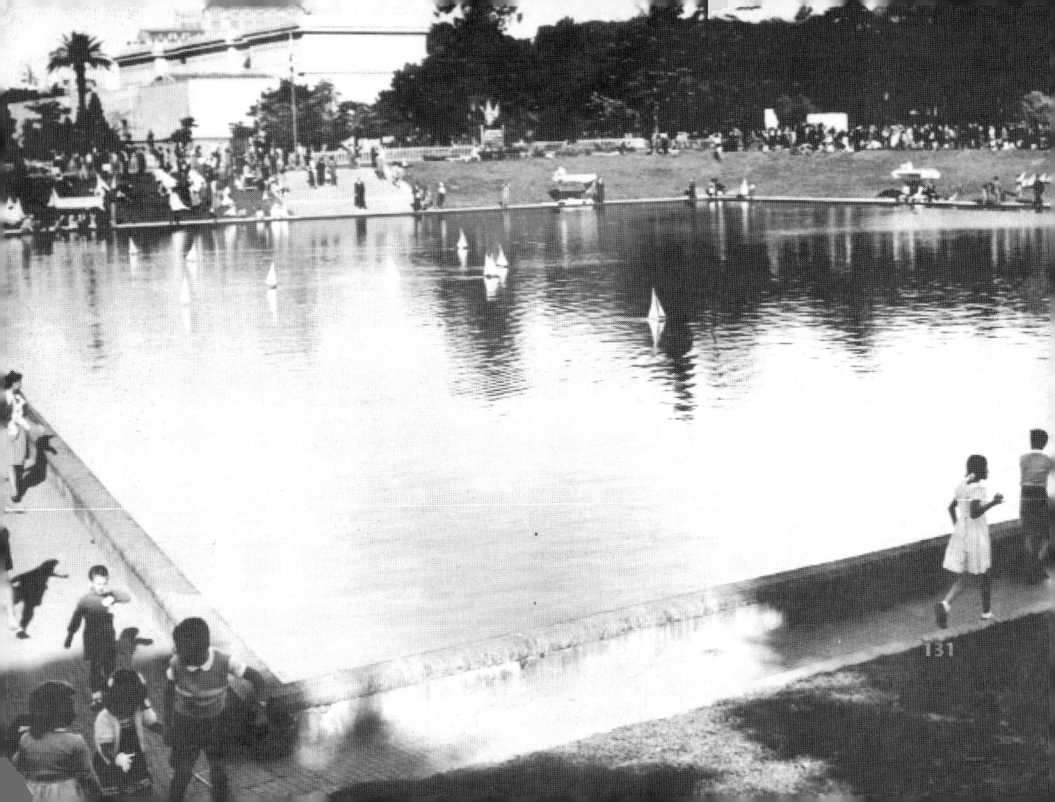

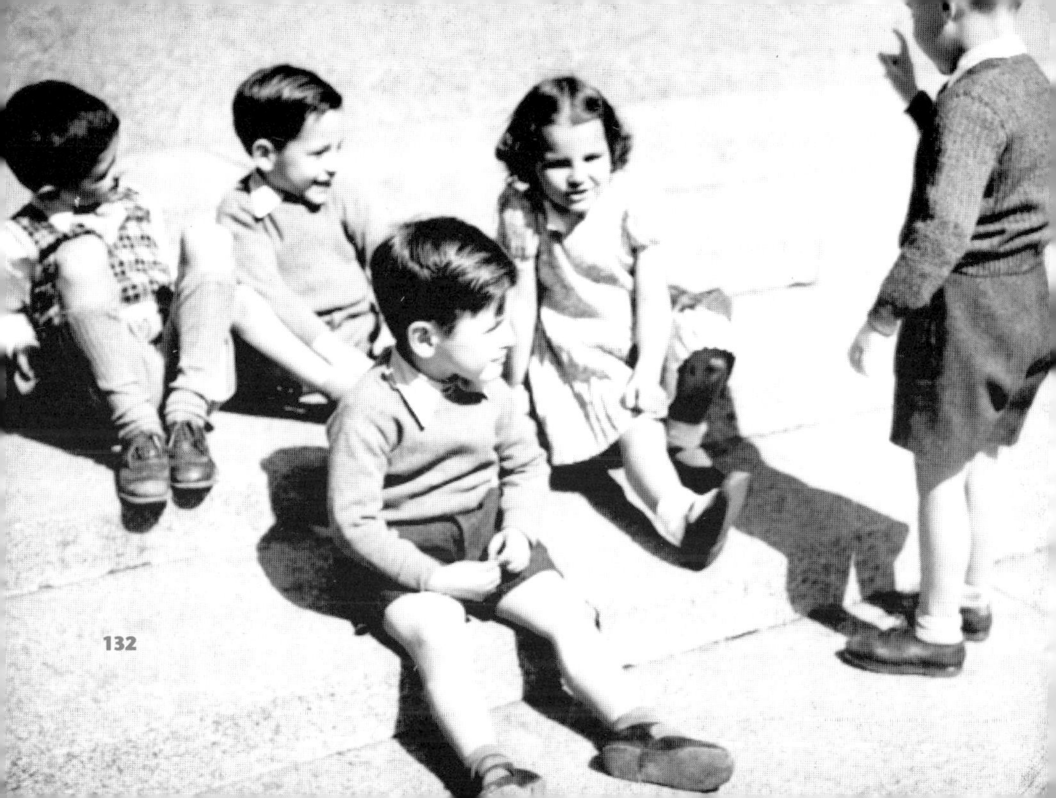

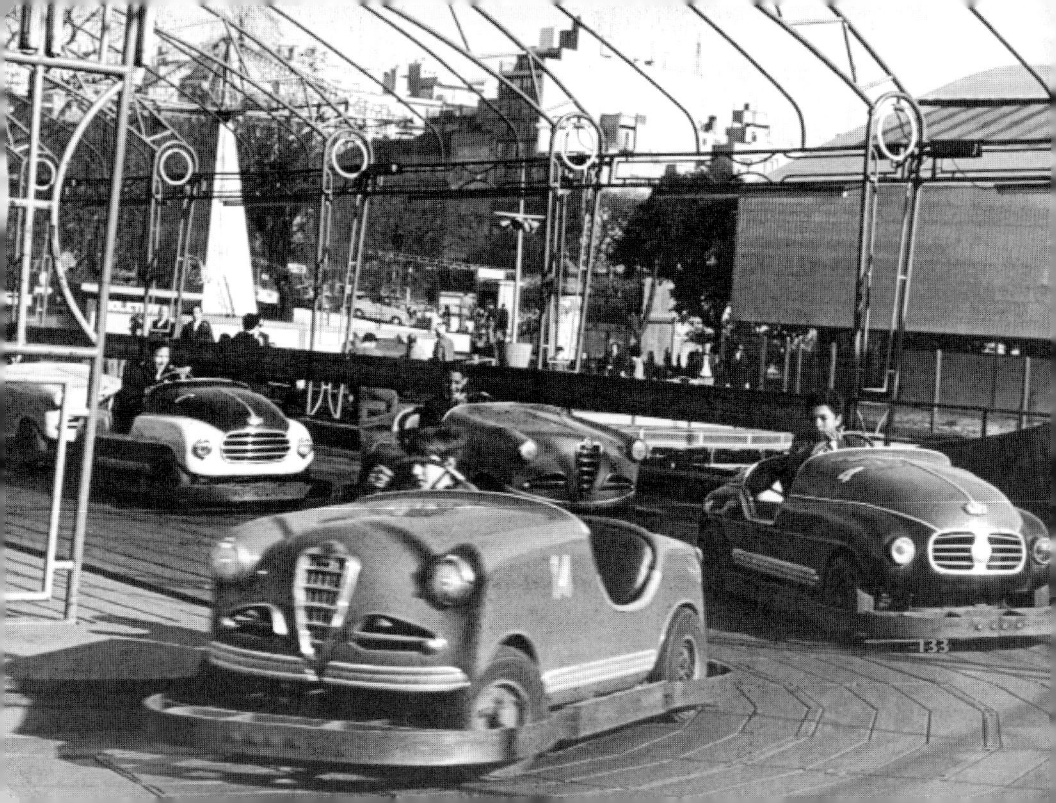

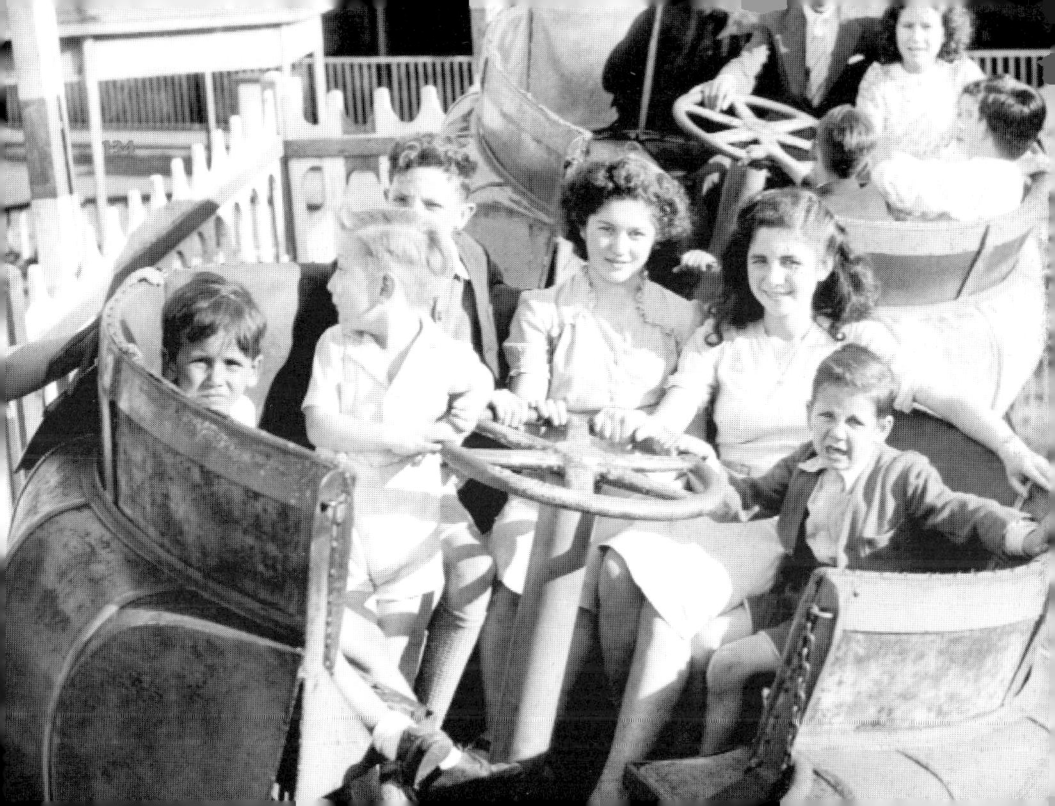

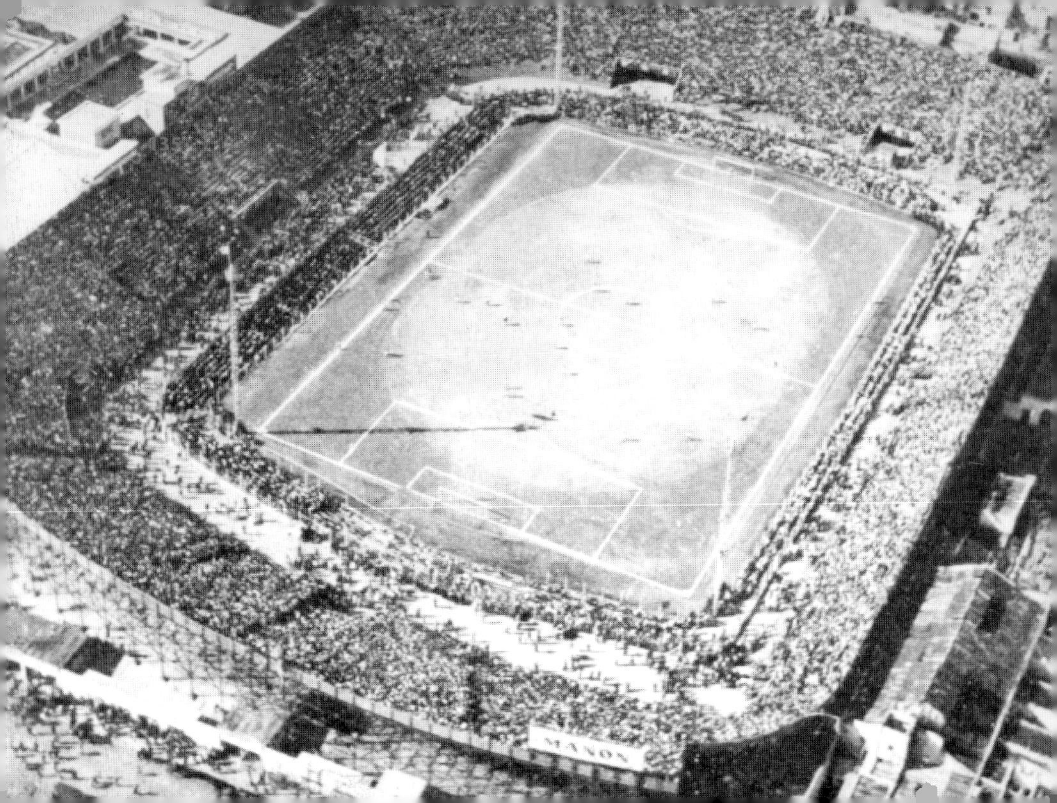
MANON

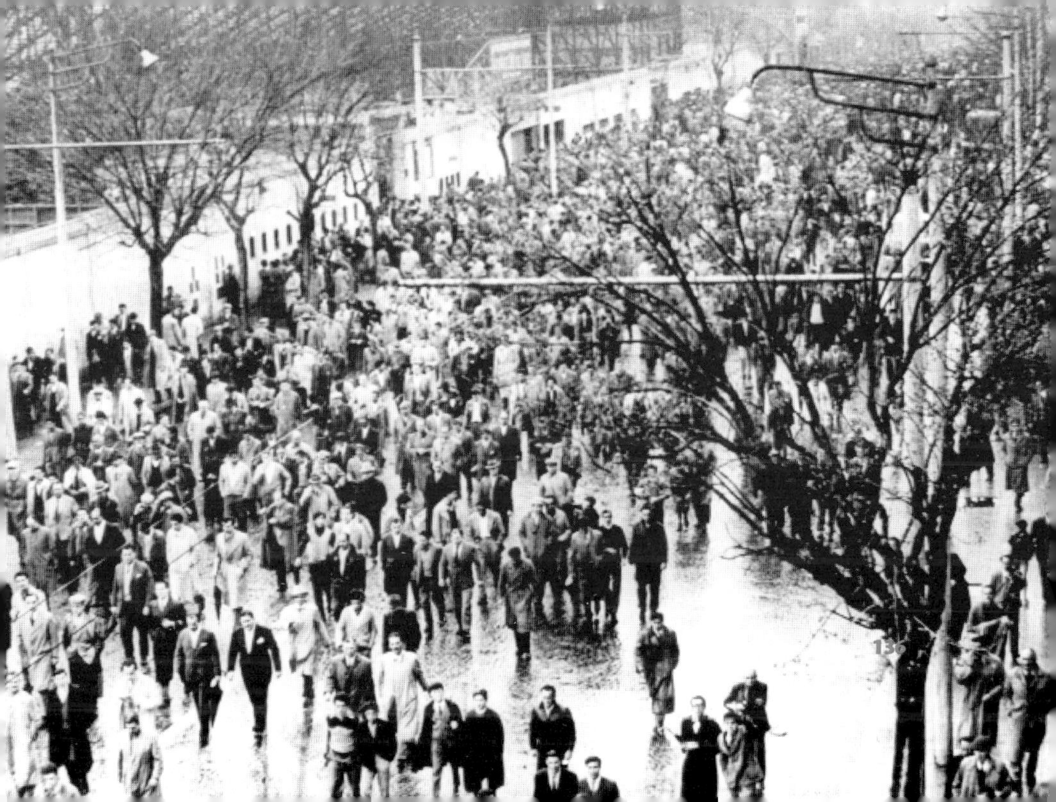
136

CINEAC

REFRIGERACION y AIRE ACONDICIONADO
ESPECTACULO PARA MENORES DE 12 A 20 Horas
CONTINUADO DE 12 A 0.30 HORAS

Programa de Hoy MIERCOLES 30 de ABRIL de 1941

1

Estreno Argentina Sono Film — Actualidades Argentinas

Noticiario PANAMERICANO Nº. 60

Nuevo embajador japonés en la Argentina. Parte el bergantín "Bear". El Hombre Montaña. Distinción al Tte. Cnel. Claudio Mejía. Homenaje a San Martín. Exposición de caballos. Racing vence a Boca

2

Primicia Fox — Deportiva

EL ROMPEHUESOS

Notable e interesante variedad de ambiente deportivo.

3

Estreno 20th Century Fox — Recién llegado por Avión
Primicia Exclusiva en Buenos Aires

MOVIETONE FOX Nº. 64

La firma del tratado fronterizo entre Colombia y Venezuela. Escuadra norteamericana en Australia. El acorazado "North Carolina" es puesto en servicio. El vice-presidente de Estados Unidos en el día del Panamericanismo. El ejército de Estados Unidos hace importantes simulacros de ataques con paracaídas

4

Estreno Primicia — Llegado por avión

NOTICIOSO ITALIANO LUCE

Guerra: FRENTE GRIEGO, bombardeos aéreos siempre más

Japón, **RUMANIA**, excepcional nevada, etc.

Actualidades Argentinas

SUCESOS ARGENTINOS Nº. 140

Se inicia en Bs. As. el campeonato sudamericano de atletismo, labor del Instituto de Medicina Experimental. Radio Argentina presenta el mecanismo de la información al minuto Sucesos locales a través de nuestras camaras. Semana de lluvias en Buenos Aires. En el senado de ºla Nación se debate la salud del Dr. Ortiz.

— 6 —

Estreno Exclusivo   Recién Llegado por avión de Alemania

Noticiario U.F.A. Nr. 495

En **VIENA**, en el palacio Belvedere, Bulgaria dá su 'adhesión al pacto tripartito, firman ante **HITLER** los ministros **CONDE CIANO, VON RIBENTROP** y el ministro bulgaro **FILOFF. TROPAS ALEMANAS ENTRAN EN BULGARIA** y en grandes contingentes avanzan por Rumania, notables divisiones blindadas y acorazadas, tambien tropas de infantería artillería y unidades motorizadas se dirigen a la frontera Rumano-Bulgara, puente tendido sobre el Danubio. Dragaminas, torpederos y destructores alemanes sobre el Canal. Misión de los Caza-submarinos. Ejercicios de sanidad en las montañas. Un prisionero francés es libertado por salvar la vida de dos niños alemanes. Llega a Berlin el nuevo embajador japonés gral Oshima. Grave catastrofe en un mercado de Francia/ Solemnes fiestas religiosas en España. Labores de las organizaciones femeninas en Yokohama, etc.

— 7 —

Estreno Primicia R·K·O   En técnicolor

PIRATA DE COCINA

Extraordinario dibujo de Walt Disney habilmente interpretada por el famoso perro Pluto.

091 Cine Premier, julio de 1954. Los oficiales de la aeronáutica asisten a la función de las películas *Argentina de Fiesta* y *Alas Argentinas* en versión 3D.

092 Teatro Enrique Santos Discépolo. Se inauguró en 1924 con el nombre de Presidente Alvear. Durante la primera presidencia de Perón, el gobierno rescindió la concesión y se la entregó a la Subsecretaría de Informaciones, que lo utilizó como medio para difundir las acciones políticas del gobierno. Por eso, en la foto se lee "realidades peronistas". En 1955, vuelve a sus manos originales y también a su nombre. En 1973, se repitió la historia. A partir de 1980 pasó a depender del Teatro Colón.

093 Teatro Colón. El primer Teatro Colón de la ciudad de Buenos Aires estaba ubicado en la esquina de la calle Reconquista y Rivadavia, frente a la Plaza de Mayo, en el mismo solar que hoy ocupa el Banco de la Nación Argentina. El nuevo teatro se levantó en los terrenos que había dejado la estación del Parque del Ferrocarril al Oeste.

094 Teatro Colón. Se inauguró en 1908. Tiene capacidad para 2487 espectadores sentados. Su sala cuenta con una de las mejores acústicas del mundo.

095 Maquinistas del Teatro Colón, año 1938.

096 El Teatro Colón antes de que se abriera la Avenida 9 de Julio. Esta foto fue tomada desde el dirigible *El Plata*.

097 Luna Park. Llegada de Horacio Acavallo, 8 de marzo de 1966. El Luna Park se inauguró en 1931. El terreno sobre el que fue construido está ganado al río. Fue el escenario principal del boxeo argentino de la mano de su dueño, Tito Lectoure. Aquí se velaron los restos de Carlos Gardel, muerto en un accidente aéreo en la ciudad de Medellín, y también se conocieron el entonces teniente Juan Perón y la actriz Eva Duarte.

098 Teatro Liceo, año 1926. Se inauguró en 1876. En la actualidad es el teatro más antiguo de la ciudad y uno de los pocos que quedan con estructura de palcos y galerías.

099 Teatro Coliseo Argentino. Se inauguró en 1905, varias décadas después se le cambiaría la fachada.

100 Teatro Casino, febrero de 1903. Sala llena para ver un espectáculo de lucha romana.

101 Teatro Ópera, antes del ensanche de la calle Corrientes. Se comenzó a construir en el año 1871 y se transformó en la sala lírica más importante de la ciudad. Luego, con la aparición del Teatro Colón y el Coliseo, debió ampliar su repertorio a espectáculos más populares. Buenos Aires llegó a contar con siete salas líricas a principio del siglo XX.

102 Empire Theatre. Quedaba en la esquina de la calle Corrientes y Maipú. Fue uno de los míticos escenarios donde cantó Carlos Gardel.

103 Orquesta para llamar la atención. El Palacio de Novedades se levantó en el mismo lugar en el que antes había estado el primer teatro El Nacional en la calle Florida.

104 Teatro Maipo, noviembre de 1935. Se lo asocia con el espectáculo de revistas como el Bataclán, de donde saldría el apodo de "bataclana" para las bailarinas del teatro de revistas, palabra muchas veces utilizada en forma despectiva.

105 Teatro Maipo. En 1917 se llamaba Esmeralda. Allí, Carlos Gardel presentó el primer tango cantado como lo conocemos hoy. Fue escenario de artistas internacionales como Lola Membrives.

106 Teatro Odeón. Fue uno de los grandes teatros de la ciudad. Aquí se realizó la primera exhibición de cine en Buenos Aires. Lamentablemente fue demolido en 1991 para construir una playa de estacionamiento.

107 Teatro Bataclán, calle 25 de Mayo. "Género alegre". Aquí, en 1925 debutó como corista la actriz Tita Merello.

108 Teatro Variedades, octubre de 1958. Se inauguró en 1872 y fue uno de los grandes escenarios porteños. En la foto vemos el cartel anunciando su remate, como sucedió con muchos teatros de la ciudad.

109 Teatro Tabaris, octubre de 1965. Estaba en la Avenida Corrientes al 800. Comenzó como un restaurante exclusivo, y en la década del '60 se convirtió en uno de los más importantes teatros de revista.

110 Pequeño Teatro, mayo de 1962. Quedaba en la calle Bartolomé Mitre 1259. Como vemos en la foto, allí actuaba la actriz Mecha Ortiz y su compañía de comedia.

111 Cine Teatro Gran Rex. Es un hito de la arquitectura moderna en Buenos Aires. Su arquitecto, Alberto Prebisch, se inspiró en la sala del Radio City de Nueva York. Se inauguró en 1932.

112 Interior del Teatro Politeama. Antes de 1874, en el lugar se levantó una carpa de circo, que luego se mejoró con una estructura de madera y paredes de ladrillo. Se lo llamó Arena. El 6 de septiembre de 1879 se inauguró el teatro Politeama Argentino con *Otelo*, de Shakespeare.

113 Triunvirato y Paraná, año 1926. El frente del teatro Politeama Argentino era de ladrillos rojos. Allí se estrenó, en 1884, la obra *Juan Moreira*. En el año 1886 Sara Bernhardt se presentó con *Fedra*, de Sardou. En 1936, tuvo nuevos dueños que lo reconstruyeron y modernizaron. Hoy es un estacionamiento.

114 Teatro Astral, mayo de 1962. Está en la Avenida Corrientes al 1600. Fue el último escenario teatral donde actuó Luis Sandrini en 1972.

115 Cine Teatro Broadway. Se inauguró en octubre de 1930. El arquitecto fue el húngaro Jorge Kálnay, el mismo que construyó la cervecería Munich de la Costanera Sur. Fue la primera sala de Sudamérica que contó con aire acondicionado. Se la llamaba "El Palacio del Espectáculo".

116 Cine 17 de Octubre. Evidentemente, inaugurado durante la presidencia de Juan Domingo Perón.

117 Clausura del cine Iguazú por incumplimiento de la ley 12.999 de Protección al Cine Nacional durante el gobierno del general Perón.

118 Teatro El Nacional. Se inauguró en 1906, pero por una ley vigente en ese momento, se llamó National. Por su escenario desfilaron los mejores actores del momento, incluido Carlos Gardel. Éste fue el último teatro porteño en el que cantó antes de su accidente. A partir de 1950 lo tomó el empresario Carlos A. Petit que, junto con Enrique Muscio, marcaron la historia del teatro de revistas.

119 Cine Familiar Villa Crespo, octubre de 1930. Quedaba en Triunvirato 835 (hoy Avenida Corrientes 5535). Era una sala para espectáculos "familiares y morales", y se destacaba su "higiene rigurosa".

120 Publicidad callejera de *El Gran Dictador*, 8 de marzo de 1941. En plena Segunda Guerra Mundial, Charles Chaplin estrenó esta gran película donde parodiaba a Hitler.

121 Cine Broadway, *El Día que me quieras*, con Carlos Gardel. Fue una de las películas más famosas del cantante. Se filmó en Nueva York, en 1935. En un carta Gardel escribía: "(…) La película que debía durar trece días, duró dieciocho y además en todo sentido el trabajo ha sido mayor que de costumbre. Pero estoy muy contento con los resultados y creo que la película que acabamos de terminar, y que se titula *El día que me quieras* es muy superior a todo lo que he hecho hasta ahora". Meses más tarde volvía a escribir a un amigo: "(…) A mí la película me volvió a causar una impresión inmejorable y sigo creyendo que es mi mejor trabajo cinematográfico y que hemos matado el punto con las canciones. Me alegra la noticia de que se estrena en julio y espero que llegaré con los laureles fresquitos a Buenos Aires".

122 Anfiteatro Municipal en el Parque Centenario, 20 de septiembre de 1953. Este parque en forma ovalada comenzó a construirse en 1909, y se inauguró en 1910 durante los festejos del Centenario de la Revolución de Mayo.

123 Corrida de Toros en el viejo Teatro San Martín. Luego se prohibirían, pero mientras duraron, eran un espectáculo bastante popular.

124 Circo Hagenbeck, marzo de 1937. Era un famoso circo italiano. Algunos de sus animales luego recalaron en el Zoológico de Buenos Aires.

125 Programa de cine.

126 Calle Lavalle, octubre de 1957. Así como Corrientes es la calle de los teatros, Lavalle era la de los cines, en sólo cinco cuadras llegaron a haber 16 cines. Es peatonal desde 1977.

127 Interior del cine Villa Crespo. Por la foto vemos que, efectivamente, era un cine familiar.

128 Reunión de gauchos en el viejo Teatro San Martín. Las representaciones gauchescas tuvieron su época de esplendor en Buenos Aires.

129 Función de gala en el Teatro Colón. Hasta el día de hoy, las funciones de gala son los eventos musicales más importantes de la ciudad.

130 Feria del Parque Rivadavia, año 1957. El parque ocupa parte de lo que era la quinta de la familia Lezica, por lo que durante mucho tiempo se lo conoció con este nombre. Fue inaugurado en 1928. Allí funciona una famosa feria de libros, revistas y filatelia. Muchas son las generaciones de porteños que canjearon aquí sus revistas de historietas los fines de semana.

131 Pileta con barquitos. Al lado del Museo Nacional de Bellas Artes, este piletón sufrió muchas modificaciones, pero siempre fue un espacio para el divertimento "náutico" de grandes y chicos.

132 Chicos de Buenos Aires. Ésta es una ciudad famosa por sus plazas, donde los niños de todos los tiempos hacen sus primeros amigos.

133 Ital Park. Línea moderna de autos de carrera. Este parque de diversiones estaba ubicado en la Avenida del Libertador y Callao, donde hoy está el parque Thays. Se inauguró en 1960 y se cerró luego de un trágico accidente, en 1990.

134 Parque de Retiro, año 1947. Parque de diversiones que quedaba donde hoy se levanta el hotel Sheraton.

135 Cancha de San Lorenzo. El cura salesiano Lorenzo Massa fundó el 1° de abril de 1908, un club para que los muchachos del barrio practicasen fútbol a cambio de que asistieran a misa los domingos. El primer nombre fue "Los forzosos de Almagro", luego, en honor al cura, se lo rebautizó San Lorenzo de Almagro. Pero el apodo con el que se lo conoce popularmente es "El Ciclón".

136 Avenida La Plata/Cancha de San Lorenzo. La vieja cancha de San Lorenzo quedaba en la Avenida La Plata al 1700, popularmente conocida como "El Gasómetro".

137 Programa de cine. La función era continuada. Los noticieros eran una atracción importante del espectáculo.

ENISS. MVY ALTO Y
eñor, el Infante. D. Carlos. N. S
ça de vaca, adelantado y gouerna
lata.　　Paz y felicidad.

salido el año de. XXXVII. de aquella
eregrinacion dela Florida, donde. N. S. vſo
res beneficios, delos quales para teſtimonio
ia, vſada ſiempre deſde el principio del mu
ılarmēte comigo, y Dorātes, y Caſtillo mal
de. CCC. hōbres que hauiamos entrado e
: Naruaez: y duramos guardados, y librados
en aquella tierra tan remota, y con aquella g
de. X. años nos acóteſcieró. Y para exéplo
rtos y ſeguros q̃ la poderoſa mano de Dios (
quiera parte del mūdo los guiara y ayudara:

parte de la tierra vaya la memoria, teſtimon
edes que Dios hizo a ſu ſubdito. Deſpues
geſtad continuar comigo ſus marauillas, mou
abuelo a q̃ me embiaſſe el año de. X L. co
rana (q̃ llamo Solis rio dela plata) a ſocorre
leſcubrimiento de. D. Pedro de Mendoça (
nlo q̃l paſſe muy grandes peligros y trabajos,
larmẽte vera en eſtos cómentarios (q̃ có gra
riuio Pero fernandez ſecretario del adelant
quien yo los encargue) los quales van juntos
ſos, porque la variedad delas coſas, que enla
rañã, y lade mis acontefcimientos: detenga
o en eſta lектion. Que cierto no hay coſa q̃
q̃ las variedades de las coſas y tiempos : y las
uales aun que al tiempo que ſe experimẽtan
as traemos ala memoria y leemos, ſon agrada
mo. N. S. ha ſido ſeruido de lleuar adelante
beneficios: que ſeria coſa muy juſta y muy de

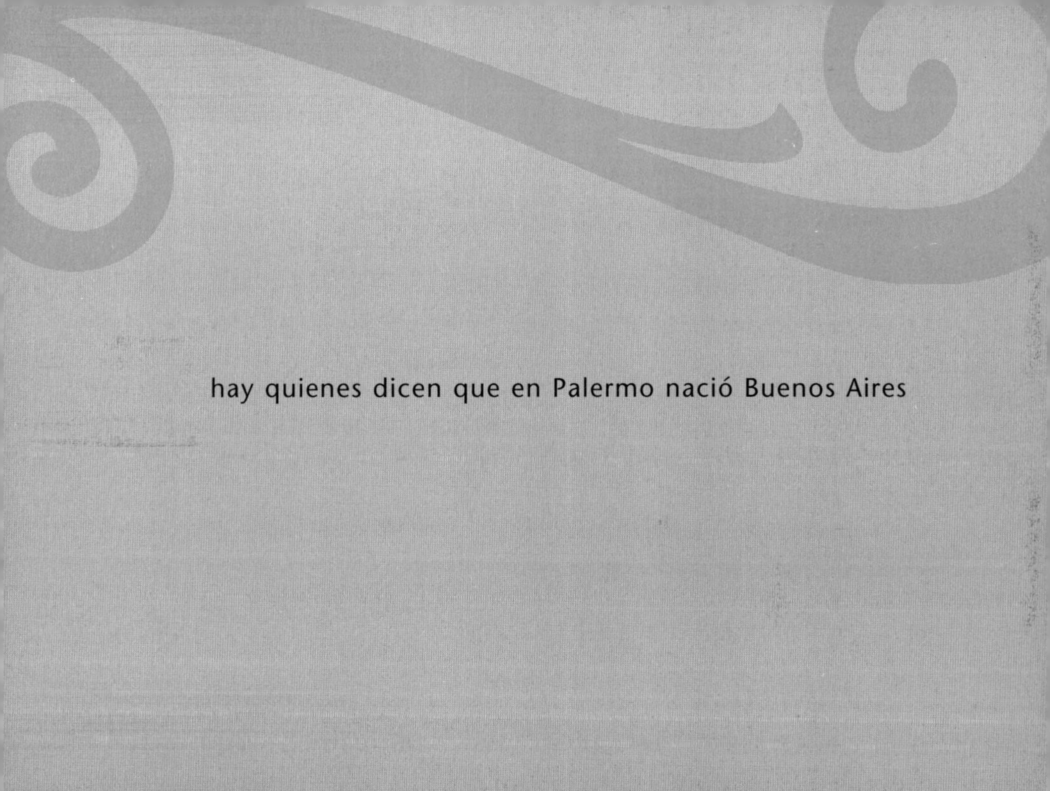

hay quienes dicen que en Palermo nació Buenos Aires

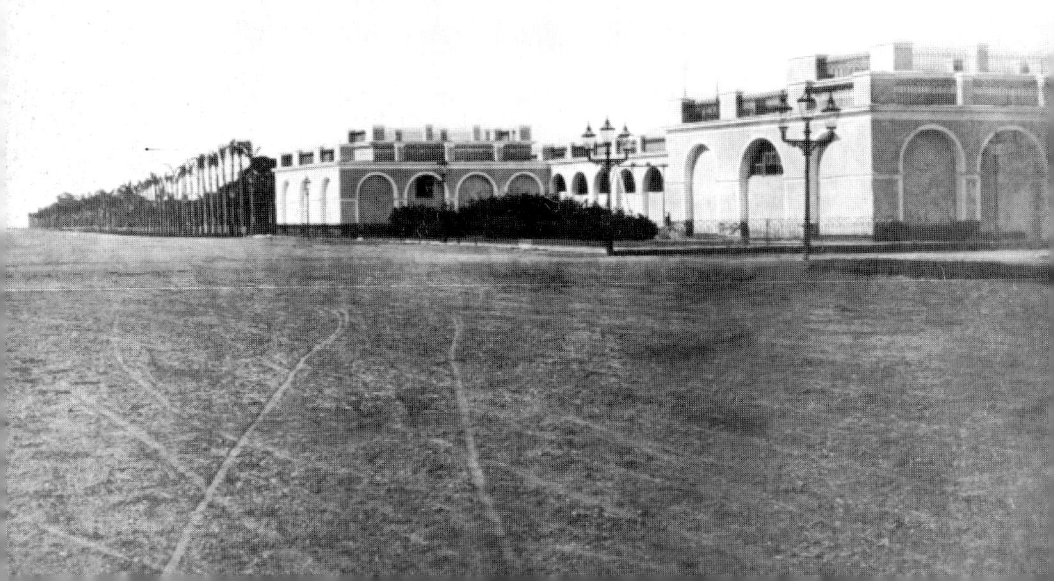
138

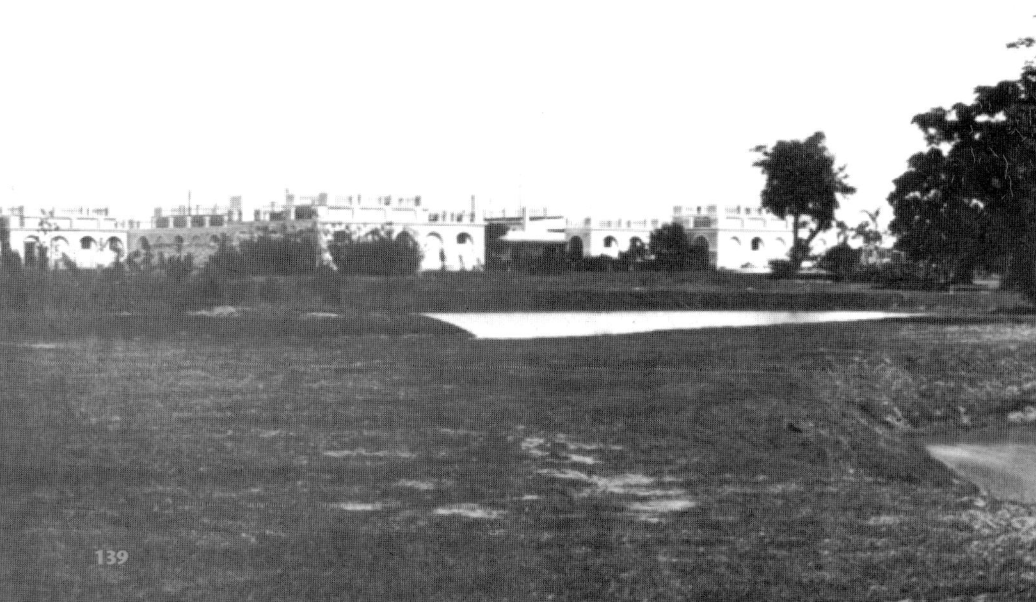

139

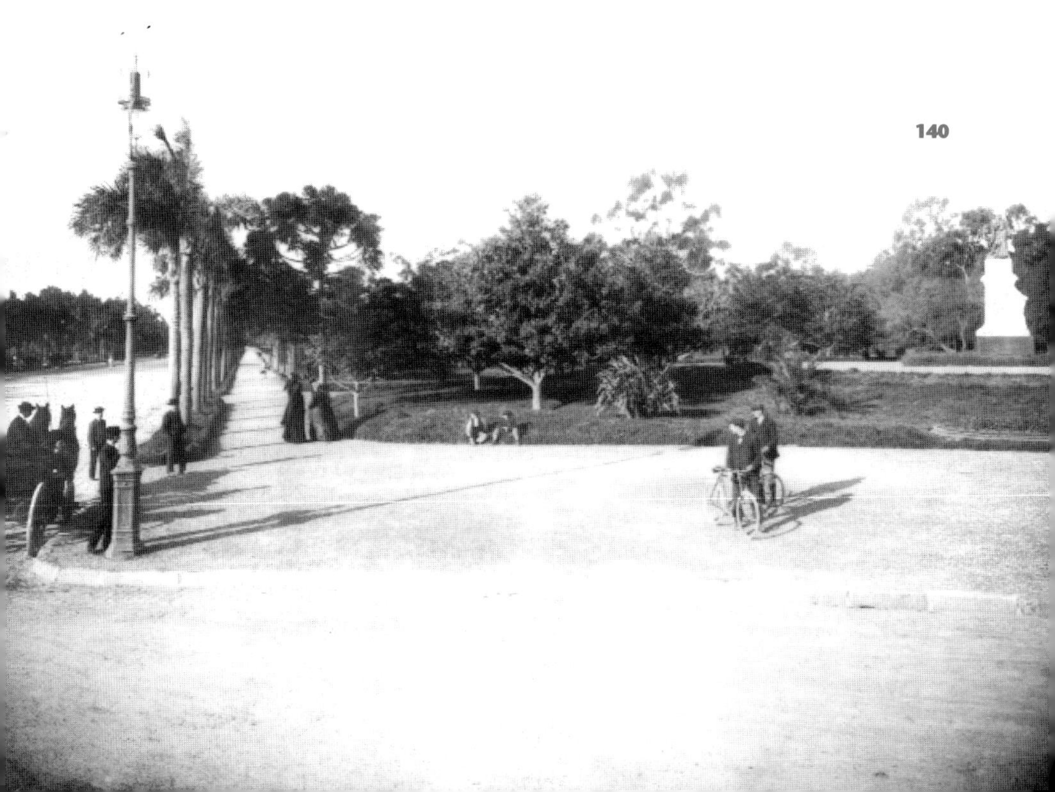

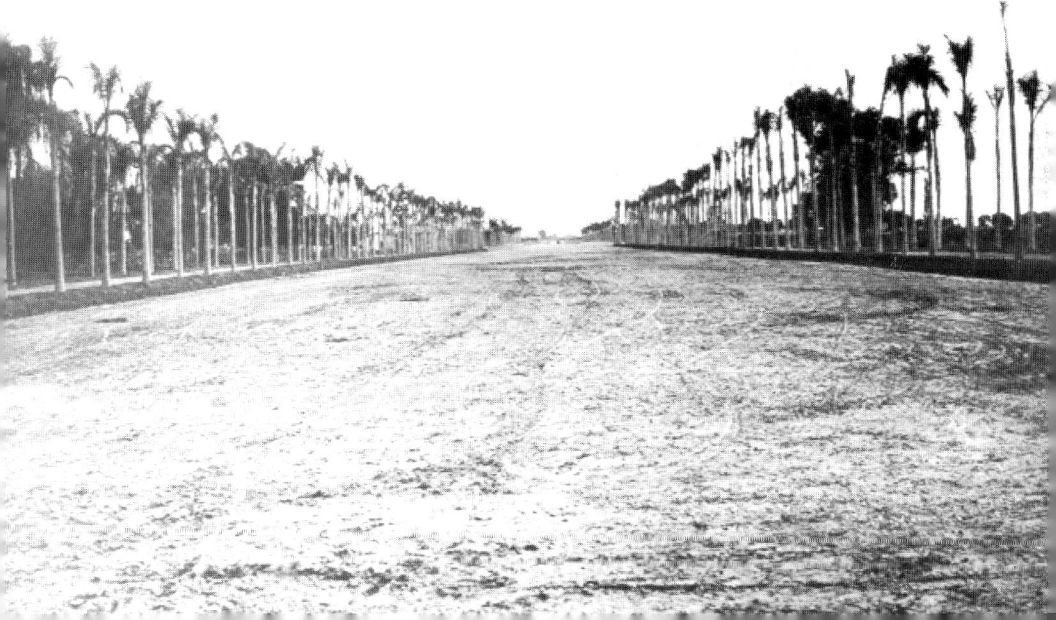

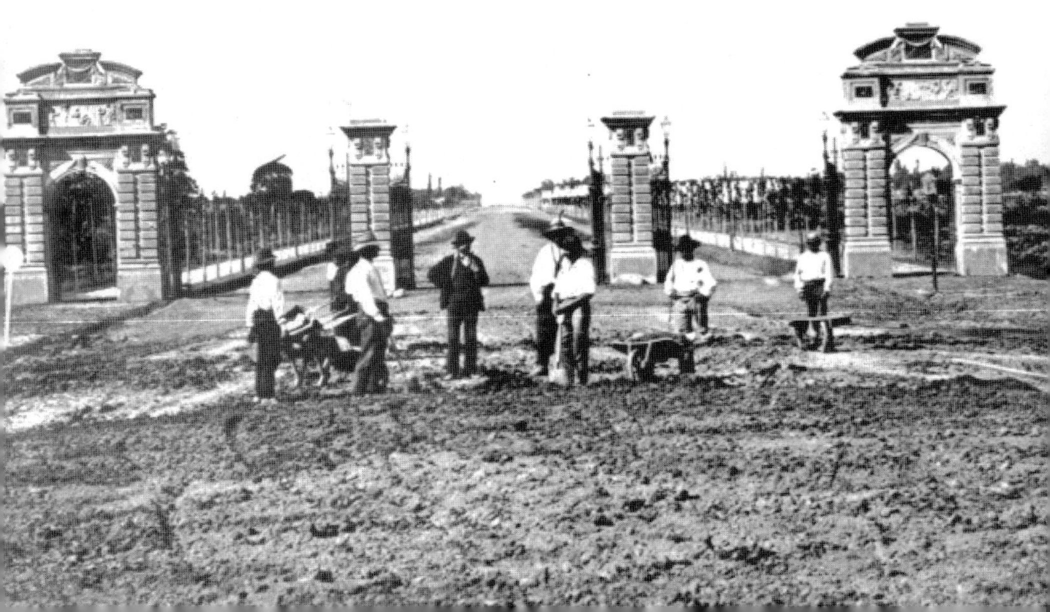

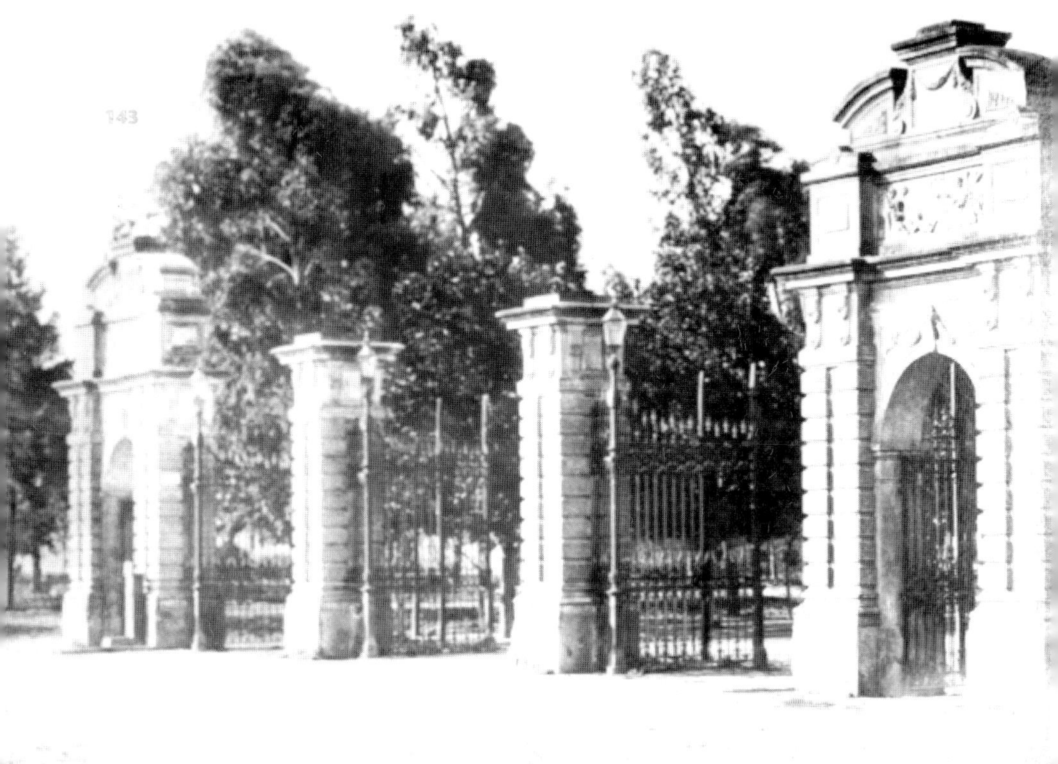

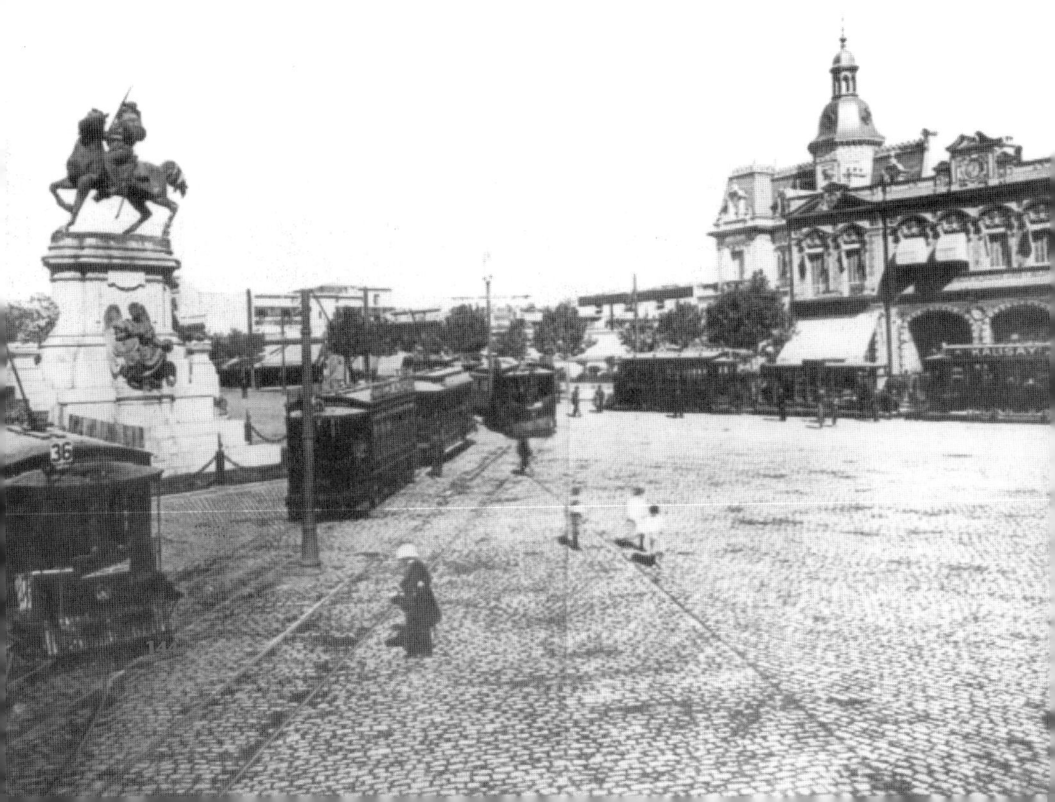

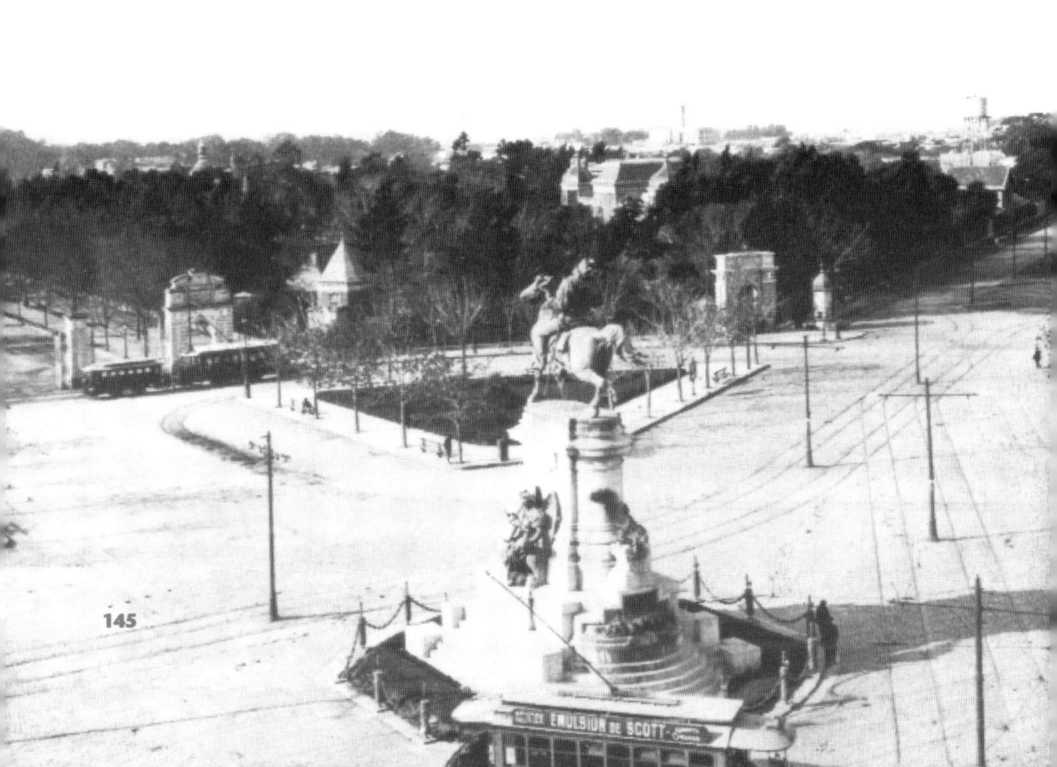

145
EMULSION DE SCOTT

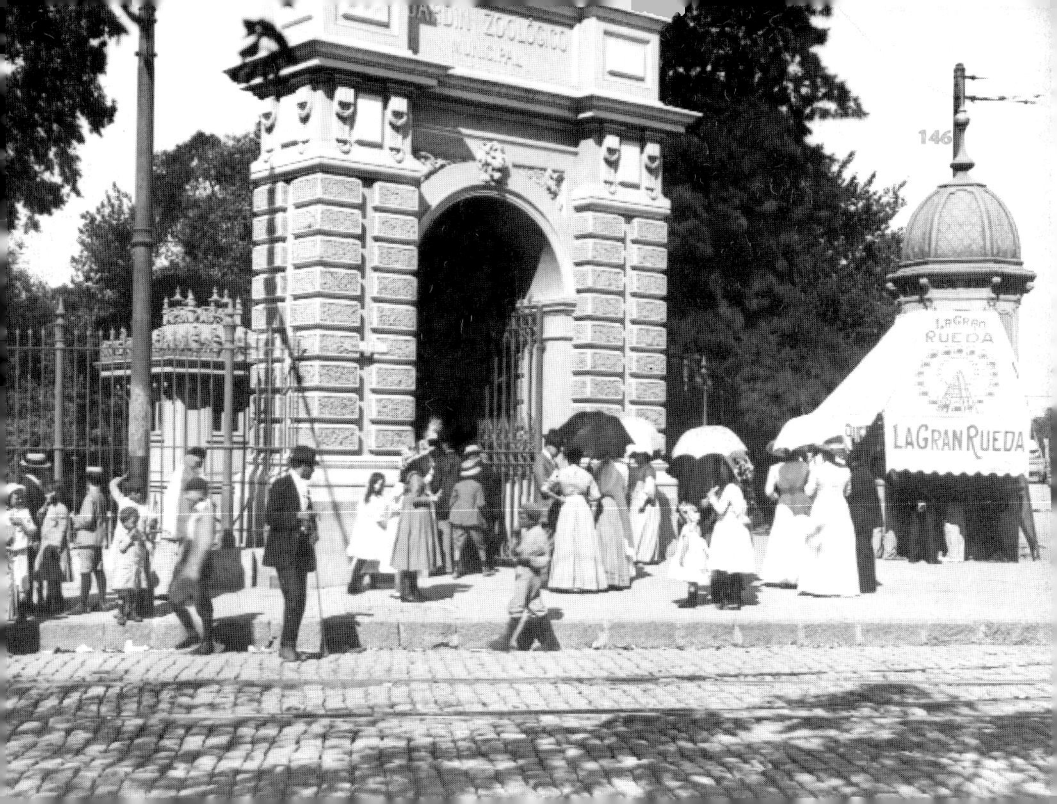
JARDIN ZOOLOGICO
LA GRAN RUEDA
LA GRAN RUEDA
146

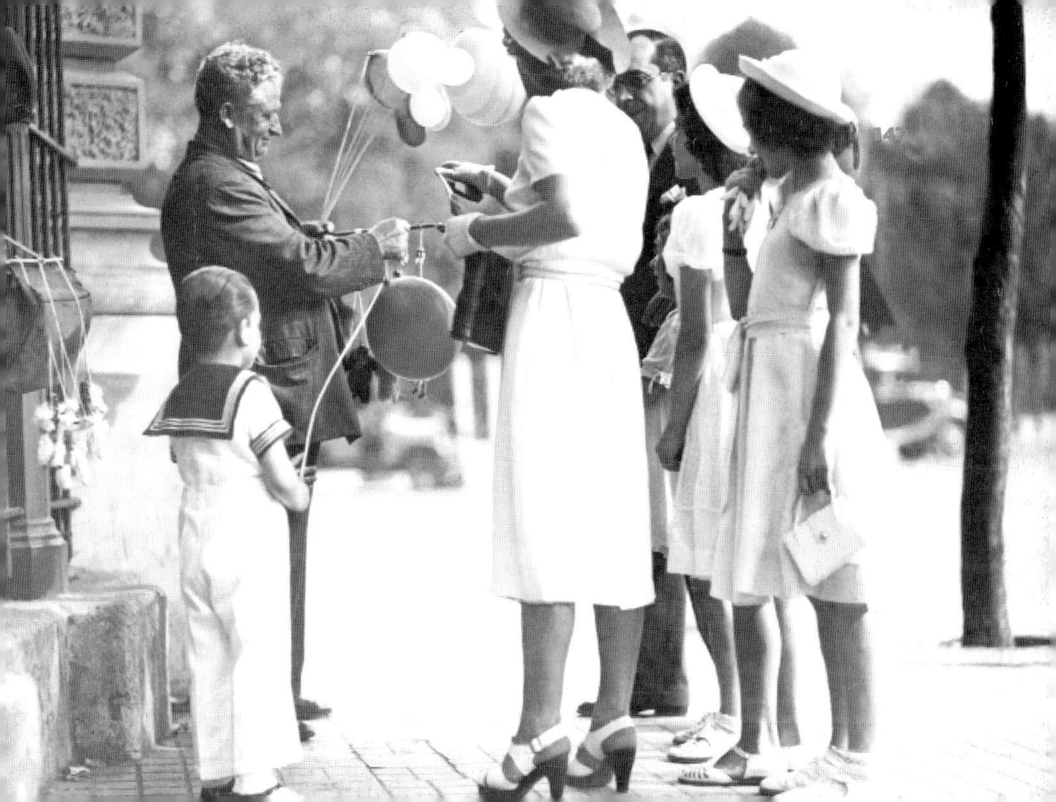

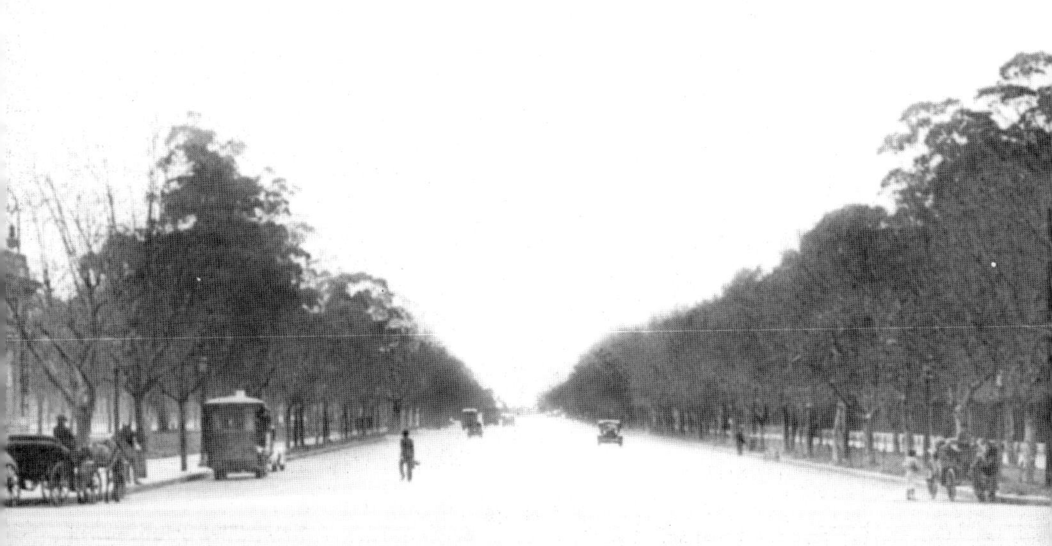

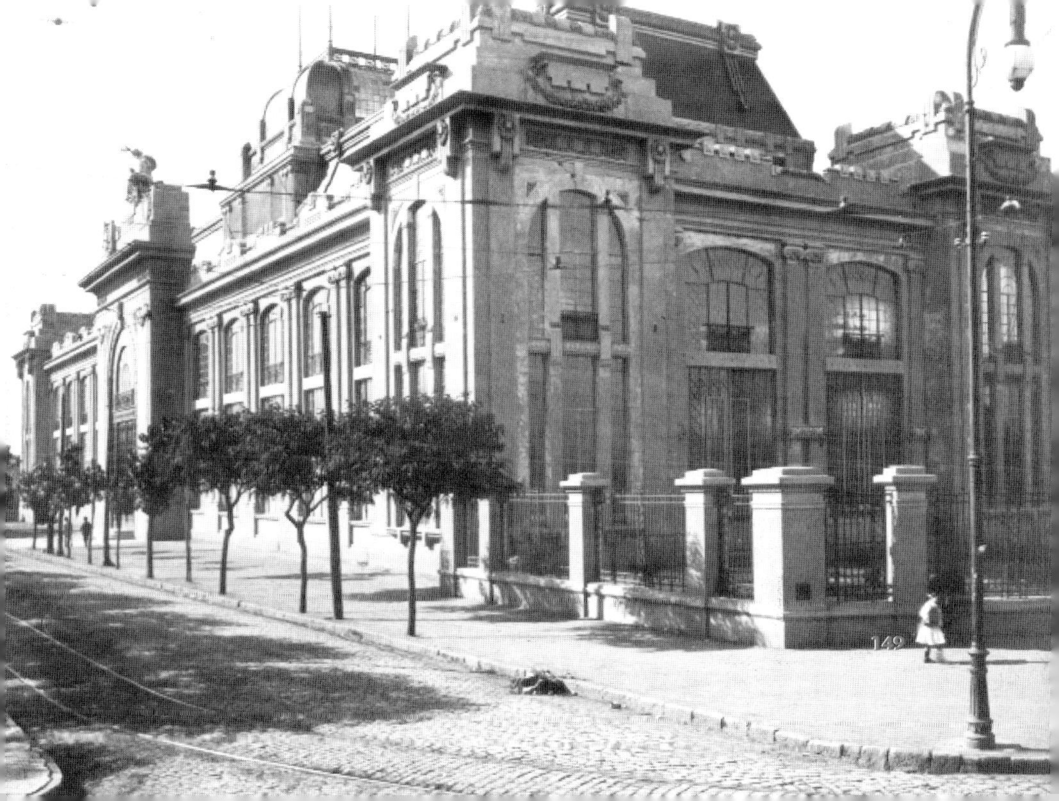
142

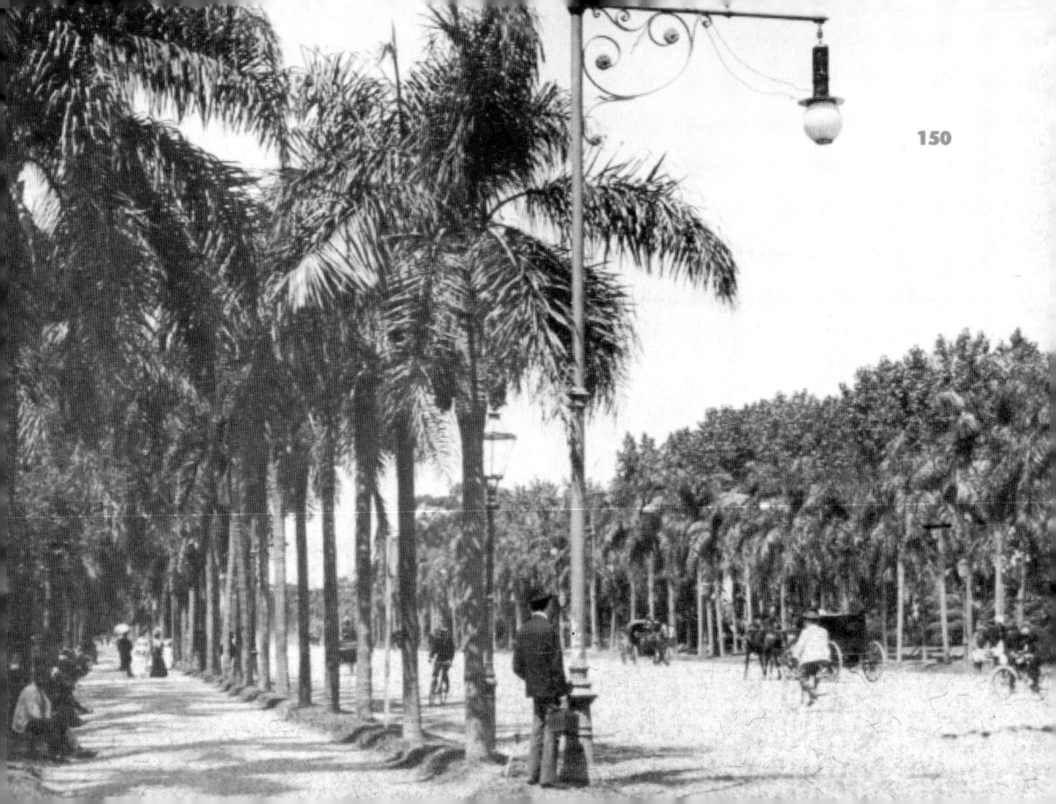

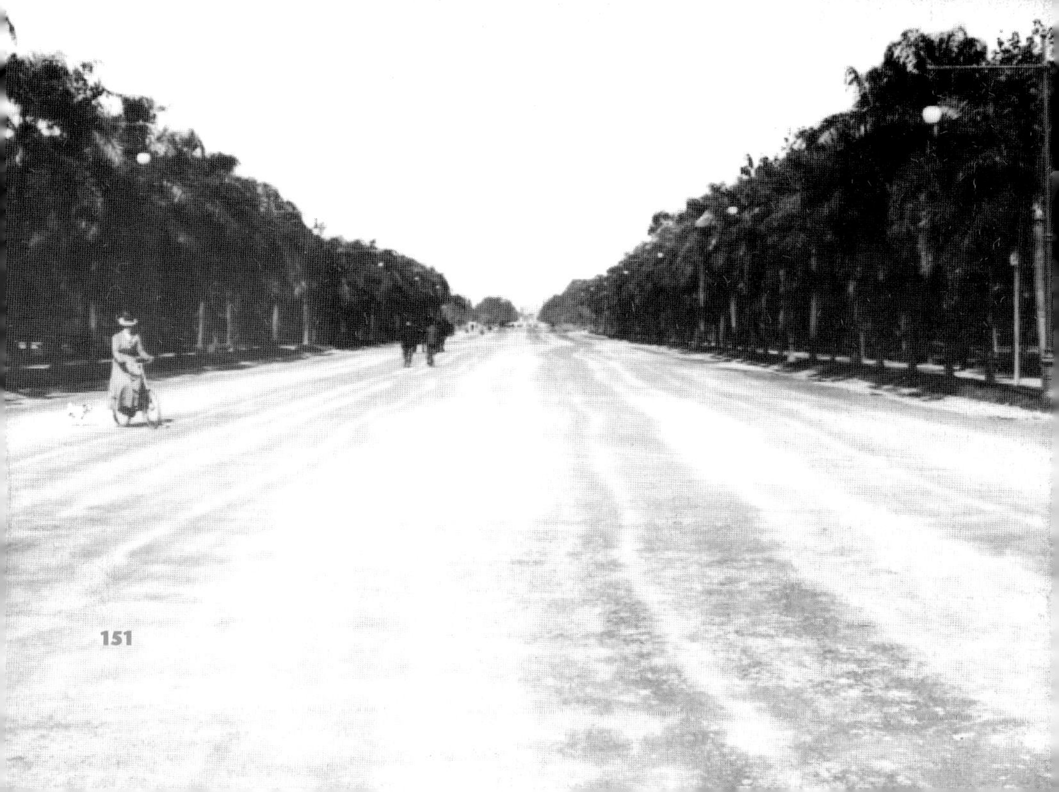
151

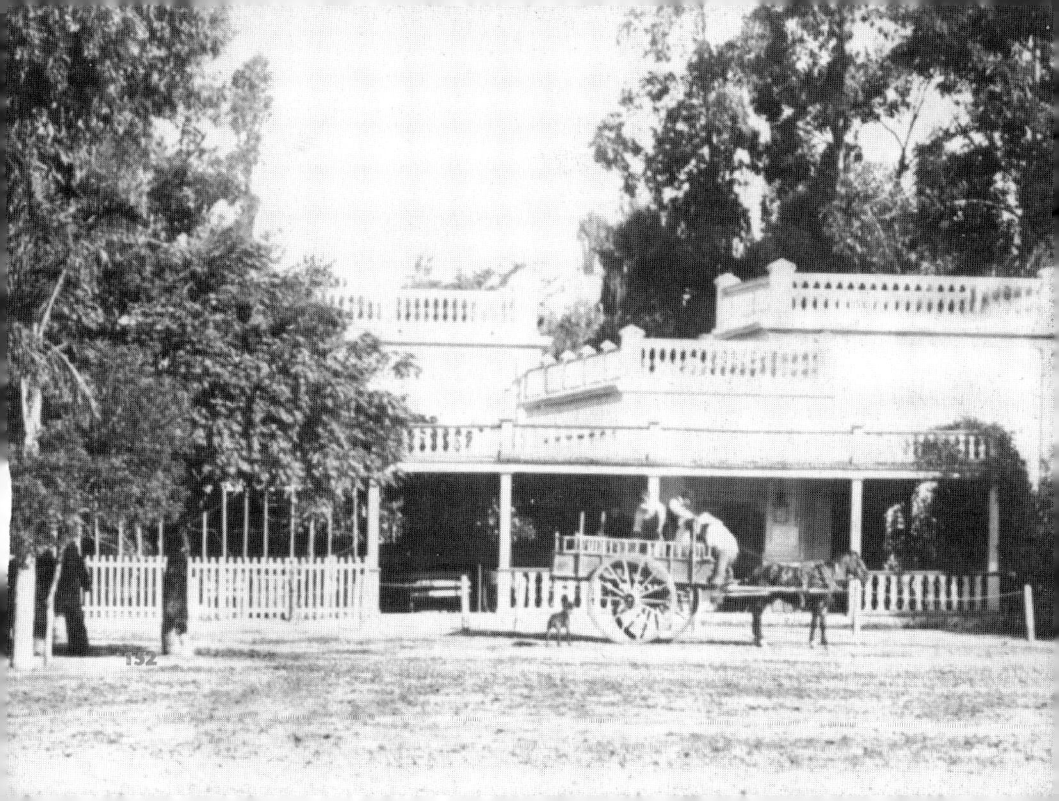
152

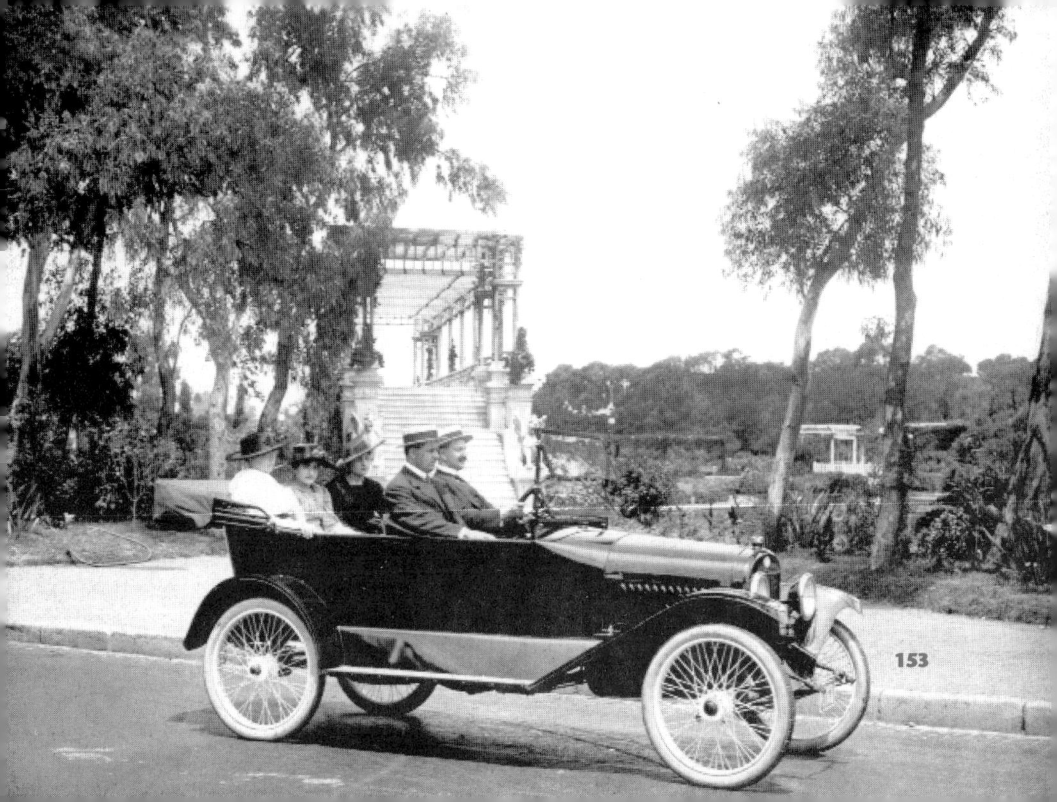

153

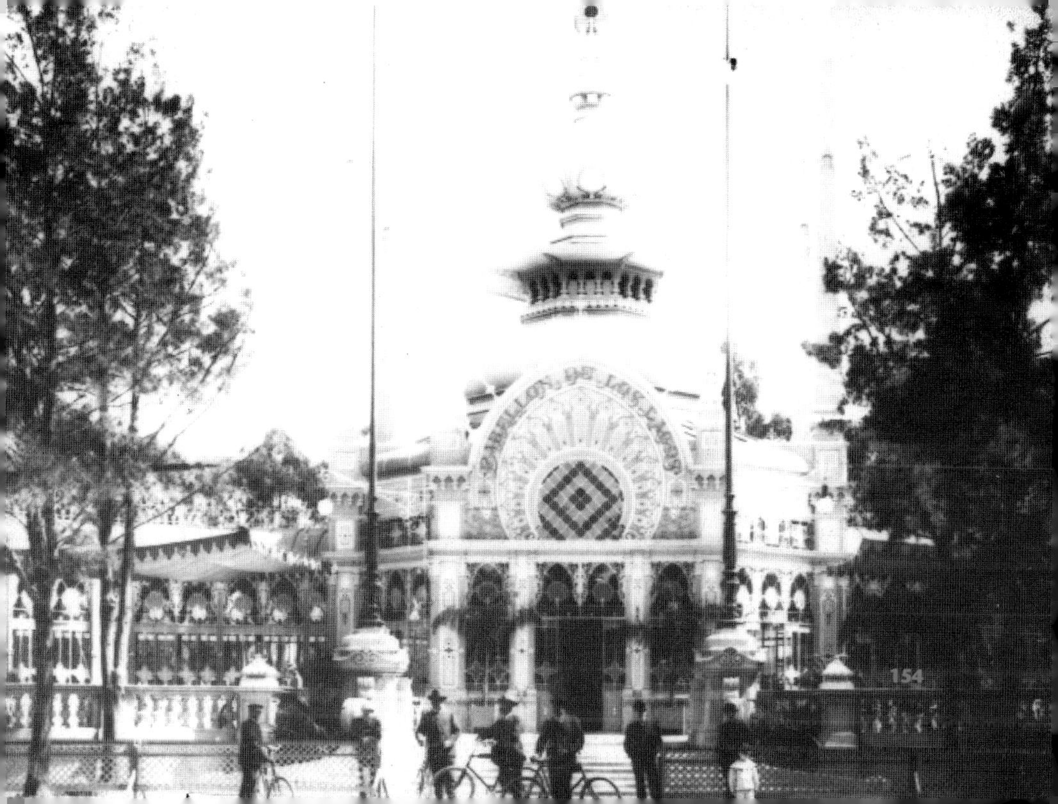
PABELLON DE LAS ARTES
154

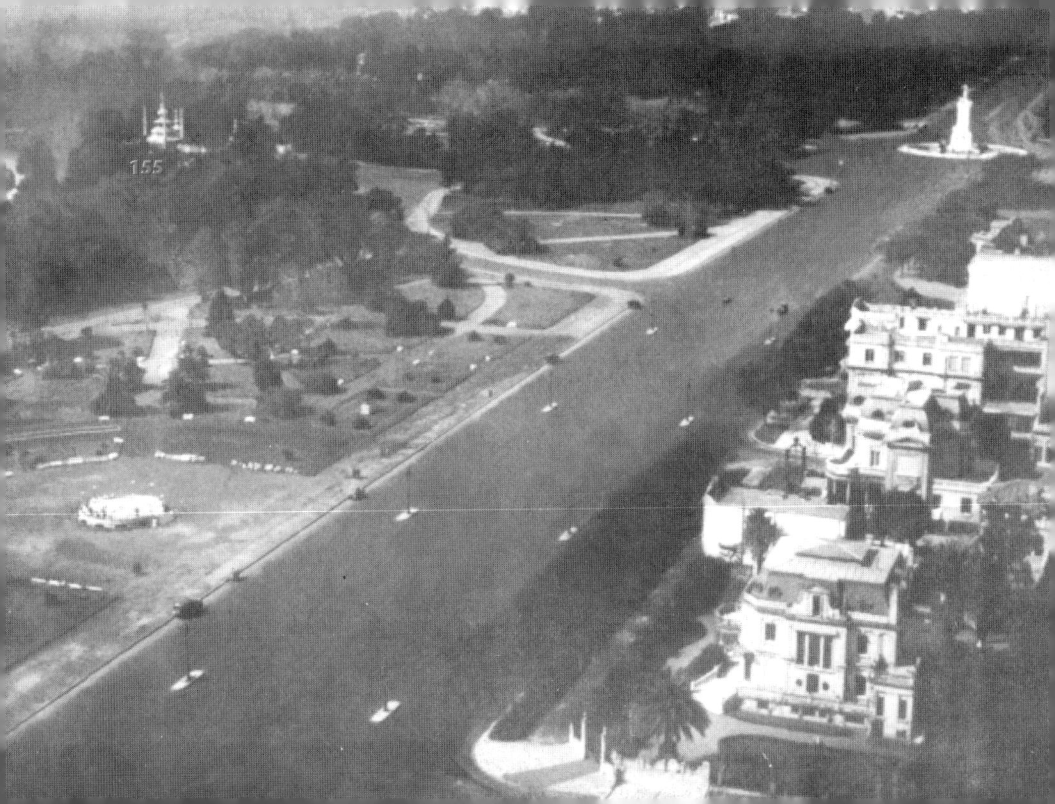
155

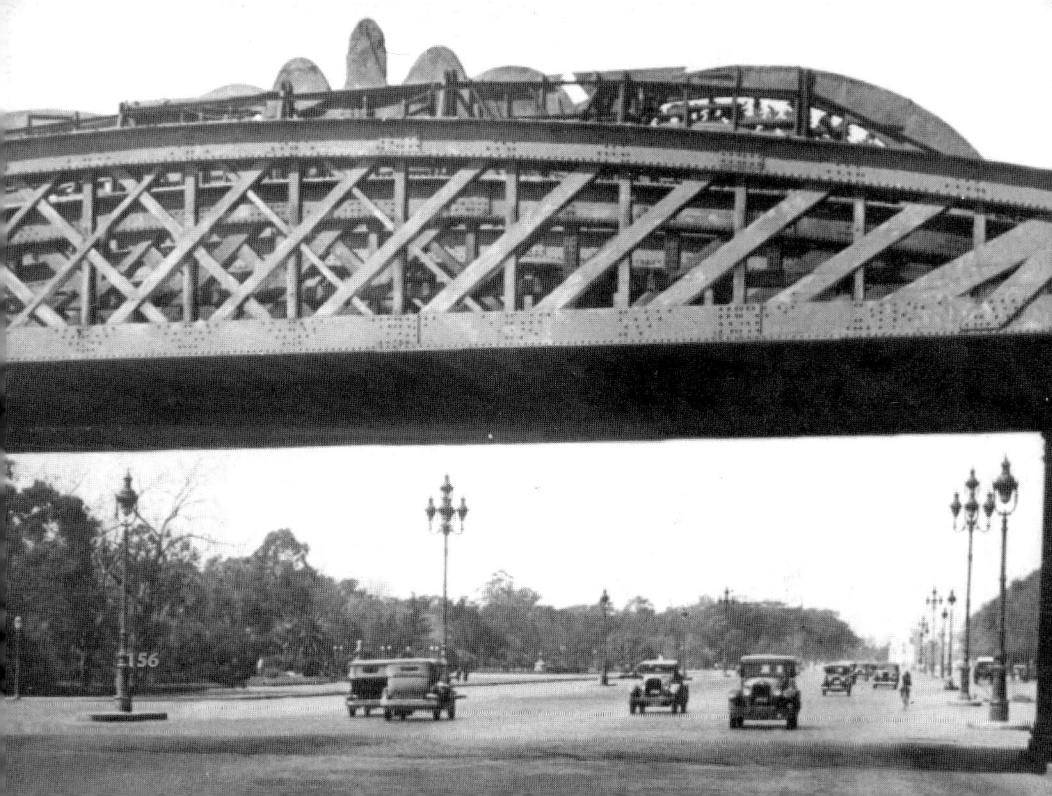
156

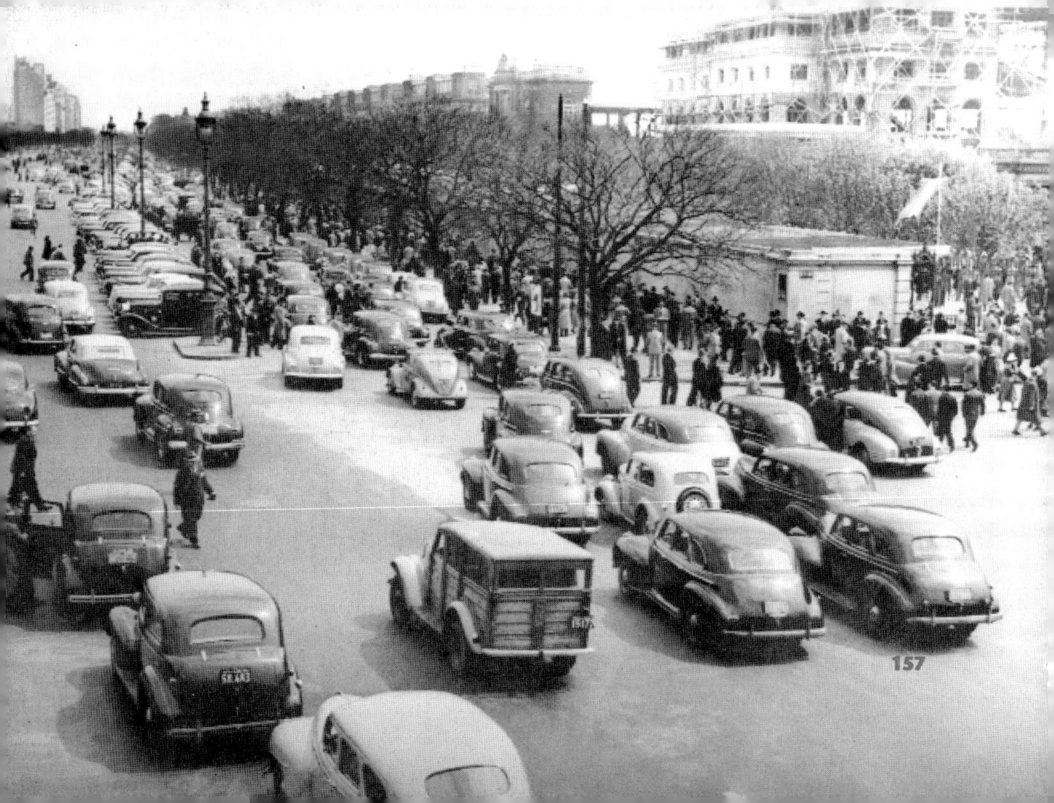
157

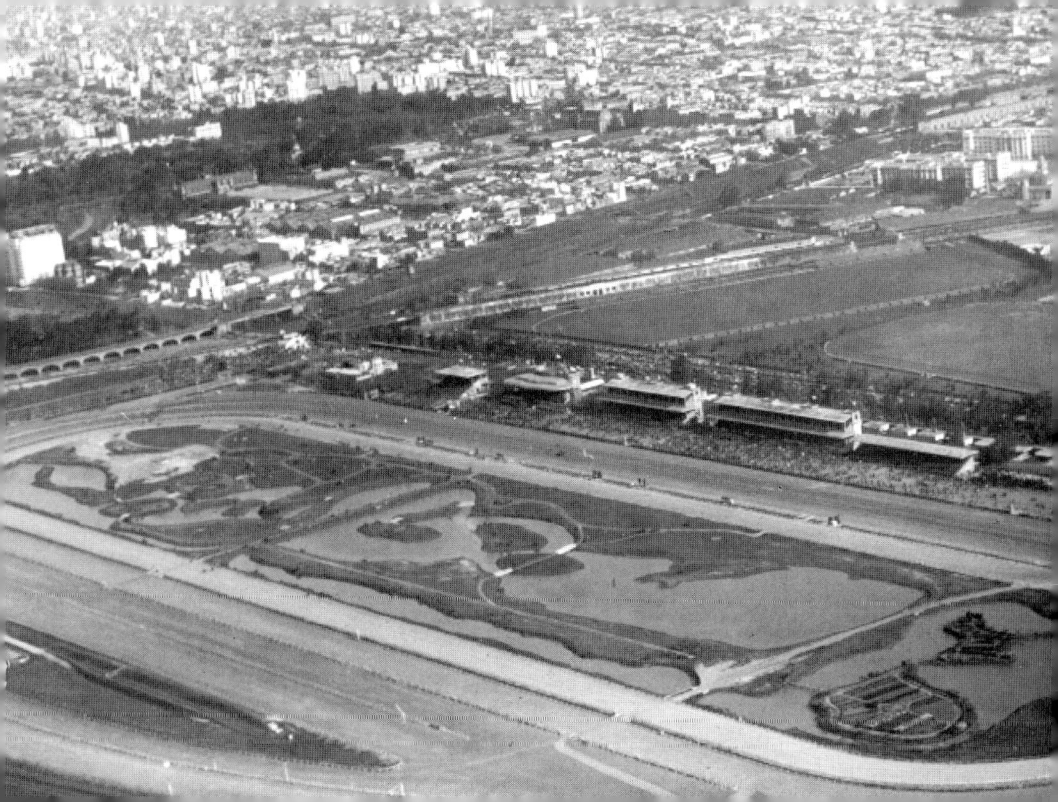

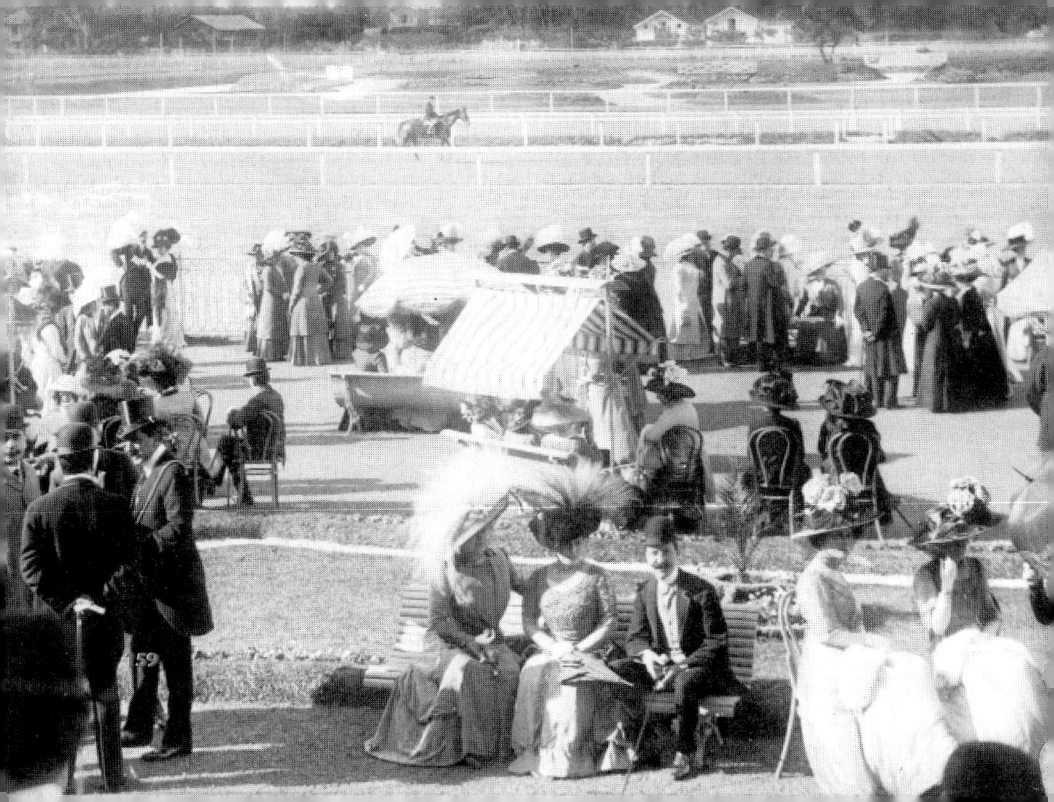
159

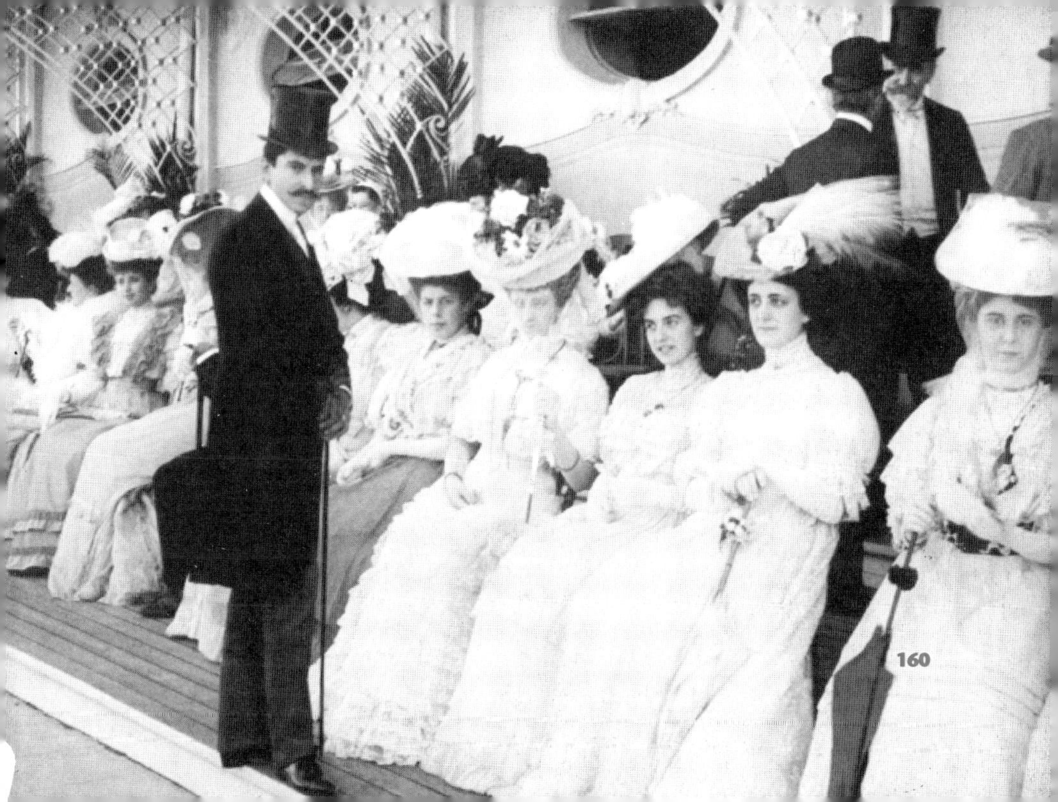

160

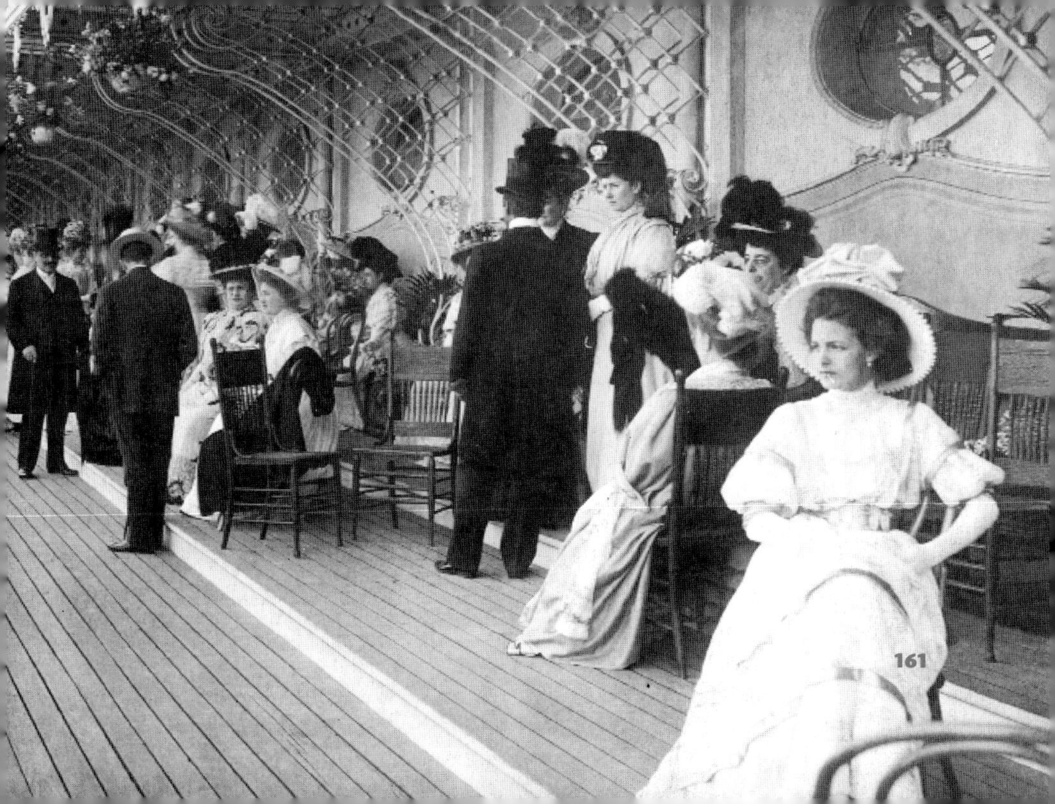
161

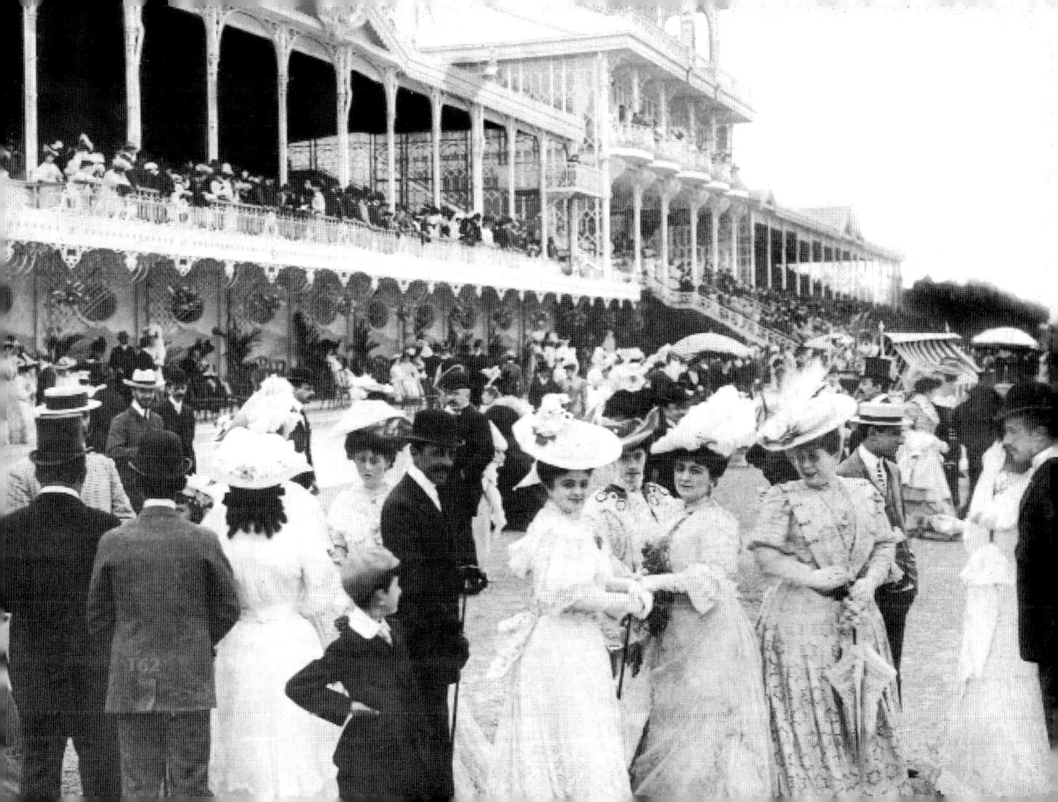

138 Caserón de Rosas. En diciembre de 1829, luego de tristes enfrentamientos internos, y como consecuencia directa de lo que se llamó el Pacto de Cañuelas, la Junta de Representantes (una suerte de sistema de electores) eligió gobernador de Buenos Aires a Juan Manuel de Rosas. "El Restaurador de las leyes", como se lo llamó, es uno de los personajes más controvertidos de la historia nacional. Desde Buenos Aires, como capital de la Confederación Argentina, manejó la política exterior del país e instaló el orden interno con métodos bastante sangrientos, llevados a cabo por dos fuerzas: la Mazorca y la Sociedad Popular Restauradora. Al finalizar su mandato se abocó a la Campaña del Desierto. En 1835 fue reelegido gobernador, esta vez con la "Suma del Poder Público".

139 Caserón de Rosas. A partir del año 1838, Rosas comenzó a comprar quintas y bañados en la zona de Palermo que rellenó con tierras traídas desde Belgrano. Al tiempo, edificó su vivienda de verano en lo que hoy es la esquina de Sarmiento y Avenida del Libertador. La casa se llamó "San Benito de Palermo" y se convirtió prácticamente en la sede de gobierno. Las tierras que rodeaban la mansión se transformaron en un paseo público. La casona y la zona de Palermo se convirtieron en una suerte de botín de guerra entre federales y unitarios. Al caer Rosas, luego de la batalla de Caseros, Urquiza (el vencedor) se instaló allí.

140 Parque 3 de Febrero/Monumento a Sarmiento. Casi al final de su mandato como presidente, Domingo Faustino Sarmiento logró que se aprobase la ley que destinaba las tierras que habían pertenecido a Rosas, para construir un inmenso parque público que funcionase como pulmón de la ciudad y lugar de esparcimiento. Estas ideas las había traído de sus viajes, especialmente de Nueva York, en donde quedó sumamente impactado por el Central Park. De esos viajes traería también varias de las ideas que revolucionarían la educación en la joven Argentina, como los primeros jardines de infantes. Al parque se le dio el nombre de 3 de Febrero, día de la batalla de Caseros, donde Rosas fue vencido definitivamente. A los hombres que construyeron este país muchas veces les ha gustado provocar a sus adversarios de esta forma, así como luego el monumento a Sarmiento fue colocado en el lugar donde estaban las habitaciones de Rosas, ideológicamente su enemigo más fuerte, en el caserón de Palermo. El monumento fue hecho en París por Auguste Rodin, y cuenta la leyenda que cuando llegó el enviado del gobierno argentino con este encargo, el escultor estaba con demasiado trabajo como para tomarlo. Pero revisando sus depósitos encontró una pieza que nunca se había terminado, la rescató, y la retocó para que se pareciera lo más posible al gran político argentino.

141 Avenida de las Palmeras. Sarmiento mandó plantarlas, aunque poco después se secaron y hubo que cambiarlas por otros árboles. Hoy se llama Avenida Sarmiento.

142 Los Portones, entrada al Parque 3 de Febrero. Eran cinco estructuras de las cuales sólo una queda en pie en la actualidad. El parque se cerraba por las noches.

143 Portones del Parque 3 de Febrero. El parque se inauguró el 11 de septiembre de 1875. Los portones fueron derribados definitivamente en 1917.

144 Plaza Italia. La entrada del Parque 3 de Febrero se transformó en un punto de cruce de camiones de la ciudad. Aquí se unieron la calle Del Chavango y el camino a San Isidro y formaron lo que hoy es Plaza Italia.

145 Plaza Italia. El monumento que está en el centro es en honor a Garibaldi. Frente a la plaza funcionaba la estación de tranvías "Portones". Desde su inicio, Plaza Italia fue un punto neurálgico para las líneas de transporte de la ciudad.

146 Zoológico de Buenos Aires. Si bien Sarmiento pensó que la zona del Parque 3 de Febrero debía contar con un Jardín Zoológico y un Jardín Botánico, fue el intendente Crespo el que presentó, en 1888, el proyecto definitivo.

147 En la puerta del Zoológico, año 1939. Desde su inauguración en 1903, el Jardín Zoológico se convirtió hasta el día de hoy en uno de los paseos más concurridos y populares de la ciudad.

148 Avenida Sarmiento desde Plaza Italia. Vieja Avenida de las Palmeras. Al fondo, el Monumento a los Españoles.

149 La Sociedad Rural. A partir de 1878, aquí se celebran las exposiciones rurales. Desde principios del siglo XX el desfile de inauguración de la muestra anual se transformó en un evento político, donde el Presidente de la Nación se encuentra con la oligarquía que maneja el campo argentino.

150 Avenida Sarmiento. En la foto se ven todavía las palmeras. Al tiempo se secaron y la avenida tomó el nombre popular de Avenida de las Escobas.

151 Avenida Sarmiento. Una mujer deportiva en su bicicleta.

152 Lo de Hansen. Se instaló en el Parque 3 de Febrero en el año 1875. Allí se tocaba el tango que había pertenecido a los suburbios y ahora, en Palermo, se hacía popular en las clases altas. Un tango inmortalizó esta confitería: "¿Te acordás de la rubia Mireya que quité en lo de Hansen al "Loco Cepeda".

153 Rosedal. Se inauguró en 1914 y durante buena parte del siglo XX fue el paseo preferido de la aristocracia de Buenos Aires.

154 Pabellón de los lagos. Servía de embarcadero para los botes del lago que rodea al Rosedal, en Palermo. Está ubicado donde hoy se encuentra el Patio Andaluz.

155 Avenida Alvear. Hoy es la Avenida del Libertador. Juan Manuel de Rosas había mejorado este camino que lo llevaba desde la ciudad a su casona en Palermo. En 1909 se modifica la línea de edificación y se transforma en la avenida ancha y señorial que conocemos actualmente.

156 Avenida Alvear. Puente por el que pasaba la línea de tren del Pacífico, hoy General San Martín.

157 Avenida del Libertador/Hipódromo de Palermo. Las reuniones en el Hipódromo Argentino tuvieron su época de esplendor que en la actualidad se ha perdido.

158 Hipódromo, vista aérea, año 1937.

159 Hipódromo Argentino. Gran Premio Nacional, año 1909. La fiesta inaugural se llevó a cabo el 7 de mayo de 1876. En la junta directiva estaban Carlos Pellegrini y Emilio Mitre.

160 Premio Internacional, año 1906. El Jockey Club reunía a miembros de la alta sociedad porteña.

161 Grupos de familias. Gran Premio Nacional, año 1907. Se realizaban cinco reuniones por mes, que contaban con nueve carreras en cada evento.

162 Hipódromo de Palermo, año 1903. El objetivo del Hipódromo era brindar un espacio de esparcimiento a la sociedad porteña y fomentar el desarrollo de la industria equina. A los asiduos a las carreras se los llamó "burreros" y pronto estos eventos se transformaron en una pasión para los habitantes de Buenos Aires.

BIBLIOGRAFÍA

Contreras, **Leonel**, *Buenos Aires, la ciudad, breve historia*, Ediciones Turísticas, Buenos Aires, 2004.

Del Pino, Diego A., *Villa Crespo, Sencilla Historia*, Librerías Turísticas, Buenos Aires, 1997.

Luqui Lagleyze, Julio, *Sencilla Historia de Buenos Aires*, Librerías Turísticas, Buenos Aires, 1998.

Nogués, Germinal, *Buenos Aires ciudad secreta*, Editorial Sudamericana, Buenos Aires, 2003.

Novoa, Graciela, et al., *Buenos Aires Palermo 1876-1960*, Inventario de Patrimonio Urbano, Buenos Aires, 1986.

Petrina, Alberto, et al., *Buenos Aires, ocho recorridos por la ciudad*, Gobierno de la Ciudad de Buenos Aires y Conserjería de Obras Públicas y Transportes de Sevilla, Buenos Aires y Sevilla, 1998.

Viejo BSAS es una producción del Estudio K
Armenia 2365 5º A C1425FBG
Buenos Aires Argentina
(54-11) 4831 8359 libros@estudioka.com.ar

Producción gráfica Menos Es Más SRL.
Federico Lacroze 3280 - Capital Federal, Argentina
(54-11) 4553-0101

Se terminó de imprimir en
el mes de Octubre 2005
en Gráfica Dapas
Agüero 430 - Capital Federal, Argentina